保安员职业技能培训系列教材

总主编： 冯金寿

U0956635

高级保安员职业技能培训教程

张绪梁 **主编**

群众出版社

·北 京·

图书在版编目（CIP）数据

高级保安员职业技能培训教程/张绪梁主编. —北京：群众出版社，2015. 2
ISBN 978-7-5014-5328-3

Ⅰ. ①高… Ⅱ. ①张…… Ⅲ. ①保安人员—中国—技术培训—教材 Ⅳ. ①D631. 3

中国版本图书馆 CIP 数据核字（2015）第 030164 号

高级保安员职业技能培训教程

张绪梁 主编

出版发行：群众出版社
地　　址：北京市西城区木樨地南里
邮政编码：100038
印　　刷：北京普瑞德印刷厂

版　　次：2015 年 2 月第 1 版
印　　次：2015 年 2 月第 1 次
印　　张：16. 75
开　　本：787 毫米×1092 毫米　1/16
字　　数：400 千字

书　　号：ISBN 978-7-5014-5328-3
定　　价：49. 00 元

网　　址：www. qzcbs. com
电子邮箱：qzcbs@ sohu. com

营销中心电话：010-83903254
读者服务部电话（门市）：010-83903257
警官读者俱乐部电话（网购、邮购）：010-83903253
公安综合分社电话：010-83901870

本社图书出现印装质量问题，由本社负责退换
版权所有　侵权必究

保安员职业技能培训系列教材

编 委 会

顾　　问　凌秋来

主　　任　朱思恩

副 主 任　冯金寿　鲍国荣

委　　员　傅志方　吴　钧　钟华明　孔　一
　　　　　金凌森　赵有道　赵庆平　徐　景
　　　　　章　平　吴云龙　毛行立　李月明
　　　　　王一军　朱共明　庄春燕

执行编委　傅志方

总 主 编　冯金寿

《高级保安员职业技能培训教程》

主　编　张绪梁

副主编　付　萍　夏丽萍　杜心全

编　者　肖海英　夏丽萍　金璐晓　张俊芳
　　　　杜心全　张绪梁　郭锦艳　傅为民
　　　　祝隽仁　倪　峰　钟华明　周伟昂
　　　　邱　煜　付　萍

编　务　王晓蕾　寿俊杰　刘　朋　庄蕾蕾
　　　　蒋文平　金　妍　李晓莹

前　言

自《保安服务管理条例》实施以来，我国保安服务业进入了创新发展的新时期。目前，保安服务业已经发展成为拥有4200多家保安企业、450多万保安队员，服务全面，技术含量较高，集人防、押运、技防等服务于一体，基本能够满足社会安全需求，具有较大影响力的现代安全服务行业。但随着经济社会的发展，创新社会管理的推进，社会安全需求日益多元化、深度化，对保安员的职业化要求也越来越高，因此加强保安队伍职业化就成了当前保安队伍建设的主要内容和重要目标。职业技能培训与鉴定，是保安员掌握本职业行为规范和行为标准，实现职业化的主要途径。编写保安员职业技能培训系列教材，是提高培训针对性，规范保安员职业技能鉴定，在保安服务业实行职业资格证书制度的基础。

众所周知，任何职业技能鉴定的开展必须满足职业分类、职业标准、培训教材、鉴定题库和鉴定条件等几个必备要素，其中职业标准是核心要件。2014年7月25日，人力资源和社会保障部、公安部联合发布了《关于印发保安员国家职业技能标准的通知》（人社厅发〔2014〕88号）。《保安员国家职业技能标准（2014年修订）》（以下简称《新职标》）充分考虑了社会发展、科技进步和产业结构变化对本职业的影响，对保安职业活动范围、工作内容、技能要求和知识水平重新作了明确规定。浙江省公安厅、浙江省保安协会深入贯彻《保安服务管理条例》精神，结合保安服务快速发展的实际，抓住有利时机，启动了保安员职业技能鉴定筹备工作。这项工作得到了公安部、中国保安协会的高度认可，同意浙江省作为全国试点先行开展有关工作，并提出了具体的指导意见。

本系列教材是在公安部、中国保安协会的指导下，由浙江省公安厅治安总队、浙江省保安协会组织编写的。教材严格按照《新职标》对保安员的技能要求、相关知识要求和鉴定考核细目进行编写，是适用于保安员职业技能培训和保安员国家职业资格鉴定考核的教学用书。

本系列教材的编写以十八大、十八届三中全会、十八届四中全会精神为指导，遵循理论联系实际的原则，准确把握社会安全需求日益多元化、深度化对保安队伍职业化的要求，立足保安队伍实际，在吸收国内外保安领域最新理论研究成果的基础上，力求编写兼具实用性、科学性、创新性于一体的精品教材。本系列教材与其他专业教材相比，具有以下特点：

第一，定位明确，实用性强。教材编写紧紧围绕保安员国家职业资格鉴定考核的需要，坚持职业技能导向原则。教材内容以保安职业活动为逻辑起点，以保安员岗位工作流程为选取重点。教材中理论知识以“必需、够用”为度，技能操作注重实用性和可操作性。

第二，层级分明，体例科学。教材严格按照《新职标》厘清不同级别保安员技能水平梯度，同时兼顾连贯性，体现高级别覆盖低级别的特点。初级、中级保安员注重基本技能，加大实际操作内容，高级保安员更多注重经验总结，能独立解决保安实践中较为疑难的问题，具备一定的理论水平。教材章节以模块化为编写体例，共分三编，即保安基础理论、保安专业基础和保安勤务。在涉及技能操作的章节中，又分为理论知识和操作技能两个单元。这种体例既符合保安员的认知规律，又有利于教学的开展。

第三，立足实际，富于创新。本系列教材的编写始终坚持理论联系实际的原则，编写组织上采用编者与实务专家结对子的模式，编者与实务专家全程接触，保证了教材反映行业的时效性。在无一遗漏地反映《新职标》所涉及的知识模块、知识点的前提下，结合保安工作实际，增设了“人群控制”的知识模块，将“技防”、“押运”模块下沉到初级保安员教材中，突出保安消防、防恐、防暴等专业基础知识和技能。上述调整可以有效地解决职业标准与行业需求的对接、融合问题，也是一次理论创新尝试。

第四，图文并茂，简明易懂。教材行文不拘泥于形式，理论知识紧密围绕技能要求，阐述由浅入深，深入浅出，并配以案例，避免深奥难懂、拖沓冗长。技能要求方面尽量使用较为直观的图、表、照片帮助保安员了解掌握。为方便教学，掌握考核重点，教材在每一章的篇头列出本章知识要点和技能要点，在篇尾增加操作技能和思考题，便于巩固知识和提高训练的针对性。

本系列教材作为保安员职业技能培训与鉴定考核教材，也可以供全国中、高等职业技术学院相关专业师生参考使用，以及本职业从业人员培训使用。

本系列教材在编写过程中，得到了浙江省人力资源和社会保障厅、浙江省职业技能鉴定中心、杭州市保安职业专修学校、杭州市保安服务总公司、浙江杭州安邦护卫有限公司、杭州余杭保安服务有限公司等单位的大力支持和热情帮助。浙江省公安厅交通管理局朱共明，浙江省公安厅治安总队王一军，浙江省公安消防总队徐景、俞颖飞，浙江省湖州市公安局汤国华，浙江大华保安服务有限公司吴云龙，浙江杭州安邦护卫有限公司徐国伟，浙江嘉兴安邦护卫有限公司徐涯立，杭州市保安服务总公司边国明，杭州市保安职业专修学校赵有道、于晓研，东阳市保安服务公司马强，杭州拱墅保安服务公司汪涛，浙江警官职业学院黄素萍等同志对本书部分章节的修改与统稿提出了很多建设性意见。在此，一并表示诚挚的谢意！

依据《新职标》编写保安员职业技能培训系列教材，是一项探索性的工作，由于时间紧迫，书中难免有不足之处，欢迎各使用单位及个人对教材提出宝贵的意见和建议，以便教材修订时补充更正。

保安员职业技能培训系列教材编委会

2015 年 1 月

目 录

第一编 保安基础理论

第二编 保安专业基础

第三编　保安勤务

第一编

保安基础理论

第一章　保安服务概述

【本章知识要点】

了解我国保安服务的沿革及发展趋势，熟悉保安服务职责、组织架构，熟悉保安从业单位的设立条件，掌握保安服务组织形态、职责，掌握保安员管理的职责和权限，掌握保安员心理调节方法。

第一节　保安服务

一、保安服务业的产生与发展

（一）中国古代保安

人类社会从产生就有保安这个现象存在，人们为了抵御自然灾害的侵害，就开始有最初的保安活动。这种最初的保安活动，大多出于本能的需要，是一种自发的、不自觉的行为，没有规范，没有秩序，大多是防范自然界或其他生物的侵犯。而这种保安防范活动随着人类社会的发展，也从单一的预防侵犯、抵御灾害而变得复杂多样，其内容逐渐地丰富起来，从一种自发的、不自觉的行为，逐步引入了对人身、财产、利益、秩序等方面的保护，增添了新的社会、政治、经济的内容，并相应有了一定的行业规范。其中最具代表性的体现我国古代保安制度的就是通常所说的镖局。据有关记载，镖局在1400多年前的南北朝末期已有萌芽，当时一些富翁商贾长途运送财物，交通不便，艰辛且不安全，为了安全起见，往往雇请武士护送，这是镖局最早的雏形。随着商业经济的发展与繁荣，到宋代镖局快速发展，镖局业务、人员不断发展，不但对一般私家财物承接保送，地方官上缴的饷银也靠镖局运送。后来，看家护院、保护钱庄（票号）等也来找镖局派人，逐渐形成了一种职业。镖局也被定义为是受人钱财，凭借武功，专门为人保护财物或人身安全的机构。随着社会生活日益复杂，镖局承担的业务越来越广泛。清代，镖局增多，经营的业务从护送大宗银两、贵重物资，保护富人住地的安全，增加到信镖、票镖、银镖、粮镖、物镖、人身镖六种镖。清王朝结束后，由于军阀割据和帝国主义的侵略，中国社会陷入了长期的混乱局面之中。因此，带有浓厚封建色彩、装备落后、经营方式简单的中国镖局，已失去了它存在的客观条件与环境，局面难以维持，便一一关门。1921年，中国最大的镖局——会友镖局关闭，标志着中国的镖局在中华大地上彻底消亡。

（二）国外、境外保安服务业的兴起

近代意义上最早的保安服务公司当属成立于1850年的美国平克顿保安公司。美国经过独立战争，赢得了国家的独立，在1781年10月完全摆脱了英国的殖民统治，开始了资本主义工业的加速发展，到1850年，美国的产业工人已达近百万人，经济一下子跃居世界第四位，仅次于当时的英国、法国和德国。美国版图迅速扩大，人口急剧膨胀，财富大量增加，同时抢劫、盗窃等犯罪活动也日益严重，而国家警察无力满足来自社会各个方面日益增长的安全需求。于是，世界近代史上第一家民间保安组织——平克顿保安公司应运而生了。

目前世界上大多数国家和地区都相继有保安公司业务，并获得了很高的声誉。据不完全统计，已经有154个国家有了保安服务公司。在北美洲，美国、加拿大的保安业名列前茅，尤其是美国保安业历史悠久，保安人员最多，业务范围广泛，保安业务已渗透到各个领域；在亚洲，日本、新加坡和韩国的保安业发展也十分迅速，日本保安业虽然才创立50多年，但保安业务的范围扩大迅速，组织机构和从业人员不断增多，以西科姆保安服务公司为代表的保安服务公司闻名全球。新加坡的保安业借鉴国际经验，把保安服务纳入规范化、法治化的轨道；在欧洲，德国和英国的保安业位居前列，法国从1927年开始出现私营保安业，现在也颇具规模；在澳洲，澳大利亚保安业独占鳌头；在非洲，南非的保安业则是一马当先。

近几年来，各国保安公司加强彼此之间的业务交流，还联合起来成立了国际保安联盟，目前已有19个国家加入了这个联盟。

（三）我国内地现代保安服务业的产生与发展

1. 我国内地第一家保安服务公司的诞生。20世纪80年代改革开放初期，沿海经济特区的工业发展迅猛。同时，社会治安问题明显增多，社会对安全防范的需求日益增长。三资企业迅速崛起，国有企业的改革和发展，民营经济异军突起，商业性文体活动、展览展销活动增多，等等，都需要有一个能提供安全防范服务的组织来保障各项活动的开展。但我国公安机关长期超负荷运转，仍无法满足社会各界对安全的需求。而公安机关作为国家职能部门，从其职责性质和工作任务来看，也不适合为社会各类经济成分提供无偿服务或具体的商业性服务。一些群众性安全防范组织，也不能适应新时期防范工作的需求。社会各界日益增长的安全需求与现有安全防范模式出现了矛盾，这一矛盾促使了保安服务业在大众安全要求的千呼万唤中诞生。1984年12月18日，我国内地第一家保安服务公司在深圳市蛇口成立，公司有偿地为企业提供门卫、守护、巡逻、押运等各种保安服务，迅速取得了良好的社会效益和经济效益。

2. 保安服务业的初步发展。1985年1月，全国政法工作会议召开。会议充分肯定了蛇口保安服务公司的做法，明确指出："借鉴国外经验，在大中城市创办保安服务公司，承担大型营业性展览、展销和文体活动，及外商独资、合资企业的保安业务，建立这样一个在公安部门直接领导下的服务公司，既能满足社会需要，有利于治安管理，又有利于缓和警力不足的困难。"于是全国各地也先后组建了保安服务公司。

3. 保安服务业的逐步整顿与发展。1989年，公安部向各省（区、市）公安机关下发了《关于加强保安服务公司管理的通知》，公安机关介入保安服务业加强监管，并于同年3月和4月分别在西安、厦门召开了全国保安服务工作座谈会，研讨保安服务公司在建设中的问题。为了使我国保安业健康发展，公安部于1990年和1992年分别下发了《关于进一步清理整顿保安服务公司的意见》和《关于进一步做好保安服务业工作的通知》。为了进一步规范保安行业，加强监管职能，公安部在 1997 年 11 月 6 日下发了《关于清理整顿保安服务行业的决定》，扭转保安服务业的混乱状况，清理保安服务队伍。

4. 保安服务业的快速发展和前景。1994 年 6 月，中国保安协会成立，并召开第一次全国代表大会。从此我国保安行业，有了第一个全国行业管理与协调组织，它是政府主管部门和保安服务公司的中介组织。为加强保安业务的国际合作，经公安部和外交部批准，亚洲专业保安协会中国分会于 1996 年 10 月 8 日在北京成立，并于同年 10 月 28 日至 30 日参加了在泰国首都曼谷举行的亚洲专业保安协会第三次年会，会议有 19 个国家（地区）出席。在 1998 年至 2004 年这个阶段，根据中央政府有关清理整顿保安公司企业的文件精神，公安部门确定了对保安服务业“四统一、两到位”的监管要求，即：统一基本招录条件、统一基本培训要求、统一基本保安标识、统一基本服务标准，使用单位的管理责任落实到位、公安机关的监督指导落实到位，对规范行业发展发挥了重要作用，统一了全国保安服装。2000 年 3 月，公安部在深圳召开了全国保安工作会议，并出台了《公安部关于保安服务公司规范管理的若干规定》，进一步规范保安服务业的发展。2010 年施行的《保安服务管理条例》，作为我国第一部保安服务行业法规，明确了公安机关与保安服务的关系，即“国务院公安部门负责全国保安服务活动的监督管理工作。县级以上地方人民政府公安机关负责本行政区域内保安服务活动的监督管理工作”。对保安服务公司只能由公安机关经办的政策加以调整，公安机关由经办保安服务公司转为监管保安服务活动。保安服务企业的经营活动将在公安机关的指导监督之下自主经营，实现政企分开，保安服务业的经营管理体制进一步理顺。确定了保安服务职责权利等内容。部门垄断、地区封锁的局面被打破，保安服务市场向社会开放，这个根本性的变化，标志着保安服务这一特殊行业在市场开放的轨道上驶入了一个崭新的阶段，形成开放、健康、发展的保安服务市场，提升了保安行业和保安队伍形象，为保安服务业的协调、可持续发展奠定了基础，为保安服务企业带来了发展机遇，保安服务业也展示出了年轻强大的生命力和蓬勃发展的势头，呈现出步步升高的阶梯状态。而当前市场经济繁荣发展，也为保安服务业的生存和发展提供了必要条件。人们看到了保安服务事业不可缺少、不可替代的独特地位。保安适应社会发展，社会发展需要保安，这已成为时代发展方向，已经变为人们的共识。随着我国保安服务业的市场化、社会化程度日趋扩大，保安服务业的发展前景也将越来越广阔。

二、保安服务组织

根据我国《保安服务管理条例》有关规定，保安服务组织的含义是指为满足公民、法人和其他组织的安全需求，依照法律、法规、规章和国家有关规定，由依法设立的企业、组织提供专业化安全防范服务及相关服务。保安服务一般按照合同约定，采取门卫、守护、巡逻、押运、随身护卫、人群控制、技术防范、安全咨询等形式，保护客户人身、财产和信息等方面的安全，维护客户合法权益。

（一）保安服务组织的种类

保安服务组织从广义上理解应当包括以下五类组织：

1. 保安服务企业。它是指经公安机关许可，取得《保安服务许可证》，依法向工商行政管理机关登记，为社会提供守护、押运等安全防范有偿服务的组织。

2. 自招保安员单位。它是指单位招用员工专职从事本单位保安服务工作并依法向公安机关备案的内部安全防范组织。

3. 物业服务企业。它是指自行招用人员在物业管理区域内开展的门卫、巡逻、秩序维护的服务组织。

4. 保安培训机构。它是指有法人资格，依法设立的保安服务企业、自建保安单位或者是依法设立的学校、职业培训机构。

5. 保安行业组织。它是由依法成立的保安服务企业、保安培训机构、保安技术科研单位、保安器材研制生产单位、安全咨询服务公司以及支持保安服务业发展的单位和个人，自愿组成的行业组织。

（二）保安服务企业的职责

根据《保安服务管理条例》有关规定，我国对保安服务范围作了三个方面的规定：一是保安服务公司根据保安服务合同，派出保安员为客户单位提供门卫、巡逻、守护、押运、随身护卫、安全检查以及安全技术防范、安全风险评估等服务；二是机关、团体、企业、事业单位招用人员从事本单位门卫、巡逻、守护等安全防范工作；三是物业服务企业招用人员在物业管理区域内开展门卫、巡逻、秩序维护等服务。保安服务职责主要有以下几个方面：

1. 满足社会各个方面不同层次的安全需求。当前，社会利益冲突频繁，治安情况复杂。单位、公民不同的安全需求旺盛，创立保安服务的宗旨就是满足来自社会各方面和不同阶层的安全需要，为他们提供有偿的安全服务，以保证社会的稳定和人们的安居乐业。

2. 协助公安机关预防、制止和打击违法犯罪活动。保安服务公司根据保安服务合同，派出保安员为客户单位提供门卫、巡逻、守护、押运、随身护卫、安全检查以及安全技术防范、安全风险评估等服务，遇到违法犯罪人员依据有关规定实施正确的工作手段和方法，以保证保安任务的顺利完成，客观上协助配合了公安机关预防和打击各种违法犯罪活动。

3. 进一步完善我国社会公共安全保障防控体系。从综合安全的高度来看待社会公共安全行业的发展，社会治安稳定必须建设多层次安全防范网络。保安服务具有涉及面广、灵活的特点，也弥补了我国安全防范体系的不足。形成国家、民间、个体防范结合，完善了防范机制，衔接了各种层次防范上的空缺，起到了穿针引线、拾遗补缺的作用，使整个防范主体形成了有机的网络，达到了整体防范之功效，夯实了社会公共安全综合防控的坚实基础。

4. 培养造就一支高素质的保安队伍。当前，保安队伍建设和管理面临新的发展机遇和挑战，也面临许多困难和问题。《保安服务管理条例》为保安服务业的发展和保安队伍的建设提供了法律保障。目前，保安员绝大多数为年轻人，有的是热爱保安工作的有志青年，有的是从部队退伍的军人，还有的是因为找不到更好的工作而需要就业的年轻人，队员来源不一，素质参差不齐。虽然近年来一些保安服务公司加强了对新进队员的培训，同时千方百计地提高保安员的工资待遇，并依法与其签订了劳动合同，但由于没有实质性的保障及制约措施，保安员因不满意待遇或其他原因，没有真正地把保安公司当成理想的就业岗位，而仅仅作为暂时性的工作，因而造成了队员进出频繁、流动性较大的状况，保安服务质量受到一定程度的影响。因此，加强保安队伍建设十分必要，保安服务业应该依照有关法律，推动保安服务的职业化进程，提高保安员职业荣誉感，使保安员真正地把保安工作作为一项崇高的职业。保安服务业要建立完善的现代企业规章制度，用制度管理企业，用制度管理人员，做到严格管理，奖罚分明，让保安员充分信赖保安企业，自觉执行规章制度，树立良好的形象，为社会、公民提供优质的服务。大力强化职业道德和规范服务行为，要通过抓好职业道德教育，规范职业行为，加强督促检查等有效措施，努力提高保安服务质量。

5. 依法保护保安员的合法权益。《保安服务管理条例》和《公安机关实施保安服务管理条例办法》等有关法规规定，保安员依法享有下列权利：

（1）享受社会保险的权利，社会保险属于强制性保险，包括养老保险、医疗保险、失业保险、工伤保险、生育保险五种。此外，保安从业单位还应该根据岗位的风险程度为保安员投意外伤害保险。

（2）接受安全教育和技能培训的权利。保安从业单位招用保安员后，应当根据保安服务岗位工作和保安队伍建设需要，建立完善的保安员在岗培训制度，对保安员加强法律、保安专业知识和技能培训。

（3）签订劳动合同的权利。保安从业单位应当招用符合保安员条件的人员，并与被招用的保安员依法签订劳动合同。劳动合同应当具备法律法规规定的应当纳入劳动合同的事项。此外，保安服务劳动合同除上述必备条款外，保安从业单位与保安员可以约定试用期、培训、保守秘密、补充保险和福利待遇等其他事项，以保护保安员合法权益，增强保安服务工作的吸引力、凝聚力，促进保安队伍的建设和发展。保安员按照合同依法维护客户单位治安秩序和保护人民生命财产安全的活动，任何单位和个人不得干扰和阻挠。执行任务的保安员发现现行违法犯罪分子，有权制止、抓获并扭送公安机关。在遇有暴力反抗并危及保安员安全时，保安员依法有权使用规定的防卫器械进行自卫，但应以制伏对方为限。客户单位对保安服务公司的工作，可以提出批评和建议。

6. 创造经济效益和社会效益，不断壮大自身实力。经济效益是保安服务公司生存和发展的前提，社会效益是保安服务公司产生的原因和目的，保安服务公司的经济效益和社会效益具有统一性。保安服务公司作为企业也不例外，这样才能最大限度地谋取生存和发展的资本。保安服务公司要创造有利的竞争优势，促进公司的不断发展，就必须重视经济效益。保安服务公司的所有业务都与安全有关，均是围绕违法犯罪预防和损失预防来展开的，其社会效益是通过保障客户的安全来实现的。保安的本质是保障安全，保安的终极目标也是保障安全。

（三）保安服务企业的组建条件

根据《保安服务管理条例》的规定，一个合法的保安服务公司需要具备以下基本条件才可以成立。也只有符合了这些条件后该公司才会被国家所认可。

1. 一般的保安服务公司成立的条件：

（1）有不低于人民币一百万元的注册资本。

（2）拟任的保安服务公司法定代表人和主要管理人员应当具备任职所需的专业知识和有关业务工作经验，无被刑事处罚、劳动教养、收容教育、强制隔离戒毒或者被开除公职、开除军籍等不良记录。

（3）有与所提供的保安服务相适应的专业技术人员，其中法律、行政法规有资格要求的专业技术人员，应当取得相应的资格。

（4）有住所和提供保安服务所需的设施、装备。

（5）有健全的组织机构和保安服务管理制度、岗位责任制度、保安员管理制度。

申请设立保安服务公司，应当向所在地设区的市级人民政府公安机关提交申请书以及能够证明其符合本条例第八条规定条件的材料。受理的公安机关应当自收到申请材料之日起十五日内进行审核，并将审核意见报所在地的省、自治区、直辖市人民政府公安机关。省、自治区、直辖市人民政府公安机关应当自收到审核意见之日起十五日内作出决定，对符合条件的，核发保安服务许可证；对不符合条件的，书面通知申请人并说明理由。

2. 从事武装守护押运服务的保安服务公司，应当符合国务院公安部门对武装守护押运服务的规划、布局要求，具备本条例第八条规定的条件，并符合下列条件：

（1）有不低于人民币一千万元的注册资本。

（2）国有独资或者国有资本占注册资本总额的51%以上。

（3）有符合《专职守护押运人员枪支使用管理条例》规定条件的守护押运人员。

（4）有符合国家标准或者行业标准的专用运输车辆以及通信、报警设备。

申请设立从事武装守护押运服务的保安服务公司，应当向所在地设区的市级人民政府公安机关提交申请书以及能够证明其符合本条例第八条、第十条规定条件的材料。保安服务公司申请增设武装守护押运业务的，无须再次提交证明其符合本条例第八条规定条件的材料。

受理的公安机关应当自收到申请材料之日起十五日内进行审核，并将审核意见报所在地的省、自治区、直辖市人民政府公安机关。省、自治区、直辖市人民政府公安机关应当自收到审核意见之日起十五日内作出决定，对符合条件的，核发从事武装守护押运业务的保安服务许可证或者在已有的保安服务许可证上增注武装守护押运服务；对不符合条件的，书面通知申请人并说明理由。取得保安服务许可证的申请人，凭保安服务许可证到工商行政管理机关办理工商登记。取得保安服务许可证后超过六个月未办理工商登记的，取得的保安服务许可证失效。保安服务公司设立分公司的，应当向分公司所在地设区的市级人民政府公安机关备案。备案应当提供总公司的保安服务许可证和工商营业执照，总公司法定代表人、分公司负责人和保安员的基本情况。保安服务公司的法定代表人变更的，应当经原审批公安机关审核，持审核文件到工商行政管理机关办理变更登记。

3. 自行招用保安员的单位应当具有法人资格，有符合本条例规定条件的保安员，有健全的保安服务管理制度、岗位责任制度和保安员管理制度。娱乐场所应当依照《娱乐场所管理条例》的规定，从保安服务公司聘用保安员，不得自行招用保安员。自行招用保安员的单位，应当自开始保安服务之日起三十日内向所在地设区的市级人民政府公安机关备案，备案应当提供下列材料：法人资格证明；法定代表人（主要负责人）、分管负责人和保安员的基本情况；保安服务区域的基本情况；建立保安服务管理制度、岗位责任制度、保安员管理制度的情况。自行招用保安员的单位不再招用保安员进行保安服务的，应当自停止保安服务之日起三十日内到备案的公安机关撤销备案。自行招用保安员的单位不得在本单位以外或者物业管理区域以外提供保安服务。

（四）保安服务企业与公安机关的关系

我国公安机关同保安服务公司之间既有密切的联系又有本质区别。

1. 保安服务企业与公安机关的联系。首先，公安机关是具有武装性质的国家治安行政管理力量和刑事执法力量，属国家机器的重要组成部分，担负着维护国家安定，保卫社会主义政治经济建设，打击各种违法犯罪活动等重要任务，通过对违法犯罪活动的打击、惩处和对社会各部门的治安检查、监督和处罚，来达到维护社会治安的目的。保安服务公司是与客户在双方自愿的基础上，根据协议，为保护客户的财产或人身安全，而提供或承担的各种有偿的安全服务。从业务活动看，对象都是社会安全问题。因此，公安与保安，从大的概念讲，都是以打击犯罪、预防犯罪为前提而存在的，双方追求的终极目的是一致的。其次，公安机关作为保安服务公司的指导和监督机关，其与保安服务公司的关系自然是极为密切的。它们之间存在一个指导与被指导、监督与被监督的关系，我国《保安服务管理条例》规定，公安部门负责全国保安服务活动的监督管理工作。申请设立保安服务公司，应当向所在地设区的市级人民政府公安机关提交申请取得许可证，县级以上地方人民政府公安机关负责本行政区域内保安服务活动的监督管理工作。保安服务行业协会在公安机关的指导下，依法开展保安服务行业自律活动。对在保护公共财产和人民群众生命财产安全、预防和制止违法犯罪活动中有突出贡献的保安从业单位和保安员，公安机关和其他有关部门应当给予表彰、奖励。公安机关与保安服务公司之间的行政关系是外部行政关系，而非内部行政关系。它们之间不存在垂直的直接的命令与服从关系，它们是合作、监督的关系。

2. 公安机关与保安服务公司的区别。主要有以下四个方面：

（1）法人类型不同。保安服务公司属于企业，公安机关属于行政机构。公安机关拥有行政权力是公法人。保安服务公司基本上是受私法调整，属于私法人。根据《保安服务管理条例》有关规定，保安服务公司属于安全服务企业，不享有执法部门的行政权力。由此可见，保安服务公司从法人类型上与公安机关分属不同的法人。

（2）行为性质不同。保安服务公司是属于企业性质防范组织，它的行为依据的是和客户在平等自愿的基础上签订的保安合同。而公安机关是国家机器的重要组成部分，是具有武装性质的政府治安行政管理职能部门和刑事执法力量。它所行使的是国家所赋予的行政权力，且对其被赋予的行为有作为的义务，行为本身具有强制性。

（3）职责权限不同。公安机关是国家的暴力机器，担负着维护国家安定，维持社会主义市场经济的秩序，惩治犯罪的重要任务。它代表国家行使治安管理权，相应的公安机关拥有大量的强制性管理权力。而保安服务公司享有的权力来源，基本是源于普通公民所拥有的法定权力，如扭送权，正当防卫的权利。在职责范围上，公安机关则有打防的双重职能，其职责直接源于法律规定，而且它的权利义务在范围上有统一性。保安服务公司主要是以预防为主，其职责所体现的权利义务，也不是广泛的具有普遍意义的，而是以不同的保安合同来确定具体的权利义务。

（4）实现工作目标的方式、方法不同。公安机关在履行职责中，运用警察这支武装性质的国家治安行政力量，通过与群众相结合，运用法律、行政、经济、宣传等手段，采取公开和秘密的措施来实现对整个社会安全的全面渗入，打击违法犯罪活动，加强对社会各部分的检查、监督和处罚，来达到其服务目的。而保安服务公司主要依据保安合同以提供劳务和咨询、技术等服务为主，或以客户提出的特殊服务为主，并且提供的是有偿服务。它通过对客户的安全服务，加强社会整体的防范能力来实现其工作目标。此外在管理方式、服务原则和人事制度方面保安服务公司与公安机关也有所不同。

（五）保安服务企业与客户的关系

客户是企业生存之本，发展之根。保安服务企业与客户的关系是指保安服务企业为达到其经营目标，主动与客户建立起的联系。这种联系即使是单纯的安全服务买卖交易关系，也是因双方利益需要而形成安全联盟关系。保安服务企业除了其他企业与客户关系的共性外，保安服务最具魅力的地方是它与客户之间建立起一种互惠、互利、互信的长期稳定关系。

1. 保安服务企业与客户的关系是以安全服务为内容的契约关系。保安服务公司的服务具有风险性和契约性，这一点是它与其他服务公司的重要区别。保安服务公司由于其服务与社会安全密切联系，它的服务对象又关系到巨大的经济利益，获取利益又是产生犯罪的动力，所以说它的服务对象会不间断处于被侵犯对象的地位，一旦疏忽可能造成被侵犯事实的发生，从而产生很严重的损失，给社会安宁带来消极影响。暴力犯罪不断增长的现状，使保安人员的人身随时处于受侵害的状态，而保安员的自卫手段相对于犯罪分子又比较薄弱，所以，保安服务日趋艰巨和充满风险。同样，正因为保安服务具有很大的风险性，故在服务伊始，为了明确保安服务公司与它的服务对象之间的权利、义务关系，保安服务应建立在平等合意的契约基础上，通过书面形式的契约，双方在要约和承诺决定过程中有充裕的时间考虑己方的利益。尤其是保安服务企业，可将风险承担技术性地通过契约分担在数个主体上，如服务对象、担保人、保险公司等。在企业与客户之间建立一种互惠、互利、互信的长期稳定关系，客户将“身家性命”托付给保安服务企业，保安服务企业为客户提供的是安全保护，它的各项业务、履行的职责，均是围绕着“安全防范”而进行的。如根据与客户签订的合同，或者为保护客户的财产或人身安全服务，或者为客户提供的安全技术防范服务，等等。这种独具特色的业务范围，是社会上其他企业所没有的。

2. 保安服务企业与客户的关系具有灵活性、适应性和多层次性。它既可以为单位提供保安服务，也可以为文体、展览、展销等大型活动及公共场所、复杂地段提供保安服务，还可以为家庭及个人提供保安服务；从服务方式上来看，既可以提供劳务服务，也可以提供技术服务，或二者兼而有之；从服务地域来看，它既可以在本市、县提供保安服务，也可以跨省、市、县提供保安服务；从服务内容来看，既可以为保护客户的财产或人身安全服务，如押运、护送、守护等活动，也可以为维护客户单位的内部秩序服务，如担任门卫、进行巡逻等，还可以为客户单位的安全技术防范服务，如设计、安装、维修保安器材等。点多、面宽、线长，具有明显的灵活性、适应性和多层次性特点。

3. 保安服务企业与客户关系具有较强的专注性。保安服务企业所提供的各项服务活动，不仅具有明显的灵活性、层次性，而且具有明显的专注性。它不仅能根据客户的需要并在自己力所能及的范围内，可以随时随地按年、按季、按月、按日、按时提供保安服务，而且在所承担的各项服务活动中，能全神贯注、恪尽职守、千方百计地去完成任务，既没有白天黑夜之分，又没有八小时内外之别，也不受天气阴晴、气候冷暖所限，还不会受到节假日及临时性会议、业务学习的影响或冲击。与客户签订的合同中所承诺的任务，总是夜以继日地去完成。

4. 保安服务企业与客户的关系具有商品性。保安服务企业开展的各项服务活动，均把责、权、利结合起来，实行的是有偿服务的原则。保安服务公司与客户在双方自愿的基础上，通过签订合同明确各自的责、权、利，在根据合同履行自己职责的同时，向用户收取保安服务费，它实行的是有偿服务原则，经济上自负盈亏。就雇请保安员的客户而言，它们根据合同规定，在向保安服务公司支付一定聘金的同时，获得了合同规定范围内的安全保证，为生产、工作、生活创造了一个安定的环境或条件，有利于自身的建设与发展。这又体现了谁出钱，谁受益的原则。这种双方自愿，有偿服务，互惠互利的做法，体现了保安服务的商品性特点。

5. 保安服务企业与客户的关系具有明显的竞争性。保安服务企业将竞争机制引入到经营管理之中，体现出明显的竞争性。从其经营上看，由于各项保安服务活动，均是以与客户签订的合同为根据，因而，客户的信任和雇请，便是保安服务公司得以生存和发展的前提条件，而为了取得客户的信任和雇请，它不仅要精心经营，尽职尽责地工作，还必须以优质的服务，令人满意的效果，树立起良好的“产品”形象。这就是说，保安服务企业在经营活动中，必须有强烈的竞争意识，在竞争中求得生存和发展。

6. 保安服务企业与客户的关系必须合法。保安服务企业根据法律和国家有关规定对客户要求提供的保安服务的合法性进行核查，对违法的保安服务要求应当拒绝，并向公安机关报告。它所追求的是经济效益和社会效益的兼顾，并以社会效益为第一，经济效益为第二。保安服务公司提供服务活动时首先注重其服务是否能够产生良好的社会效益。当社会效益与经济效益发生冲突时，它首选的应是社会效益。当然在满足社会效益的前提下，保安服务公司也可积极地去追求经济效益。

第二节 保安员

一、保安员心理健康

美国学者坎布斯认为，一个心理健康、人格健全的人有四种特质：积极的自我观念；恰当地认同他人；面对和接受现实；主观经验丰富，可供利用。我国的著名心理学家王登峰也提出了有关心理健康的指标：了解自我，悦纳自我。努力发展自身的潜能，即使对自己无法补救的缺陷，也能安然处之。接受他人，善与人处。面对现实，接受现实，适应现实，改变现实。

一般来说，人的心理健康包括以下七个方面：智力正常、情绪健康、意志健全、行为协调、人际关系适应、反应适度、心理特点符合年龄。一个心理健康的人都能够善待自己与他人，适应环境，人格和谐。当然，心理健康的人并非没有痛苦和烦恼，而是他们能适时地从痛苦和烦恼中解脱出来，积极地寻求改变不利现状的新途径，他们能够驾驭人生冲突，也能深刻体察人性的阴阳善恶。

保安员是指根据《保安服务管理条例》的规定，依法为公民、法人和其他组织提供门卫、巡逻、守护、秩序维护、押运、随身护卫、安全检查、安全技术防范和安全风险评估等服务的人员。保安员是保安服务活动的主体，随着当前国内社会治安形势的复杂严峻，保安员心理压力呈逐步加剧的趋势。保安员心理健康是关系到保安员健康及保安工作成败的重要方面，那么什么是保安员的心理健康呢？保安员怎样的心理状态才算是健康呢？在实践中，我们认为，保安员心理健康应从以下几个方面把握：

（一）保安员的心理健康标准

1. 智力正常。智力正常是人正常生活最基本的心理条件，是心理健康的重要标准。包括在经验中学习或理解的能力，获得和保持知识的能力、迅速而成功地对新情境做出反应的能力、运用推理有效地解决问题的能力等。智力正常是胜任一项工作的基础。根据国家对保安员资格的要求，年满十八周岁，身体健康，品行良好，具有初中以上学历的中国公民可以申领保安员证，从事保安服务工作。申请人经设区的市级人民政府公安机关考试、审查合格并留存指纹等人体生物信息的，发给保安员证。

2. 能协调和控制情绪，心境良好。包括的内容有：愉快情绪多于负性情绪、乐观开朗、富有朝气，对生活充满希望；情绪较稳定，善于控制与调节自己的情绪，既能克制又能合理宣泄自己的情绪，情绪的表达既符合社会的要求又符合自身的需要，在不同的时间和场合有恰如其分的情绪表达；情绪反应与环境相适应，反应的强度与引起这种情绪的情境相符合。保安是一个相对比较枯燥的职业，而且薪水也较低，加之社会上有些人对保安员工作的不理解、不配合，往往让保安员面临非常大的压力。一个合格的保安员，不仅要有健康的身体，优良的安保技能，还要有健全的人格和健康的心理。而要具备健康的心理，就要具备排解自我压力的能力。

3. 意志健全。意志是人在完成一项有目的的活动时进行的选择、决定与执行的心理过程。意志健全者在行动的自觉性、果断性、顽强性和自制力等方面都表现出较高的水平。

4. 人格完整和谐。人格是个体比较稳定的心理特征的总和。人格完整就是指有健全统一的人格，个人的所想、所说、所做都是协调一致的。人格完整包括人格作为人的整体的精神面貌能够完整、协调、和谐地表现出来；具有正确的自我意识，不产生自我同一性混乱，以积极进取的人生观作为人格的核心，并以此为中心把自己的需要、目标和行动统一起来；思考问题的方式是适中与合理的，待人接物常常采取恰当灵活的态度，对外界刺激不会有偏颇的情绪和行为反应；能够与社会的步调合拍，也能和集体融为一体。

5. 自我评价正确。正确的自我评价是心理健康的重要条件。自我观察、自我认定、自我判断和自我评价能使自己恰如其分地认识自己，摆正自己的位置，既不以自己在某些方面高于别人而自傲，也不以某些方面低于别人而自卑；对自己不会提出苛刻的、非分的期望与要求；对自己的生活目标和理想也能定的切合实际；面对挫折与困境，能够自我悦纳，喜欢自己，接受自己，自尊、自强、自制、自爱适度，正视现实，积极进取。

6. 人际关系和谐。良好而深厚的人际关系，是事业成功与生活幸福的前提。其表现为：乐于与人交往，既有广泛而深厚的人际关系，又有知心朋友；在交往中保持独立而完整的人格，有自知之明，不卑不亢；能客观评价别人和自己，善取人之长补己之短，宽以待人，乐于助人，积极的交往态度多于消极态度，交往动机端正。

7. 适应正常。个体应与客观现实环境保持良好秩序，既要进行客观观察以取得正确认识，以有效的办法应付环境中的各种困难，不退缩；又要根据环境的特点和自我意识的情况努力进行协调，或改变环境适应个体需要，改造自我适应环境。

（二）保安员主要心理问题

作为基层保安员承担的工作任务比较繁重、琐碎，同时还要应对社会形形色色的人群，工作和生活条件比较复杂、压力巨大。其主要心理问题体现在以下几个方面：

1. 认知心理问题。每天战斗在一线的保安员，工作繁琐，为了完成任务经常要高强度超负荷运转，还要应对来自社会各个阶层的客户，压力要比一般工种大，身体常常处于疲惫和透支的状态；因绝大部分保安员来自农村，他们文化水平普遍不高、家庭经济状态比较薄弱、社会地位相对较低，与公安机关和其他行政部门相比工作量大回报却很低，在保安员内心难免产生不平衡和心理冲突，有的甚至心生埋怨产生嫉妒心理，如果不进行适当的心理排遣和调整很容易引发心理问题。

2. 情绪心理问题。保安员长期处于矛盾冲突的第一线，加之人员配备、办公条件、经费保障等问题，加班加点长期工作在压力的环境之下，导致身心疲惫心情抑郁。往往这些不良情绪得不到及时疏导和缓解，日积月累就会造成心理障碍、心理失控甚至心理危机。保安员经常出现的不良心理状态有：厌倦、心情烦躁、注意力涣散、思维迟钝、紧张恐慌、情绪急躁、忐忑不安、过度兴奋、莫名发火等；生理方面的不良状态有：失眠、厌食、头脑昏闷、呼吸急促、脉搏加快、血压升高、下班后不想说话、不愿与亲人沟通等。

3. 个性心理问题。由于职业习惯，保安员容易形成受压抑自卑的个性，这种不良个性会影响他们在工作和生活中的行为，有些保安员在工作中出格的行为就是由不良个性造成的。

4. 人际交往心理问题。人际冲突的本质是对自己定位的不准确，比如本来应该以服务的角色出现的，却以上级管理角色出现，这会严重影响到人与人之间的交往。即使在保安公司内部，保安员在一起相处也会因工作、生活等问题产生摩擦，有些保安员往往感到工作中存在的竞争与矛盾，觉得同事不够配合、客户不够合作、领导故意刁难等。如此一来，就不太愿意和同事、客户、领导交往而是把自己封闭起来，这不仅降低工作效率也不利于他们人际关系的健康发展。

（三）保安员心理压力产生的根源

1. 社会责任的压力。由于保安工作具有“范围广、责任重、风险高”的职业特征，随着社会的发展，保安员的工作范围日趋广泛、工作任务不断加重，人们对保安职业的要求日益提高，无形中加重了保安的心理负担。加之媒体和社会公众对保安这一职业认知度不高，不了解保安工作的特殊性和重要性，对保安个别行为进行放大宣传，社会上一些不良思想极易对保安员引发消极和不良的心理暗示。

2. 知识、能力、权利的局限带来的压力。构建和谐社会理念的倡导，要求保安员尽力妥善处理和化解社会矛盾，势必又加大其工作要求和责任，工作中处置问题稍有不慎或不妥，就有可能会引起更大的社会矛盾，保安工作涉及面非常广泛，上到法律法规和国家政策，下到服务单位的各项规章制度，如此广的知识面要做到面面精通，对保安来讲是确实非常困难，这些都会给他们带来较大的心理压力。

3. 工作机制压力。适度的心理压力能使员工处于合理的应激状态，对员工的工作积极性有良好的推动作用，而过度的职业压力如果得不到合理释放和缓解，就会引起心理和生理上的不适和疾病。目前，许多保安公司现有的管理考评办法，很难全面真实地反映保安员的工作情况，使很多认真负责的保安员因为考核机制的不够完善合理等因素，难以获得与绩效相符的工资待遇。此外，他们在实际工作中的处境也十分尴尬，如保安员没有交办权、督办权、处理权，只负责上下左右的协调沟通，对处理意见和程序进度完全无力左右，很多时候在面对客户的责问时只能进行思想疏导，因此，无形的心理压力滋生蔓延，既严重损伤保安员的自尊和工作积极性，又严重影响他们的身心健康。

4. 社会环境压力。从社会层面看，保安员大多远离家乡，缺少亲人朋友的关心。在高度发达的现代化都市里，社会变迁得速度快、程度深、力度强，都市生活对保安员而言呈现出很大的陌生感，这些都是导致他们心理问题的客观因素；保安员自身的心理适应能力较弱，则是他们心理震荡的微观层面的原因，也是主观方面的因素。保安员和其他普通人一样，也有自己的家庭和亲情，相当一部分保安员因工作繁忙无暇照顾自己的老人、孩子，家务几乎全部落在家人身上，生活上又无法与家人步调一致，而且时刻处于危险之中，留给家人的只有无尽的担心。

（四）保安员心理健康的调节

保安员的职业是一个相对比较枯燥的职业，而且薪水也较低，加上社会惯有的对保安员的鄙视，往往让保安员面临非常大的压力。随着当前国内社会治安形势的复杂严峻，保安员心理压力呈逐步加剧的趋势，这就要求保安员有较好的心理素质，及时提高心理适应及抗挫折能力，在巨大的生活和工作压力面前保持积极的心态和乐观的情绪。一个合格的保安员，不仅要有健康的身体，优良的安保技能，还要有健全的人格和健康的心理。而要具备健康的心理，就要学会排解自我压力的能力。

1. 依靠别人的力量。当你遇到无法解决的伤痛时，不妨对你的家人和朋友诉苦。把你的失落和悲观通通告诉他们，在你诉说的时候，其实就是你在自我解脱的过程了。不管你的朋友能不能给你足够的帮助，不再去在意那么多，你把它说出来就好了。如果再不行的话就建议去找专业的心理医生了，他会给你整套的减压方法。

2. 加强暗示法。暗示法主要表现为，保安员用语言不断在大脑中施加所希望的影响，这种方法应用普遍，作用也很大。如保安员在情况较为复杂的抢险救援战斗展开之前暗示自己“沉着”、“冷静”，保安员考核时也可用这种方法调整心态。暗示有积极暗示和消极暗示。积极暗示往往产生积极的作用，而消极暗示则起到负面的影响。因此，要注意用积极的暗示来调整心态。

3. 别对自己要求太高。很多人走不出情绪的低潮，往往都是因为自己把整件事情的得失看得太重了，对自己的要求太苛刻了，以至于在事情发生很久后都没办法从其中抽离出来。这时候不妨先放下手头的工作，重新给自己制订一个切实可行的目标，不要再那么遥不可及了，因为那只会让你变得更加痛苦。

4. 试着找到自己的闪光点。你的失落感很大程度上是来自于对自己的不自信，还有自卑的情绪产生的。你需要的是对自己做一个全面的剖析，找出自己的闪光点和缺点，客观地写出来，写得越多越好，等你列出这张单子的时候，你就会发现，你对自己有了一个更深层次的了解了，在这个过程当中你会更加肯定自己，懂得去和自己的心灵沟通。

5. 运动减压法。当你烦恼的时候，那么你就运动吧。运动可以让你忘掉一切的东西，让你的情绪到达一个制高点，在出汗的过程当中还会让你的细胞充满活力。你身体上的愉悦，也会带给你情绪上的兴奋。所以有空的时候就多做一些有氧运动，参加户外活动，在运动的时候还可以看到沿途的美景。

6. 榜样模仿法。榜样模仿法是通过观察、模仿别人，训练自己，建立一种原来没有的行为，或者学会一种新的行为，来取代以往不适当的行为。模仿对象可以是人，如优秀消防战士、英雄人物；也可以是电影、电视或小说中描述的行为。通过对榜样的模仿，训练自己良好的行为。

7. 以“恐”制恐法。在抢险救援和生命救助现场，任何恐惧、焦躁、惊慌失措都会对战斗带来影响。尤其是在外界人员集中、慌乱及恐惧情绪对保安员的感染作用下，会加剧恐惧等心理。因此，心理训练的重点是消除慌乱和恐惧情绪，培养勇往直前、坚韧不拔、灵活应变的意志品质。可通过高空训练，在烟火情景中训练，在爆炸、倒塌、中毒等模拟危险条件下的训练来增加胆量，根据需要设置危险情景，增强保安员沉着、冷静和自制的能力。

8. 系统脱敏法。系统脱敏法是建立在放松训练基础上的一种行为改变方法，主要用于消除在某一特殊情境下暂时的不合理的、过度的焦虑或恐惧心理，同时建立起适当的行为反应方式。运用这种方法的要求是：首先，学会放松全身的肌肉，然后把令你感到焦虑或恐惧的刺激程度由低到高分出等级，每一等级的刺激强度应在个人能忍受的范围之内。其次，按照建立条件反射的过程，将紧张性刺激与全身放松状态反复结合。最后，当最低水平的刺激由于身体放松而不再引起焦虑和恐慌情绪时，就呈现出另一个略强一点的刺激，再与身体放松反复结合，直到不再感到焦虑为止。

二、保安员的管理

管理是人类最普遍的社会活动，任何组织活动都离不开管理。为了顺利完成保安任务，达到保安目的，必须进行计划、组织、指挥、协调及控制等活动完成保安工作。

（一）保安管理人员的职责与权限

保安管理人员根据保安服务合同约定应承担的管理任务，组织保安员忠于职守，遵纪守法，着装整齐，文明执勤，礼貌待人，热情服务，确保安全。提高整个队伍的工作效率，搞好与客户单位的关系等，根据《保安服务操作规程与质量控制》（GA/T594－2006）的相关规定，保安中、大队长的管理职责有以下几个方面：

1. 负责对中、大队保安工作计划的管理，掌握保安对象全面情况，提出保安工作目标，科学制订保安计划。根据单位保安工作计划和要求，结合管理实际情况，提出各项保安工作具体要求与措施，科学安排落实各项保安工作内容，严密各项防范措施，完成客户或单位交给的保安服务任务。保安工作计划的制订，参考表 1－1。

表 1－1　保安岗位安排表

日期：年 月 日（白班：）				日期：年 月 日（夜班：）			
班	上岗人数	休息队员	班长	班	上岗人数	休息队员	班长
岗位安排				岗位安排			
1. 监（消）控室	上半天：			1. 监（消）控室	上半夜：		
	下半天：				下半夜：		
2. ×××停车场				2. 中心门卫		巡更次数：22：00、00：00、2：00、4：00、6：00	
3. ×××门卫							
4. 巡逻							
5. ABCD 楼顶检查情况				巡更安排			
6. 对讲机交班				23：00			
备注				1：00			
				2：00			
				5：00			
				备注：			

2. 根据单位或客户签订的保安目标与任务，具体制订保安活动的有关内容与方案，做好与单位、客户之间的沟通，随时了解保安对象工作变化的情况，检查各项保安工作的落实执行，落实内部安全防范措施，防止发生事故。根据公司的要求，对客户单位进行满意度调查（参考表 1－2）。

表 1－2　顾客满意程度调查表

编号：

顾客名称		地址	
电话、传真		联系人	
对本公司服务的满意程度： 服务规范：　□非常满意　□很满意　□一般　□不满意　□投诉 服务态度：　□非常满意　□很满意　□一般　□不满意　□投诉 文明用语：　□非常满意　□很满意　□一般　□不满意　□投诉 紧急情况处理：　□非常满意　□很满意　□一般　□不满意　□投诉 其他：　□非常满意　□很满意　□一般　□不满意　□投诉 满意程度在“一般”以下的，请分别说明原因或事例（可另附纸）：			
其他意见、要求或建议，如与其他公司产品的差距、市场信息、改进的建议等（欢迎提出宝贵意见）：			
调查部门：　调查人：　时间：			
注：各项权重分别为：服务规范 40%　服务态度 40%　其他：20%			

3. 认真执行保安有关规章制度，制度上要严格管理，不得无证上岗，把保安工作落实到每个保安员，保障保安器械的完好有效，发生安全问题按章处理。对保安对象进行经常性的安全检查，发现问题及时解决，消除隐患。检查情况要填写在《公司稽查记录表》（参考表 1－3）上。

表 1－3　公司稽查记录表

编号：

时间		被检部门	
被检岗位		检查人	
检查项目： □值勤　□职责　□纪律　□仪表仪容　□服装胸牌 □安全设施　□物品点验　□勤务登记　□卫生　□举止语言 □OA 使用　□电子巡更系统　□公车管理　□工作计划的实施　□办公秩序			
问题：			
结果：			
部门整改反馈（OA）：			
被检人：　检查人：　日期：			
复检验证： 验证人：　日期：			

4. 加强队伍管理，教育保安员模范遵守法律法规及各项规章制度，保安中、大队长要善于掌握大队人员在岗情况，充分发挥保安员的作用。当前保安工作面临许多新情况新问题，保安工作复杂，保安中、大队长应结合实际情况，抓好保安组织建设、思想建设，对保安员进行法制教育、职业道德教育、爱岗敬业教育，做好思想政治工作，关心保安员的生活，及时帮助解决实际问题，增强保安组织的活力，充分发挥保安组织的作用。落实保安队伍内部安全措施，防止发生保安员违法违纪问题和重大安全事故。

5. 按计划组织中、大队开展保安技能训练，提高保安员的专业技能和服务水平。加强对保安器械熟练训练与保安员日常安全防范心理训练，结合当前治安形势提高保安员的警惕性，深入调查研究，定期总结工作，开展经验交流，及时向上级管理队伍反馈信息，对保安骨干进行教育和培养，提高他们的组织能力和管理水平。

（二）保安中、大队长的素质要求

保安队伍具有点多、线长、面广的特点，中、大队长面临着极大的管理难度，一名称职的保安中、大队长必须具备高效、务实、全面的领导素质。只有这样，才能成为保安公司经理的好助手。中、大队长是保安公司的一面旗帜，是保安队伍的排头兵，中、大队长领导水平的高低、作用的强弱，直接影响着全大队整体功能的发挥；大队职能作用的高低，也将直接影响着客户的安全，可以说，作为单位与保安员、单位与客户之间的纽带中、大队长起着举足轻重的作用。一名合格的中、大队长需要做好以下几方面：

1. 善于学习，执行计划。保安中、大队长作为保安公司的领导层的一员，要善于学习，熟悉工作计划与工作流程，善于带领保安员执行计划。保安中、大队长应该在工作和学习中起到模范带头作用，积极学习和掌握业务知识以具备业务能力，及时了解业主的现状和想法。在保安队伍中，努力构建学习环境，创新学习内容，培养学习兴趣，提高学习效率，推进学习层次，使每个保安员都能在这个团体里学有所成，干有所获。这样才能正确理解工作计划，确定工作重点，解决工作中的难题，带领基层保安员更好地完成预定任务。

2. 善于指挥，完成任务。作为保安中、大队长要能正确处理上下级关系，善于指挥保安人员，加强团结合作，出色完成保安任务。保安中、大队长在工作与分配任务的时候要有全局的观念，要能够正确处理局部与整体的关系，正确处理保安员个人利益与客户单位或者公司的整体利益的关系。安排队员上岗要考虑个人的习惯、性格、爱好、特长等，看队员适合什么样的工作环境，适合什么样的岗位要求，以期达到人尽其才，才尽其用。使队员之间团结友爱，工作勤务互帮互助，配合默契。使他们热爱保安工作，忠诚保安事业，无悔保安人生，这样保安队伍才能留住人才，备足人才，赢得信赖。只有这样，才能根据保安员的数量和客户单位的治安情况，做到科学合理地分配保安员到相应的岗位工作。

3. 善于处置，实现目标。作为保安中、大队长要善于处理问题，按章办事，要为队员建立和谐的空间氛围。保安中、大队长在遇到队员反映一些问题的时候，要善于处理。要及时了解保安员的情况，无论学文化、学业务，还是学技术，各取所长、各尽所能。保安中、大队长要起好引导作用，要根据每一位队员的个性特点，为其提供发挥潜能、施展才华的机会和平台，把队伍建设成为“一个都不能少”的集体。让每一个人的才能都得到充分的展示，每一个人的价值都得到完全的体现。注重队员的精神生活，尊重队员的情感生活，给队员以适度的自由空间，让队员的烦恼有地方宣泄，蓬勃的激情有时间释放，遭受了挫折与困难有人相扶、相帮、相鼓励，在保安公司工作，时时刻刻有人照顾。要为队员尽力提供方便，全力打造敬业型队伍，帮助队员树立起一个理想的目标，鼓励他们朝着这个目标不懈地努力。

思考题：

1. 如何认识我国保安服务业的发展趋势？
2. 如何理解保安服务企业与公安机关的关系？
3. 保安员的心理健康对从事本职工作有何意义？
4. 保安中、大队长如何实施与开展保安服务工作？

第二章　保安员职业道德修养

【本章知识要点】

了解保安员职业道德的特征与作用，熟悉职业道德修养的重要性和内容，掌握职业道德修养的途径，从而加强职业道德修养的自觉性。

第一节　保安员职业道德概述

一、保安员职业道德的内涵与特征

（一）保安员职业道德的内涵

保安员职业道德是指保安员在保安活动中应遵循的具有自身职业特点的道德行为准则和规范。它是社会主义道德中不可缺少的重要组成部分，是社会主义道德的普遍原则在保安职业活动中的具体体现，同时也是保安工作优良传统的总结、继承和发展。

保安员职业道德就其内容结构和表现形式而言，包括保安员职业道德意识、职业道德规范和职业道德活动。而保安员职业道德规范包含六大方面内容，即遵纪守法，诚实守信；爱岗敬业，熟悉业务；掌握技能，强健体能；文明值勤，热情服务；见义勇为，乐于奉献；恪尽职守，保障安全。

（二）保安员职业道德的特征

1. 适用的有限性。保安员的职业道德一般只适用于保安员的岗位活动。尽管不同的行业或职业也会存在某些共通的职业道德的内容与要求，如敬业、诚信、互助等，但是，在某一特定的行业和具体的岗位上，必须有与该行业与岗位相适应的具体的特殊职业道德规范要求，它只在此职业范围内起作用，只能对从事该行业和岗位的从业人员进行指导和规范。例如，商业领域对从业者的道德要求是“买卖公平，童叟无欺”，医务人员职业道德强调“救死扶伤，治病救人”，教师强调“教书育人，为人师表”，会计行业要求是“不做假账”，这些都是职业道德行业性特征的具体表现。而保安员的职业道德对见义勇为、保障安全等方面有更高的要求。可见，保安员职业道德的适用范围不是普遍的，而有其特定的行业性或职业性的规范。

2. 形式的多样性。人类社会职业领域的多样性决定了职业道德表现形式的多样性。随着社会经济的高速发展，同一职业内部的分工将越来越细，越来越专。就保安行业来讲，社区保安与押运保安就有一定的岗位职责差异，其职业道德的具体标准与规范会有所侧重。为此，保安职业道德的基本要求会更具体化，可有适应本行业公约的不同工种的规章制度、员工守则、岗位职责、纪律条例等细则，使保安员职业道德的具体规范呈现出多样性与适用性，其内涵越来越充实，形式表现得更丰富多样、易于实践。

3. 相对的稳定性。职业的稳定性决定了反映职业要求的职业道德必然处于相对稳定的状态，许多职业道德千百年来为从事相关行业的人们所传承和遵守。即使在不同的社会经济发展阶段，同样一种职业因服务对象、服务手段、职业利益、职业责任和义务相对稳定，职业行为的道德要求的核心内容将被继承和发扬，从而形成了被不同社会发展阶段普遍认同的职业道德规范。保安员职业道德规范是在长期保安职业活动中总结、概括、提炼而来的，一般采用简明的形式和具体的规章制度来教育、规范本行业保安员，并公布于众，接受社会监督检查。因此，它在内容上具有相当的稳定性和连续性，也具有很强的针对性，便于理解和操作，保证了保安职业活动的顺利开展，也形成保安员比较稳定的职业心理和职业习惯。

4. 利益的相关性。保安员的职业道德与物质利益具有一定的关联性。利益是道德的基础，保安员职业道德规范及表现状况，不仅关系到保安员的利益，也关系到与其相关的社会各方面的利益。对于优秀保安员而言，单位不仅给予高度的精神方面鼓励，也应给予物质方面的褒奖；相反，对违背职业道德，给企业和社会带来损失或危害的员工，要用保安员职业道德具体标准评价，使违规者轻则受道德的谴责或经济处罚和纪律处分，重则受法律的制裁，以维护本职业集团的荣誉和利益。通常情况下，保安员职业道德规范纳入保安行业或保安企业管理时，都紧密结合行业特点与岗位责任要求，制订出相应的奖罚措施，与保安员的物质利益挂钩，强调责、权、利的有机统一，便于监督、检查、评估，以促进保安员更好地履行自己的职业责任和义务。

5. 鲜明的实践性。保安员的职业道德是由保安职业实践产生的，与保安员的职业活动密切相联，它并非停留在口头与书面上，而是真切地落实于职业活动中。保安员职业道德调整的是保安职业活动中的各种关系，对保安员职业活动的具体行为进行规范，以解决现实工作中的各种矛盾冲突。可以说，保安职业的行为过程，就是保安职业的实践过程，只有在具体的实践过程中，才能体现出保安员的职业道德水准，才能进行科学与合理的评价。

二、保安员职业道德的功能

保安员职业道德的功能是指保安员职业道德在其职业活动中所具有的作用。它对保安职业活动具有导向、规范、整合和激励等具体功效，引导保安职业活动沿着健康、有序、和谐的方向发展。

（一）导向功能

导向功能是指保安员职业道德具有引导职业活动方向的效用。在保安职业活动中，受社会某些负面因素的影响，有时保安员可能会出现工作的盲目性和逐利性，迷失正确方向。发挥保安员职业道德的导向功能，就是以职业道德特有的评价标准，并通过社会舆论、传统习俗，特别是良心的作用，引导保安员对真与假、善与恶、义与利、美与丑、荣与辱等道德范畴进行有效甄别，从而认识自己对他人、行业、社会、国家应尽的责任和义务，提高对是非的鉴别能力，即明白什么是符合职业操守的，应当努力为之；懂得什么是不符合职业伦理的，应该坚决拒之。增强崇善抑恶的自觉性，从而选择符合社会道德要求的职业行为和职业生涯发展道路，提升保安员的道德品质。

（二）规范功能

规范功能是指保安员职业道德具有促进职业活动规范化和标准化的效用。保安职业活动，应该符合职业规范的总体要求和岗位责任的各项规定，保安员职业道德规范中的操作章程包含原则、规则、准则、标准等规定性内容，对保安员的行为不仅有宏观调控作用，而且还有具体的约束作用，它规定保安员哪些可以做，哪些不可以做，哪些应该做，哪些不应该做，保障职业行为规范、标准、高效。同时，通过具体的操作规程和违规处罚规则，让保安员了解职业行为底线，不越“雷池”，不触“禁区”，以有效消除偏离正常轨道的思想和行为，提高保安员的职业精神境界。

（三）激励功能

激励功能是指保安员职业道德能够激发保安员产生内在动力的效用。保安员职业道德通过社会舆论宣传、榜样和典型的示范以及绩效考评奖惩机制等多种途径，不仅满足保安人员物质和精神需求，更重要的是发挥其积极性、主动性和创造性，提高保安员的职业自豪感，增强其职业责任心、义务感和忠诚度，挖掘内在潜力，最大限度地为客户、为行业、为社会作出自己的贡献，既有效地保证保安职业行为沿着行业预期的正确目标和方向发展，又有利于保安员自我价值的实现。

（四）整合功能

整合功能是指保安行业通过保安员职业道德核心理念对行业内部不同部门、不同个体之间进行调节，起到凝聚人心、达成共识、协调统一的效用。在保安职业交往中，总要与社会、组织、他人发生各种各样的关系，不可避免地会发生利益之间的冲突和矛盾，这除了运用政治、法律手段加以调整外，更多的需要有道德的参与。通过行业共同的价值理念调整内部利益关系，弘扬精神上的正能量，最大限度地消除分歧，化解矛盾，增进团结与协作，同时通过职业目标吸引员工的注意力，激发内在动力，促进组织聚合力。此外，保安员职业道德不仅涉及每个保安员如何对待职业和工作，而且也关系到一个职业集体甚至整个行业全体保安员的行为表现，保安员职业道德有助于提高保安行业整体的道德水平，更有助于维护和增强保安行业的信誉，促进其可持续发展。

第二节　保安员职业道德修养

一、保安员职业道德修养的特点及重要性

（一）保安员职业道德修养的概念和特点

保安员要立足职业并成就一番事业，除了刻苦学习，掌握现代专业知识、技能外，更为关键的是要自觉加强职业道德修养，形成良好的职业道德品质。综观历史，凡成功的从业人员，莫不具有良好的职业道德修养。保安员职业道德乃保安员立身之本、成功之源。无论是已经工作多年的保安员，还是即将走上工作岗位的保安员，都必须长期坚持职业道德修养。只有不断自我教育、自我改造、自我磨炼和自我完善，才能不断促进职业发展和自身进步，使个人职业生涯最大限度地展现生机与活力。

保安员的职业生涯是一个不断学习和不断提高的过程，也是不断修养历练的过程。什

么是修养？“修”原意指学习、锻炼、陶冶和提高；“养”，原意是指培养、养育和熏陶。所谓修养是指人们为了在思想、道德、理论、知识、艺术等方面达到一定水平而进行自我教育、自我提高的活动过程。而保安员职业道德修养，就是指保安员按照职业道德基本原则和规范，在职业活动中所进行的自我教育、自我锻炼、自我改造和自我完善，使自己形成良好的职业道德品质和达到一定的职业道德境界，它是保安员职业道德生活的重要形式。

然而，保安员的职业道德品质形成不是一蹴而就的，具有以下特点：

1. 针对性。一方面，由于整个社会纷繁复杂，人们认识事物是一个由片面到全面、由部分到全部的过程；另一方面，每个人的生活环境和生活经历不同，对事物的认识存在差异。保安员要提高职业道德素质，就必须认真分析，做好调查研究，有的放矢地选择关键的环节着手。保安员若了解职业道德规范甚少，就从提高职业道德认识入手；保安员若道德意志薄弱，则应增强其职业意识。客观事物的复杂多样性要求职业道德品质养成也应具有针对性。

2. 发展性。人类社会总是不断发展的，保安员职业道德品质的提高，是一个无止境的认识世界、认识自我的过程。职业道德规范本身具有层次性，保安员自我教育能力、自我觉悟水平又有所不同，保安员职业道德品质养成也是一个不断实践、循序渐进、逐步提高的过程。

3. 整体性。职业道德认知、情感、意志、信念是职业道德规范认识阶段的要素，也是职业道德品质养成的重要环节和过程。在这个过程中，诸要素往往作为一个整体同时起作用。如果单纯从某一方面施加影响或机械地以认知、情感、意志、信念为序施加影响，难以收到实效。保安员在提高职业道德认知的同时，培养职业道德情感和意志，从而坚定职业道德信念，反过来会加深对职业道德认知的理解和认同，积蓄职业道德情感，磨练职业道德意志，最后养成职业道德行为。

4. 反复性。保安员良好的职业道德品质的形成非一朝一夕，必然会有所反复。只要不断提高职业道德认识，激发情感，锻炼意志，就会产生坚定的信念，养成良好的道德习惯。这就在客观上要求保安员不断学习和深入思考，增加感性认识和理性认识，持之以恒，反复锻炼。

5. 实践性。保安员良好的职业道德行为只有在实践中才能得到充分体现。一方面，这是社会主义市场经济发展的呼唤，需要保安业的从业人员都具有良好的职业道德行为；另一方面，良好的职业道德品质的养成也离不开社会实践，只有在丰富多彩的实践活动中，才能养成良好的职业道德品质。当然，良好的职业道德品质也会使保安员在实践中如鱼得水，受益匪浅。

6. 稳定性。保安员的职业道德品质一旦养成，就会经常地、相对稳定地在职业活动中体现出来，并在职业实践中不断得到强化和完善。如果不具备稳定的职业道德行为，则表明尚未养成保安职业道德品质。

（二）保安员职业道德修养的重要性

俗话说：玉不琢不成器。同样，人不修养难成功。加强职业道德修养，对于每个保安员来说都具有十分重要的意义。

1. 职业道德修养是保安员职业生涯的拓展和事业有成的重要条件。保安员的职业生涯，是保安员一生的职业经历和发展过程。保安员提高自己的职业道德素养，既是社会对个体的要求，更是个人成长发展的内在需要。良好的职业道德修养是保安员职业规划的重要组成部分，它可以为保安员的成功提供社会资源，是保安员取得职业成就的重要前提。当今社会，人才竞争越来越激烈，既包括谋职的竞争，也包括职后的竞争。这对保安员如何在职业竞争中脱颖而出，提出了更高的要求。保安员的职业生涯发展是否顺利，能否胜任工作岗位要求和发挥应有的作用，既取决于个人专业知识与技能的掌握程度，更取决于个人的职业道德素质。北宋著名思想家司马光说："才者，德之资也；德者，才之帅也。"良好的职业道德修养不仅是保安员步入职业殿堂的"通行证"，体现着其道德操守和人格力量，也是其行业立足的基础，更是个人走向成功的重要因素。那些具有良好的工作态度、合作意识和奉献精神等职业道德素养的保安员，更容易营造较和谐的人际氛围，获得同事的尊重及各方面的认可和支持，组织也愿意为其提供更好的工作环境和发展平台，使其有更多晋升的机会，且保安员内在的积极性、主动性和创造性也将被较大限度地激发出来，其品德、知识和能力在工作中得以充分展现，逐步向职业发展目标迈进；反之，若不加强职业道德修养，职业素质低下，就易丧失人心和社会支持，失去发展的机遇。意大利著名诗人但丁就说过："道德常常能填补智慧的缺陷，而智慧却永远也填补不了道德的缺陷。"因此，保安员在职业生涯中，应当时时刻刻加强职业道德修养，踏踏实实做人做事，以具备新时期保安员职业道德品质，才能在工作岗位上有所作为，在竞争中立于不败之地，更好地拓展个人发展空间。

良好的职业道德修养还能帮助保安员攻坚克难，渡过难关，走向辉煌，更好地实现自我。要知道，一个保安员的职业生涯发展未必总是一帆风顺的，其要取得成就也非一步即可到位，而是一个循序渐进的复杂过程，其间充满了艰辛和困苦。当遇到挫折和失败时，只有具有良好的职业道德修养，才能产生高度的责任心，忠诚于自己的本职工作，不放弃对事业的执着追求，敢于面对现实，战胜困难，从而激发出完成工作所需要的不竭动力，在奋斗中成就辉煌事业，最终到达成功的彼岸。

2. 职业道德修养是保安员形成良好职业品质和提升职业境界的必要手段。保安员良好的职业道德品质不是与生俱来的，而是在长期的职业活动中逐步形成的。其中关键是保安员在职业活动中能够按照职业道德规范自觉进行职业道德修养，经常检查自己的职业行为是否符合职业道德的基本要求，并自觉纠正不良行为，发扬光大优秀的品行，逐渐养成符合道德规范的职业行为习惯。而且保安员的职业道德修养越高，就越能正确认识保安工作的职业价值，并从保安服务工作中找到乐趣。正如苏联教育家苏霍姆林斯基所说："如果一个人热爱自己所从事的工作，他一定会竭尽全力使其劳动过程或劳动成果充满美好的东西，生活的伟大、幸福就寓于这种劳动之中。"因此，尽管保安职业活动是紧张的、辛苦的，需要强大的体力和脑力的消耗，会对保安员形成一定的压力和挑战，但是，消耗的过程也是创造的过程，辛苦的过程也是收获快乐的过程。何况，任何职业生活都不是完美无缺的，皆有枯燥乏味的一面，但拥有良好职业道德修养的保安员会发自内心地热爱所从事的工作，真心实意地关注职业生活的变化，在职业生活中创造、享受，从中体验到强烈的成就感和幸福感。此时，他们不会把所从事的职业看成是养家糊口的谋生手段，也不仅仅是对财富地位的追求，而是在职业中获得与他人合作、为人民和社会服务、得到他人尊重的满足，以及体验自我价值实现的愉悦，这是人类高层次需求的满足。

无数实践证明，是否具有高尚的职业道德品质，是个人成才与否的重要因素之一，道德品质决定他如何立身处世。保安员若不加强职业道德修养，在职业生活中养成傲慢、虚伪、懒散、狭隘、自私、虚荣、嫉妒等不良品质，过于看重自己的利益，凡事讲条件、争待遇，斤斤计较、患得患失，往往会导致碌碌无为或一事无成，甚至误入歧途，身败名裂；若勤于修养，则会形成无私、忠诚、谦虚、宽容、守信、互助、勤奋、勇敢、顽强等优良品质，在工作中就不会被个人名利得失所束缚，无论何时何地都能爱岗敬业，恪尽职守、热情服务，把自己的知识、才能、智慧毫无保留地奉献给人民和社会。在追求职业目标过程中尽职尽责，心胸豁达，眼界高远，形成高尚的职业理想和情操，达到常人难以企及的品德高度，也使职业活动达到了崇高的境界，这种崇高既可以表现在当国家和人民需要的关键时刻舍己为人、舍生取义，也可以表现在人们日常工作和生活中的勤勤恳恳、默默付出。事实上，在我们的社会中，只要你付出总会得到回报，个人价值也在服务社会中得到最大的实现，自我人格得到升华。

二、保安员职业道德修养的内容

保安员职业道德品质是道德认识、道德情感、道德意志、道德信念和道德行为的统一。为此，保安员职业道德修养的提高，也是这五要素共同作用的结果。

（一）提高职业道德认知

保安员职业道德认知，即对职业道德的认识，就是对保安员职业道德知识包括道德原则和规范的感知、理解、接受和逐渐内化，形成一种比较系统的正确看法。它包括职业道德观念的形成和道德行为判断能力的提高，是保安员世界观、人生观和价值观的一个缩影。职业道德认知是职业道德修养的前提，是职业道德行为养成的基础。

在保安员职业道德认知修养活动中，职业道德认识起着多种作用。为此，首先，应深化对保安员职业道德发展规律的认识。保安员通过认识保安员职业道德产生和发展的规律，提高对保安员职业道德的理解程度，使自己在职业活动中分清善恶、明辨是非，增强履行职业道德义务的自觉性。它有助于保安员在职业生活中端正态度，尊重、关心和帮助他人和服务对象，形成团结互助、平等友爱、共同前进的新型人际关系，良好的职业认识必然会赢得人们的理解和支持。同时，有助于保安员自觉做到仪容仪表端庄，待人处事有礼，举止文明得体，服务主动热情，树立起良好的职业形象。其次，深化对保安员职业道德本质的认识。只有认识和把握了保安职业道德的内涵和要求，保安员才能把职业道德规范融于职业行为之中。保安职业道德的核心问题是利益对待问题，只有在认识提高的基础上，才能在各种利益对待面前做出正确的选择，将社会和人民的利益作为职业工作的出发点和归宿点。并在职业活动中严于律己、身体力行，不断与自己头脑中以及社会上存在的错误观念进行斗争，提高辨别是非的能力。

值得一提的是，保安员职业道德认知，并不是外在于现实生活中的，它是与文明礼让、助人为乐等社会公德和敬老爱幼、勤奋节俭等家庭美德相统一的。所以，保安员平时应该注重个人品质的锤炼，在日常生活中推己及人，爱家人、爱人民、爱集体、爱国家，这样在职业生活中才能更好地践行爱岗敬业、服务人民、奉献社会的职业道德。

（二）激发职业道德情感

保安员职业道德情感是指保安员在心理上对职业道德要求和道德义务好恶的感情，是在评价某种行为时产生的内心体验和心理感受。道德情感是随着人们的道德认识而产生发展的，对人们的行为起着巨大的调节作用。

保安员职业道德情感是职业道德修养的重要环节，它包括两个方面：一是保安员培养与其应有的职业道德要求相一致的优良职业道德情感，如爱国主义情感、集体主义情感、社会主义情感、职业责任感、正义感、荣誉感、自尊心等，对善的职业行为倾心向往并积极效仿；二是改变保安员与其应有的职业道德要求相抵触的不良职业道德情感，使之对不道德的职业行为厌恶憎恨，并努力避免。最终让良性的道德情感形成一种稳定而强大的精神动力，对其职业道德品质的形成起到迅速而持久的定向作用，推进保安员的职业道德行为。总之，保安员要注重从中国优秀传统道德中汲取营养，认真体验，自我调节，最终逐步巩固和发展高尚的职业道德情感，遏制和抛弃错误的职业道德情感，形成正能量。

（三）磨炼职业道德意志

保安员职业道德意志就是保安员按照社会主义职业道德原则和规范，在履行其义务的过程中表现出来的自觉克服困难和障碍的能力和毅力。它主要表现在：一是道德动机能经常战胜非道德动机；二是能排除内外障碍，坚决执行由道德动机所引出的行为决定。职业道德意志是在职业道德认知引导下产生职业道德行为的持之以恒的重要精神力量，因而也是道德观内化并形成良好道德品质的重要因素。

职业道德意志在职业道德修养中起着重要作用，是职业道德情感转化为职业道德行为的桥梁。良性的职业道德意志的磨炼，一般是通过保安员树立科学的人生价值观，建立起正确职业道德认知，不断激发健康的职业道德情感，确定积极上进的职业目标，如保安员有为人民服务的道德认识，才有可能为之锲而不舍地奋斗，表现出热忱性、坚定性、果敢性等意志品质。此外，职业道德意志的培养，往往还通过特殊磨炼，包括逆境和顺境两种意志磨炼，在逆境中要坚定工作的信心，勇于进取，百折不挠；在顺境中要克服自满，谨防懈怠。总之，保安员在职业活动中履行职业道德义务时，经常面临着各种矛盾和冲突，尤其在市场经济条件下，物质的诱惑、不良风气的影响、扭曲价值观的冲击等都在不时考验着保安员的道德品质。保安员只有不断历练并具备坚强的职业道德意志，才能不使职业行为偏离正确的轨道。

（四）坚定职业道德信念

道德信念修养就是把正确的社会道德准则内化为自我确信的道德信条的过程。在保安职业道德修养过程中，保安员对于职业道德义务有了认识，乐于实践，锲而不舍，自始至终，就会形成坚定的职业道德信念。保安职业道德信念是保安员发自内心地对职业道德义务所具有的坚定信心、真诚信仰和强烈责任，是深刻的职业道德认识、炽热的职业道德情感和顽强的职业道德意志的有机统一，是职业道德认识、情感和意志的结晶，也是职业道德品质形成的关键性因素。保安员一旦树立了坚定不移的职业道德信念，就会对保安职业道德义务产生非常强烈的责任感，自觉地按照职业道德信念来选择行为和进行活动，正确评价他人和自己的职业行为，而且能以坚强的毅力，排除艰难险阻，使正义的行为一以贯之，取得良好的社会效果。

我们知道，市场经济的发展，极大地推动了物质文明的进步，但同时也给社会带来了一些负面影响，如目前在社会某些领域中以次充好、以假乱真、见利忘义、损人利己等丑恶现象滋生蔓延，不断挑战人的道德底线。保安员若缺乏坚定的职业道德信念，就容易追逐功利，淡化和漠视职业道德的精神价值，甚至在诱惑面前为攫取私利而走向极端个人主义和利己主义的泥潭。为此，保安员要明确市场经济环境下的职业道德应该讲法治、讲诚信、讲效率、讲公平，尽管在市场经济中，市场主体追求利润最大化，但社会主义市场经济也是一种为他性、服务性的生产，是一种为满足别人和社会需求而进行的生产，其中也蕴含着为人民服务的道德要求。且当今世界的竞争模式越来越把服务的质量提到了首位，出现了所谓“有形服务”、“无形服务”、“超期待服务”和“整体服务”等竞争策略，保安员职业道德在社会主义市场经济条件下也会不断增添许多新内涵和新要求，因而，保安员只有在市场经济中坚定自己为他人服务的职业信念，才能促进和保障市场经济沿着社会主义方向健康有序地发展。

（五）完善职业道德行为

保安员职业道德行为，是指保安员能一贯地、自觉地按照保安员职业道德原则和规范来支配和评价自己的行为，是职业道德品质的外部状态。在职业道德品质的构成中，保安员职业道德的认知、情感、意志、信念等，均属意识范畴，最终需落实在职业道德行动中。职业道德行为是职业道德品质的载体，经过日积月累、反复多次转化成保安员的日常工作习惯，继而就形成相应的职业道德品质。

职业道德行为修养是指在现实生活中将一定道德意识转变为自觉的道德行为的过程，是保安员道德水平的重要标志。职业道德行为较全面、综合、客观地反映出保安员的职业道德品质状况。衡量和评价保安员的职业道德品质，不在于他的言论多么动听，而在于他的行为是否高尚，是否对社会和人民有益。保安员职业道德行为的好坏，直接关系着人民的安居乐业和社会的稳定，关系着保安员事业的成败，影响着单位的信誉和兴衰。只有始终如一地把道德原则和规范贯彻到实际中去，言行一致，表里如一，形成优良的职业道德行为，才能使道德品质具有社会价值和社会意义。因此，它需要保安员在长期的实践活动中进行不断锤炼，在思想上高标准、严要求，在业务上精益求精，把社会主义道德原则和保安员职业道德规范转化成自己的实际行动，并且把它逐渐变成道德习惯，才能具备良好的道德素质。

保安员职业道德行为作为保安员在一定的道德认识、情感、信念、意志的支配下所采取的道德活动，是道德规范转化为道德活动的具体表现。而道德认知在道德形成和发展中起着支配作用，是道德行为的指南和先导，保安员只有在正确的道德认识引导下，分清了真假、善恶、美丑、荣辱、是非、正邪，才会产生良好的道德行为。道德情感是道德行为的动力，它在从道德认知到道德行为转化中起着巨大的调节作用。道德意志、道德信念是道德行为的支撑，它在道德认知转化为道德行为过程中起强化作用，是良好道德行为得以实现和持续的有力保证和精神支柱。道德行为是以上四要素共同作用的结果，是道德观念的外在表现，是衡量保安员道德品质的重要标志。

综上所述，道德认识、道德情感、道德信念、道德意志、道德行为这五个紧密联系、相互渗透、相互制约、相互促进的环节，构成了保安员道德修养的主要内容和全过程，在保安员的职业道德品质养成过程中是和谐统一、共同发展的。其中，道德认知是基础，道德行为是关键，二者又离不开道德情感、道德意志和道德信念的调节。一个人掌握了道德认知，需要内化为道德情感、道德意志、道德信念，并在社会生活实践中外化为道德行为。总之，保安员职业道德品质的形成和发展就是知、情、意、信、行五个基本组成部分相互影响、相互转化、共同发生作用的一种综合过程，是知行辩证统一的道德伦理范式。

三、保安员职业道德修养的路径

保安员职业道德修养是保安员形成良好职业道德品质的基础和内在因素，保安员良好的职业道德品质不是先天产生的，而是通过在日常学习、工作和生活中按照保安职业道德规范的要求，进行自我教育、自我改造、自我磨炼和自我完善中逐步形成的。保安员在职业活动中，经常会遇到道德要求与个人主观情感、欲望与兴趣之间的矛盾，而这一方面靠他律，但是更主要靠保安员的自律，即取决于自我修养的主观努力。

（一）在日常生活中培育

高尚的道德人格和优秀的道德品质非一夜之间养成，它需要一个长期的改造自己、完善自己的过程。亚里士多德说："道德的德性则是习惯的结果。"保安员的职业道德修养，首先要从日常工作中培养良好的职业行为习惯着手。行为心理学家研究指出，一个行为只要连续坚持重复二十一天，就会形成习惯；只要连续坚持重复九十天，就会形成稳定的习惯。保安员只有具备强烈的自律意识和自我控制能力，才能在保安职业活动中养成良好的职业习惯。且良好的习惯一经形成，就是终身受用的资本；反之，不良习惯则会成为一生的羁绊，阻碍自身的发展。

为此，保安员要形成良好的道德品质，必须从小事做起，从自我做起，从现在做起，从近处做起。古人云："合抱之木，生于毫末。九层之台，起于垒土。千里之行，始于足下。""勿以恶小而为之，勿以善小而不为"。这都是说，一个人的良好的行为习惯体现在他的一言一行、一举一动的点滴之处，只有不弃小善，才能积成大善。如果保安员连有利于社会和他人的小事都做不到，那么就不可能拥有强烈的社会责任感和无私的奉献精神，良好的职业道德品质和崇高的精神境界也无从谈起。

（二）在不断学习中养成

文明和高尚总是同知识、理智相联，野蛮与粗俗又总是同愚昧、无知相伴。自我修养的第一步也是最基本的方法，就是学习。学习各种道德知识和做人的道理，并对所学的各种道德知识和人生哲理予以思考和反省，这样才能在自己的心灵深处培养起趋善避恶的道德意向及其情感，达到择善而从之，识不善而改之，逐渐完善人格品德、纯化情操的目的。

首先，要学习思想政治道德理论，树立科学的人生价值观。这是保安员坚持自我修养正确目标的根本保证。通过学习马克思主义基本理论，坚持用马克思主义的基本立场、观点、方法观察和处理问题，学会用发展的、全面的、辩证的观点分析和解决问题；通过学习社会主义道德的基本知识，从理论上明确为什么这样做、应该怎样做的道理，就能加深对社会主义道德理论、原则和规范的理解，才能树立崇高的理想和科学的信念，形成正确的人生观和价值观。而人生观、价值观是人们在认识和评价人生目的、人生意义时所得有的基本观点。科学的人生观是人生的指南，它决定人的价值观，决定着人们的职业道德观。人生的价值体现在两个方面，即个人的社会价值和个人自我价值，两者的关系是辩证统一的，个人的社会价值体现在个人对社会和他人的奉献上，只有充分实现个人的社会价值，才能体现出个人的自我价值。个人的自我价值是通过社会活动将自己的能力充分发挥出来，创造物质财富和精神财富，以此满足社会和他人的需要，进而得到社会和他人的尊重和承认。职业道德品质的养成，必须处理好个人价值与社会价值的辩证关系。

当然，保安员职业道德观念也是建立在一定的职业思想基础之上的，职业道德品质的养成离不开职业技能的学习。通过职业学习亲身感受和体验本行业、本职业具体而丰富的职业道德内涵，有利于培养良好的职业道德品质。为此，应增强职业意识，遵守职业规范。职业意识是社会职业活动在人头脑中的反映，是实现职业理想的开端；职业规范是指某一职业或岗位的准则和条例，它一般包括操作规程和道德规范。另外，也要重视职业能力的培养，提高职业素养。职业技能是保安员最基本的职业素质，标志着保安员是否具有胜任工作的能力。在知识经济条件下，保安员必须不断学习和掌握新知识、新技能，做新时代学习型的保安卫士。

其次，在工作中学习。工作环境是多变的，每一个变化在带来挑战的同时，也带来了学习的契机，促使保安员不断更新其知识，增强其适应社会的能力，始终与发展向前的社会保持同步。一是从成功中学习。保安员应认真总结成功的经验，为以后的工作和学习所借鉴。二是从失败中学习。失败是成功之母，即使失败了，也不能简单放弃，而要认真汲取教训，避免重蹈覆辙，并努力寻找正确的方法。三是向同事学习。三人行，必有我师。每个保安员的特长都不同，善于向同行学习，可集众家之长，成就非凡事业。

这里需强调的是，要多向先进人物学习。我们这个时代先进人物不断涌现，他们的业绩、精神和品质是我们取之不尽、用之不竭的力量源泉。孔子说："见贤思齐焉，见不贤而内自省也。"榜样的力量是无穷的，这是世人认同的公理。相传春秋时期的孔子久闻老子好思善进，学富五车，修养过人，心存学习之心，远道而行，拜见老子，相互切磋，彼此备感相见恨晚，在交往中，孔子明显感到学识、修养上的差距，于是急忙打道回府，以老子为榜样，学习不断，修养不止，最后成为影响中华民族几千年的儒家学说创始人，并被尊为"圣人"，他的修养经验成为世人自我修养的宝贵精神财富。在人类历史发展的长河中，类似的思想道德修养的典范可谓俯拾皆是。可见，先进人物的高尚境界具有巨大的感召力和感染力，它给人以鼓舞，给人以教育，给人以鞭策。也正因为如此，社会提倡发现典型、宣传典型、树立典型，就是要给人以信心，给人以示范，给人以动力。在保安员职业道德修养中，向先进人物学习，尤其向保安战线的英雄模范人物学习，就要以先进人物高尚的品质作为自己进行修养的楷模，将其融入自己的言行之中，明确道德修养的目标，把握道德修养的标准，从而提高进行道德修养的自觉性。

（三）在社会实践中体验

马克思曾经说过，人类把握世界的基本方式多种多样，道德也是人类把握世界的一种特殊方式，其特殊性就在于，它是用"实践精神"的方式去把握世界的。所以，人的道德精神的弘扬要以实践为载体，人的道德品质的培育，也必须以实践为载体。在现代社会，保安员的职业道德品质总是在其职业实践中得到培养和训练的，在对职业道德的具体体验中，保安员进一步提高了对道德原则的认识，产生了道德情感，从而养成优良的道德品质。社会实践是培养保安员良好职业道德品质的"大课堂"。离开社会实践，保安员既无法深刻领会职业道德理论，也无法将职业道德品质和专业技能转化为造福人民、贡献社会的实际行动。为此，保安员应将自己投入到火热的社会实践中去，积极主动地参与实践，培养对职业的正义感、责任感、义务感、荣誉感和幸福感。

可见，保安员职业道德修养不能是脱离实践的"坐而论道"、"闭门造车"，而应走与实践相结合的道路。正如亚里士多德所说的："我们由于从事建筑而变成建筑师，由于演奏竖琴而变成竖琴演奏者。同样，由于实行公正，而变成公正的人，由于实行节制和勇敢而变为节制的、勇敢的人。"要成为职业修养高的保安员，只有通过躬行实践，持续地去做，努力地行动，知行统一，才能培养不断臻于完善的高尚的思想、品质和情操。而且，实践越充分，保安员职业道德品质就越会得到巩固。

(四）在职业活动中强化

保安员职业道德修养是一个不断反复、不断提升、循序渐进的过程。其中，道德知识的简单累加并不能使保安员产生修养上质的飞跃，在保安职业活动中必须把职业道德认知内化为职业道德信念，再把职业道德信念外化为道德行为。在职业活动中道德知识经过内化和外化，就会表现为始终不渝地遵守职业道德规范，认真履行自己的职业责任和义务，将保安员职业道德规范作为自己生存和发展的需要来对待，产生坚定的职业道德行为。

为此，保安员一是要严于解剖自己，客观地看待自己，勇于正视自身的不足。按照马克思主义认识论的观点，人有两个自我，一个是事实上的自我，一个是自己认识上的自我，这两个自我往往差距较大，故人们常说：人贵有自知之明。这种自我认识、自我反思的途径，就是"内省"（或称自省）。内省作为一种发自内心的理性活动，是保安员自我修养的重要途径。古人有"吾日三省吾身"的修养方法，就是说人每天都要不断检查自己的行为，看是否有不符合道德要求的地方。保安员只有学思结合，经常进行自我反省，用职业道德标准对照检查自己的言行，同不符合职业道德规范要求的行为作斗争，才能使自己养成合乎职业道德的自觉的行为习惯，使自我修养达到理想的境界。

要敢于自我批评、自我检讨，认清自己的行为与职业道德规范要求之间的差距。一个人的道德觉悟、品质、情操的提高，同其他事物的存在与发展一样，都是在内部与外部的矛盾运动过程中实现的。保安员的职业道德修养，既要依赖包括批评在内的道德教育和道德评价，更要依赖包括自我批评在内的自我道德审视和自我道德评价。也就是说，保安员职业道德品质确立、形成、升华和稳固过程中，离不开外因的作用，包括组织、领导和同事等的帮助，更需要内因，即靠主观努力、自我改造和锻炼。因受主、客观条件的限制，保安员的职业生涯发展中难免会有这样或那样的缺点和错误，面对过失不掩饰，不推诿，不妄自菲薄，敢于解剖自己、分析自己，勇敢地承担责任，做到有则改之，防微杜渐。

要有改正缺点的信心和决心，不断完善自己的职业道德品质。人非圣贤，孰能无过？关键是要做到知过必改，不断提高精神境界，努力做到"慎独"。"慎独"一词出于我国古籍《礼记·中庸》："道也者，不可须臾离也，可离非道也。事故君子戒慎乎其所不睹，恐惧乎其所不闻。莫见乎隐，莫显乎微，故君子慎其独也。"意思是说，道德原则是一时一刻也不能离开的，要时刻检查自己的行动，一个有道德的人在独自一人、无人监督时，也是小心谨慎地不做任何不道德的事。可见，"慎独"就是指在无人监督的情况下，仍能坚持道德信念，自觉地按照道德规范行事的一种道德品质和道德境界。做了不道德的事，自以为"神不知鬼不觉"地占了便宜，其实，这正是自己道德堕落的开端。人可以躲过别人的眼睛，却躲不过自己良心的谴责。总之，"慎独"是加强保安员职业道德修养行之有效的重要途径与方法，若能慎独自守，那么无论权势的压力，还是物欲的诱惑，都不会动摇保安员的道德防线。

"心有多大，舞台就有多大。"保安员职业道德修养永无止境。只要坚定正确的修养目标，采取科学的修养方法和途径，躬行践履，持之以恒，积善成德，就一定会成为一个有道德的人，一个受社会欢迎的人，一个有益于人民的人，为自己的人生的发展开辟更广阔的空间和前程。

思考题：

1. 保安员职业道德的内涵和特点是什么？
2. 试论述保安员职业道德修养的重要性。
3. 结合保安工作实际谈谈如何提高保安员职业道德修养？

第二编

保安专业基础

第三章 法律基础

【本章知识要点】

民事法律中主要了解民事法律行为的含义，熟悉民事侵权与民事责任，掌握民事诉讼的审判程序。刑事法律中主要是熟悉几种常见的犯罪行为，了解刑事诉讼证据的种类。行政法律中主要掌握违反治安管理的几种常见行为，熟悉治安管理处罚的证据。

第一节 民事法律

一、民事法律行为

民事法律行为是指公民或法人以设立、变更、终止民事权利和民事义务为目的的具有法律约束力的合法民事行为。根据法律规定，民事法律行为必须具备以下条件：

（一）行为人具有相应的民事行为能力

我国《民法通则》规定，十八周岁以上的公民是成年人，具有完全民事行为能力，可以独立进行民事活动，是完全民事行为能力人。即年满十八周岁，就可享有完全民事行为能力。具有完全民事行为能力的人，可以实施法律不禁止的任何民事法律行为。《民法通则》同时规定，对于未满十八周岁，但已满十六周岁且以自己的劳动收入为主要生活来源的，视为完全民事行为能力人。

（二）意思表示真实

意思表示是指将企图发生一定的私法上效果的内心意思，表示于外部，内心的意思因外部表示而客观，合为一体，即我们所说的表里如一、言行一致。这种表里如一是自己真实的想法与表示，没受到外在的胁迫、欺诈、乘人之危等而去做出一些行为表示。

（三）不违反法律或社会公共利益

民事行为只有在其内容与形式都符合法律要求或不违背社会公序良俗的情况下，才能得到法律的承认和保护。如甲乙之间因赌债订立还债协议，虽然订立这个协议是双方的真实意思，但其内容是不符合法律规定，故没有法律效力，对双方没有约束力。

二、民事侵权与民事责任

（一）侵权行为与侵权责任的概念

侵权行为是指行为人做出侵害他人合法民事权利的行为，包括财产权利与人身权利。

如殴打，盗窃等。因这些侵权行为，便会产生相应的侵权责任。侵权责任是指民事主体因实施侵权行为而应承担的民事法律后果。侵权责任是任何人都对他人承担这样的一种义务，即不因为自己的错误（过错）行为而侵害了他人的合法权益，否则即能构成侵权行为，要对受害方承担责任。侵权行为基本上都是违法行为。侵权责任的法律特征表现在：

1. 侵权责任是民事主体因违反法律规定的义务而应承担的法律后果。民事义务有法定义务和约定义务，法定义务是通过法律的强制性规范、禁止性规定规范设定的义务。这种义务对于每个自然人、法人具有普遍的适用性，违反此种义务，即构成侵权行为责任。而约定义务则是特定当事人之间设定的某种义务，违反约定义务，构成违约责任。

2. 侵权责任以侵权行为为前提要件。侵权责任产生的基础是侵权行为，没有侵权行为则不存在承担侵权责任的问题。侵权责任正是行为人实施侵权行为应承担的法律后果。

3. 侵权责任的形式具有多样性。侵权责任的行为人或责任人除了要承担赔偿损失、返还财产等财产责任外，在很多情况下，还可能同时承担停止侵害、恢复名誉、消除影响、赔礼道歉等非财产形式的责任。

（二）侵权的民事责任的构成要件

1. 违法行为。所谓行为的违法性，是指行为人实施的行为违反了法律的禁止性规定或强制性规定。

2. 损害事实。损害事实，是指一定的行为或事件导致的人身或财产的不利益。既包括对公共财产的损害，也包括对私人财产的损害；同时还包括对非财产性权利的损害。这种不利益是指一切受法律承认和保护的权利与利益所遭受的不良状态和不良后果。对财产的损害，包括直接损害与间接损害。直接损害又称积极的财产损失，是指受害人现有实际财产的减少，间接损害又称消极财产损失，是指受害人可得利益的减少，对人身的损害包括对生命、健康、名誉、荣誉等损害，而且对人身的损害往往也会生成一定的财产损失。

3. 因果关系。侵权行为中的因果关系是指违法行为与损害结果之间的客观联系，即特定的损害事实是否是行为人的行为必然引起的结果。只有当二者间存在因果关系时，行为人才应承担相应的民事责任。因果关系是复杂多样的，往往一个损害后果的出现是由多个原因引起的，既可能有主要原因与次要原因，也包括直接原因与间接原因。不法行为与损害事实之间有因果关系，也就是说，引起损害事实的发生是由于不法行为的实施，如果损害事实并非不法行为的实施所致，则不构成侵权。

4. 有过错。过错是侵权行为构成要件中的主观因素，反映行为人实施侵权行为的心理状态。过错根据其类型分为故意与过失。故意，是指行为人预见到自己的行为可能产生损害结果，仍希望其发生或放任其发生。过失，是指行为人对其行为结果应预见或能够预见而因疏忽未预见，或虽已预见，但因过于自信，认为其不会发生，以致造成损害后果。根据法律对行为人要求的注意程度不同，过失又分为一般过失与重大过失。一般过失是指行为人没有违反法律对一般人的注意程度的要求，但没有达成法律对具有特定身份人的较高要求。重大过失是指行为人不仅没有达到法律对他的较高要求，甚至连法律对普通人的一般要求也未达到。在侵权行为中，一般而言，对过错程度的划分并不影响民事责任的成立与否，也不会影响赔偿责任的大小，因为只要行为人主观上有过错，无论其是故意还是过失，是一般过失还是重大过失都应承担赔偿责任，其赔偿的范围由损害的结果决定，不会因其过错较轻而减轻其赔偿。

三、民事诉讼的审判程序

我国民事诉讼采取两审终审制，即一个民事诉讼经过两个级别的法院审理即告终止的审级制度。民事诉讼的审判程序有第一审程序、第二审程序及审判监督程序。

1. 第一审程序。第一审程序包括普通程序和简易程序。普通程序是民事诉讼第一审程序中最基本的程序，它包括以下环节：

（1）起诉。起诉是指当事人就民事纠纷向人民法院提起诉讼，请求人民法院依照法定程序进行审判的行为。当事人起诉，首先应提交起诉书，并按对方当事人人数提交相应份数的副本。根据“谁主张谁举证”原则，原告向法院起诉应提交原告主体资格、证明原告诉讼主张的证据等材料。

（2）受理。法院立案庭在当事人履行必需的手续和交齐有关证据材料之后，在七天内，对符合立案条件的，办理立案手续；对不符合立案条件的，依法裁定不予受理。

（3）开庭审理前的准备。人民法院在受理案件后，开庭审理之前，为保证庭审工作的顺利进行和案件的正确、及时处理，审判人员需进行的工作包括：向被告发送起诉状副本和向原告发送答辩状；分别向原告和被告发出受理案件通知书和应诉通知书；确定合议庭组成人员；调查和收集必要的证据等。

（4）开庭审理。法庭审判程序大体可分为开庭、法庭调查、法庭辩论、被告人最后陈述、评议和宣判五个阶段。宣判有当庭宣判和定期宣判两种形式。当庭宣判的，应在5日内将判决书送达。定期宣判的，宣判后应当立即将判决书送达。宣告判决，应当一律公开进行。

简易程序相对于普通程序，在诉讼程序上简略许多，效率更高，时间更短，但是简易程序只适用于审理事实清楚、权利义务关系明确、争议不大的简单民事案件。当事人双方可以同时到基层人民法院或者其派出的法庭，请求解决纠纷。基层人民法院或者其派出的法庭可以当即审理，也可以另定日期审理。

2. 第二审程序。第二审程序又称上诉程序，是指由于民事诉讼的当事人不服第一审法院未生效的第一审裁判，在法定期间内向上一级人民法院提起上诉的诉讼程序，是第二审人民法院审理上诉案件所适用的程序。诉讼法设立第二审程序的意义在于，当事人不服一审裁判，上诉至上一级法院，上级法院对依法对一审裁判的正确性和合法性进行审查，相当于通过二次审理，重新审视案件的事实与法律适用，得出一个公平公正的审理结果，这样也更有利于保护双方当事人的合法权益。与此同时，通过二审程序，可以发现下级法院在审理中存在的问题和不足，以帮助下级法院改进工作，提高办案质量。

3. 审判监督程序。审判监督程序是指人民法院、人民检察院对已经发生法律效力的判决和裁定，发现在认定事实或适用法律上确有错误，依法提起并对案件进行重新审判的程序。审判监督程序的意义是通过审判监督程序，可依法纠正已经发生法律效力的错误判决、裁定，有利于保证国家法律的统一、正确实施，准确有效地惩罚犯罪分子，充分体现和贯彻实事求是、有错必纠的方针政策；有利于加强最高人民法院对地方各级人民法院，上级人民法院对下级人民法院以及人民检察院对人民法院审判工作的监督，及时发现审判中存在的问题，改进审判工作方法和作风，提高审判人员的素质；通过审判监督程序，可以充分发挥人民群众对审判工作的监督作用。

第二节 刑事法律

一、刑罚的种类

（一）刑罚的概念和目的

1. 刑罚的概念和特点。刑罚是指刑法规定的由国家审判机关依法对犯罪人适用的一种强制性法律制裁手段。具有以下特点：

（1）是最严厉的强制措施。不仅可以剥夺犯罪分子的财产、政治权利和人身自由，而且可以剥夺某些犯罪分子的生命。这是其他强制措施不能比拟的。

（2）只能对犯罪人适用。对具有一般违法行为尚未构成犯罪的人不能适用。

（3）只能由人民法院依法适用。其他任何机关、任何单位或个人都无权适用。

2. 刑罚的目的：

（1）特殊预防。是指防止犯罪人再次犯罪。

（2）一般预防。包括两方面：一是指通过惩罚犯罪，教育和警戒社会上有犯罪倾向的不稳定人员；二是教育广大人民群众自觉守法，鼓励他们积极同违法犯罪行为作斗争。

（二）刑罚的种类

1. 主刑。我国刑法规定的主刑种类有管制、拘役、有期徒刑、无期徒刑和死刑。

（1）管制。管制是由人民法院判决后对犯罪分子不予关押，但限制其人身自由，由公安机关执行的一种刑罚。管制的期限为三个月以上二年以下，数罪并罚最高不能超过三年。

（2）拘役。拘役是短期剥夺犯罪分子人身自由、就近强制实行劳动改造的一种刑罚。拘役的期限为一个月以上六个月以下，数罪并罚最高不超过一年。被判处拘役的犯罪分子，由公安机关就近执行。

（3）有期徒刑。有期徒刑是剥夺犯罪分子一定期限的人身自由并强制劳动改造的一种刑罚。有期徒刑期限为六个月以上十五年以下，数罪并罚最高不得超过二十年。被判处有期徒刑的犯罪分子，在监狱或者其他执行场所执行，凡有劳动能力的，实行劳动改造。

（4）无期徒刑。无期徒刑是剥夺犯罪分子终身自由，并强制劳动改造的一种刑罚。这是一种对犯罪分子终身监禁的刑罚，在监狱或其他执行场所执行。被判处无期徒刑的犯罪分子，在服刑期间如果符合法定条件的，可以减刑或者假释。

（5）死刑。死刑是剥夺犯罪分子生命的刑罚方法。是刑罚中最严厉的一种，只适用于罪行极其严重的犯罪分子。对犯罪时不满十八周岁的人和审判时怀孕的妇女，不适用死刑。对于应当判处死刑的犯罪分子，如果不是必须立即执行的，可以判处死刑同时宣告缓期二年执行。

判处死刑缓期执行的，在死缓期间如果没有故意犯罪，二年期满以后减为无期徒刑，如果确有重大立功表现，二年期满以后减为十五年以上二十年以下有期徒刑；如果故意犯罪，查证属实的，由最高人民法院核准，执行死刑。

2. 附加刑。附加刑有罚金、剥夺政治权利和没收财产。

（1）罚金。罚金是人民法院判处犯罪分子或犯罪单位向国家缴纳一定金钱的一种刑罚。罚金的执行，应在判决指定的期限内一次或分期缴纳，期满不缴纳的，强制缴纳。

（2）剥夺政治权利。剥夺政治权利是指剥夺犯罪分子参加国家管理和政治活动权利的一种刑罚。剥夺政治权利的刑期，从徒刑、拘役执行完毕之日或者从假释之日起计算，判处管制附加剥夺政治权利的，剥夺政治权利的期限与管制的期限相等，同时执行。

（3）没收财产。没收财产是把犯罪分子个人所有财产的部分或全部强制无偿地收为国有的一种刑罚。没收犯罪分子的全部财产的，应当对其个人及其扶养的家属保留必需的生活费用。在判处没收财产的时候，不得没收属于犯罪分子家属所有或者应有的财产。

二、常见犯罪行为

（一）聚众扰乱公共场所秩序罪

聚众扰乱公共场所秩序罪是指聚众扰乱车站、码头、民用航空站、商场、公园、影剧院、展览会、运动场或者其他公共场所秩序，抗拒、阻碍国家治安管理工作人员依法执行职务，情节严重的行为。该罪的构成要件包括：一是主观上是故意，即明知是聚众扰乱公共场所秩序的行为而有意实施的主观心理状态；二是客观上实施了聚众扰乱公共场所秩序，抗拒、阻碍国家治安管理工作人员依法执行职务的行为；三是情节严重，这里的情节严重，是指聚众扰乱公共场所秩序人数多或者时间长的；造成人员伤亡或者公私财物重大损失的；影响或者行为手段恶劣的等。

聚众扰乱公共场所秩序的，对首要分子处五年以下有期徒刑、拘役或者管制。

（二）聚众斗殴罪

聚众斗殴罪是指为了报复他人、争霸一方或者其他不正当目的，纠集众人成帮结伙地互相进行殴斗，破坏公共秩序的行为。该罪的构成要件包括：一是主观方面是故意犯罪，存在公然藐视国家的法纪和社会公德的故意；二是客观方面表现为纠集众人结伙殴斗的行为。聚众斗殴主要是指出于私仇、争霸或者其他不正当目的而成伙结帮地殴斗。

聚众斗殴罪与聚众扰乱公共场所秩序罪的区别在于，聚众斗殴罪是基于报私仇、争夺霸主地位或其他不正当目的，犯罪实施的地点既可以是公共场所，也可以是非公共场所，但都侵犯了社会公共秩序。聚众扰乱公共场所秩序罪则是基于某种个人动机、目的，用聚众闹事方式，要挟国家机关或有关部门，以满足个人的要求为目的。另外法律规定，在聚众斗殴罪以致人轻伤为限，如果在聚众斗殴中，造成他人重伤、死亡的，一律按故意伤害罪、故意杀人罪定罪处罚。

聚众斗殴的，对首要分子和其他积极参加的，处三年以下有期徒刑、拘役或者管制；有下列情形之一的，对首要分子和其他积极参加的，处三年以上十年以下有期徒刑：

（1）多次聚众斗殴的。

（2）聚众斗殴人数多，规模大，社会影响恶劣的。

（3）在公共场所或者交通要道聚众斗殴，造成社会秩序严重混乱的。

（4）持械聚众斗殴的。

（三）妨害公务罪

妨害公务罪是指以暴力、威胁方法阻碍国家机关工作人员、人大代表依法执行职务，或者在自然灾害中和突发事件中，使用暴力、威胁方法阻碍红十字会工作人员依法履行职责，或故意阻碍国家安全机关、公安机关依法执行国家安全工作任务，虽未使用暴力，但造成严重后果的行为。该罪的构成要件包括：一是主观上是故意，即行为人必须明知上述人员正在依法执行公务而加以阻碍；二是客观方面表现为以暴力、威胁方法阻碍国家机关工作人员、人民代表大会代表、红十字会工作人员依法执行职务或者履行职责的行为，或者阻碍国家安全机关、公安机关依法执行国家安全工作任务，未使用暴力、威胁方法，但造成严重后果的行为。

犯妨害公务罪的处三年以下有期徒刑、拘役、管制或者罚金。

（四）职务侵占罪

职务侵占罪是指公司、企业或者其他单位的人员，利用职务上的便利，将本单位财物非法占为己有，数额较大的行为。该罪的构成要件包括：一是具有非法占有公司、企业或其他单位财物的目的；二是客观方面表现为利用职务上的便利，侵占本单位财物，数额较大的行为；三是必须达到数额较大的程度。

一般私营公司、企业或者其他单位的人员，利用职务上的便利，将本单位财物非法占为己有，处五年以下有期徒刑或者拘役；数额巨大的，处五年以上的有期徒刑，可以并处没收财产。若是国有公司、企业或者其他国有单位中从事公务的人员和国有公司、企业或者其他国有单位委派到非国有公司、企业以及其他单位从事公务的人员有职务侵占行为的则按照贪污罪定罪处罚。

（五）交通肇事罪

交通肇事罪是指违反道路交通管理法律法规，发生重大交通事故，致人重伤、死亡或者使公私财产遭受重大损失，依法被追究刑事责任的犯罪行为。交通肇事罪的构成要件包括：一是主观方面表现为过失，包括疏忽大意的过失和过于自信的过失。这种过失是指行为人对自己的违章行为可能造成的严重后果的心理态度而言。行为人在违反法律法规规章制度上可能是明知故犯，如酒后驾车、强行超车、超速行驶等，但对自己的违章行为可能发生重大事故，造成严重后果，应当预见而因疏忽大意，没有预见，或者虽已预见，但轻信能够避免，以致造成了严重后果；二是客观方面表现为在交通运输活动中违反交通运输管理法律法规，因而发生重大事故，致人重伤、死亡或者使公私财产遭受重大损失的行为；三是造成了严重的危害后果。

犯交通肇事罪的，处三年以下有期徒刑或者拘役。交通运输肇事后逃逸或者有其他特别恶劣情节的，处三年以上七年以下有期徒刑。因逃逸致人死亡的，处七年以上有期徒刑。

（六）故意损毁财物罪

故意损毁财物罪是指故意毁灭或者损坏公私财物，数额较大或者有其他严重情节的行为。该罪的构成要件包括：一是主观上表现为存在故意损毁公私财物的故意，而不是非法获取；二是客观方面表现为毁灭或者损坏公私财物数额较大或者有其他严重情节的行为。

故意毁坏公私财物，数额较大或者有其他严重情节的，处三年以下有期徒刑、拘役或者罚金；数额巨大或者有其他特别严重情节的，处三年以上七年以下有期徒刑。

三、刑事诉讼证据

（一）刑事诉讼证据的概念与特征

刑事诉讼证据，是指以法律规定的形式表现出来的能够证明案件真实情况的一切事实。

能用以证明案件事实的证据应当具备客观性、关联性和合法性三个特征。

1. 客观性是指作为案件证据的客观物质痕迹和主观知觉痕迹，都是已经发生的案件事实的客观反映，不是主观想象、猜测和捏造的事物。

2. 相关性，又称为关联性，是指证据必须与案件事实有实质性联系，从而对案件事实有证明作用。

3. 合法性是指证据的形式、收集、出示和查证，都由法律予以规范和调整，作为定案根据的证据必须符合法律规定的采证标准，为法律所容许。

证据是刑事诉讼活动的依据，没有相关证据的存在，则无法证明案件事实，无法确定违法嫌疑人是否犯罪，那么违法嫌疑人则可能被无罪释放。可见，证据的收集是刑事诉讼活动至关重要的环节。保安员在工作过程中，若遇到犯罪活动发生，除了要履行制止违法犯罪的职责外，还要注重犯罪现场的保护，避免现场物证的毁损灭失，以利于公安机关收集证据。在公安民警侦查活动中，也积极配合侦查人员，如按规定提供监控等视频资料，甚至自己可以作为目击证人提供证人证言。

（二）刑事诉讼证据种类

根据我国《刑事诉讼法》的规定，我国刑事证据种类包括：物证；书证；证人证言；被害人陈述；犯罪嫌疑人、被告人供述和辩解；鉴定意见；勘验、检查、辨认、侦查实验等笔录；视听资料、电子数据。

1. 物证。物证是指证明案件真实情况的一切物品和痕迹。物证的特点是以其外部特征、物质属性、存在状况等来发挥证明作用。如犯罪现场的作案工具、指纹、脚印、血迹等。

2. 书证。书证是指以文字、符号、图画等记载的内容和表达的思想来证明案件事实的书面材料和其他物品。如记载与案件有关的由受害人或作案人书写的信件、犯罪嫌疑人的威胁恐吓短信或邮件、信件等。

书证与物证的主要区别：一是书证是借助于文字、符号、图画等表达的思想内容来证明案件事实，而物证则是以其外部特征、存在场所和物质来证明案件事实。二是书证反映的内容比较明确、清楚，能够反映人的思想，物证必须借助人的思维或仪器鉴定才能揭示与案件的关系。

3. 言词证据。证人证言，被害人陈述，犯罪嫌疑人、被告人的供述和辩解都属于言词证据，特别是犯罪嫌疑人、被告人的供述和辩解则俗称口供。言词证据与上述物证、书证等实物证据相比，言词证据是陈述人对他所感知的案件事实的复述，往往能够把刑事案件发生的原因、过程、后果等具体情节描述清楚，从而比较全面地证明案件事实，而且陈述人能在司法人员和有关诉讼参与人（如辩护人、代理人）询问的引导下，补充、修正他所感知的事实，澄清疑问，从而更加全面地揭示案件的事实真相。言词证据的这一特点是实物证据所无法比拟的。但是言词证据容易受到各种主客观因素的影响而出现失实的情况，特别是犯罪嫌疑人的口供，经常会出现前后不一致的情况，如此一来，该言词证据的真实性就无法得到保障，法院在审理案件时便不会采纳该类言词证据用以证明案件事实，这点上，就不如实物证据客观性与稳定性强。

4. 鉴定意见。公安司法机关为了解决案件中某些专门问题，指派或聘请具有这方面专门知识和技能的人，进行鉴定后作出的书面结论。

5. 勘验、检查、辨认、侦查实验等笔录。勘验笔录是指办案人员对与犯罪有关的场所、物品、尸体进行的勘查、检验后所作的记录。就其内容可分为现场勘验笔录、物体检验笔录、尸体检验笔录等。

检查笔录是指办案人员为确定被害人、犯罪嫌疑人、被告人的某些特征、伤害情况和生理状态，对他们的人身进行检验和观察后所作的客观记载。

6. 视听资料、电子数据。视听资料、电子数据，是指以录音、录像、电子计算机以及其他高科技设备储存的信息证明案件情况的资料。这类证据对保安员而言较为常见，如监控视频就属于此类。

第三节　行政法律

一、常见违反治安管理行为

（一）寻衅滋事行为

1. 结伙斗殴的；

2. 追逐、拦截他人的；

3. 强拿硬要或者任意损毁、占用公私财物的；

4. 其他寻衅滋事行为。

（二）散布虚假危险信息扰乱公共秩序的行为

1. 散布谣言，谎报险情、疫情、警情或者以其他方法故意扰乱公共秩序的；

2. 投放虚假的爆炸性、毒害性、放射性、腐蚀性物质或者传染病病原体等危险物质扰乱公共秩序的；

3. 扬言实施放火、爆炸、投放危险物质扰乱公共秩序的。

（三）扰乱文化、体育等大型群众性活动秩序的行为

1. 强行进入场内的；

2. 违反规定，在场内燃放烟花爆竹或者其他物品的；

3. 展示侮辱性标语、条幅等物品的；

4. 围攻裁判员、运动员或者其他工作人员的；

5. 向场内投掷杂物，不听制止的；

6. 扰乱大型群众性活动秩序的其他行为。

因扰乱体育比赛秩序被处以拘留处罚的，可以同时责令其十二个月内不得进入体育场馆观看同类比赛；违反规定进入体育场馆的，强行带离现场。

（四）妨害社会管理的行为

1. 猥亵他人的，或者在公共场所故意裸露身体，情节恶劣的，处五日以上十日以下拘留；猥亵智力残疾人、精神病人、不满十四周岁的人或者有其他严重情节的，处十日以上十五日以下拘留。

2. 强买强卖商品，强迫他人提供服务或者强迫他人接受服务的，处五日以上十日以下拘留，并处二百元以上五百元以下罚款；情节较轻的，处五日以下拘留或者五百元以下罚款。

3. 冒领、隐匿、毁弃、私自开拆或者非法检查他人邮件的，处五日以下拘留或者五百元以下罚款。

4. 盗窃、诈骗、哄抢、抢夺、敲诈勒索或者故意损毁公私财物的，处五日以上十日以下拘留，可以并处五百元以下罚款；情节较重的，处十日以上十五日以下拘留，可以并处一千元以下罚款。

二、治安管理处罚证据

（一）证据的种类

治安管理处罚证据是认定治安案件事实以及作出相应治安管理处罚的根本依据。它是在治安案件的调查过程中，由公安机关依法收集的，或者由治安案件的当事人依法提出的。治安管理处罚证据主要是用来证明违反治安管理想行为是否发生，行为人是否应受处罚及有关真实情况的一切事实。《公安机关办理行政案件程序规定》规定了证据的种类：

（1）物证；

（2）书证；

（3）被侵害人陈述和其他证人证言；

（4）违法嫌疑人的陈述和申辩；

（5）鉴定意见；

（6）勘验、检查、辨认笔录，现场笔录；

（7）视听资料、电子数据。

以上证据种类与刑事诉讼中的证据种类相似，此处不再赘述，证据必须经过查证属实，才能作为定案的根据。

（二）治安处罚证据收集的基本要求

1. 证据收集必须合法。公安机关必须依照法定程序，收集能够证实违法嫌疑人是否违法、违法情节轻重的证据。严禁刑讯逼供和以威胁、欺骗等非法方法收集证据。采用刑讯逼供等非法方法收集的违法嫌疑人的陈述和申辩以及采用暴力、威胁等非法方法收集的被侵害人陈述、其他证人证言，不能作为定案的根据。收集物证、书证不符合法定程序，可能严重影响执法公正的，应当予以补正或者作出合理解释；不能补正或者作出合理解释的，不能作为定案的根据。

2. 证据收集须客观全面。公安机关收集证据应做到客观全面，应尊重事实，如实提取记录证据，不能任意添加或删改。如证人证言、当事人陈述这类言词证据，不论其表述是否夸大，或前后矛盾，都应如实记录，不能随意改动；因为公安机关所要做的是客观收集证据，至于该证据是否具有证明效力，则是要通过法院审理才能得出结论。关于证据收集的客观全面要求具体还包括，收集调取的物证应当是原物。在原物不便搬运、不易保存或者依法应当由有关部门保管、处理或者依法应当返还时，可以拍摄或者制作足以反映原物外形或者内容的照片、录像。物证的照片、录像，经与原物核实无误或者经鉴定证明为真实的，可以作为证据使用。收集、调取的书证应当是原件。在取得原件确有困难时，可以使用副本或者复制件。书证的副本、复制件，经与原件核实无误或者经鉴定证明为真实的，可以作为证据使用。书证有更改或者更改迹象不能作出合理解释的，或者书证的副本、复制件不能反映书证原件及其内容的，不能作为证据使用。书证的副本、复制件，视听资料、电子数据的复制件，物证的照片、录像，应当附有关制作过程及原件、原物存放处的文字说明，并由制作人和物品持有人或者持有单位有关人员签名。

3. 证据收集应及时主动。若不及时收集证据，证据可能被人为或自然地毁损灭失，从而无法收集到能反映案件真实情况的原始证据，如自然环境的变化，或是违法行为人逃匿、串供，现场被破坏，物证灭失，被害人和证人记忆减弱等情况，都将影响证据的收集。公安机关在收集时还要做到主动，通过积极的调查走访，广泛开辟信息渠道，发现线索来源。

4. 证据收集应依靠群众。目击证人、行为人、受害人的亲朋好友、同事邻居都是证据线索的重要来源，应广泛走访收集，当然，公安机关向有关单位和个人收集、调取证据时，作为知情者，应当配合公安机关的工作，若存在其伪造、隐匿、毁灭证据，提供虚假证词等情形，则须承担法律责任。依据相关规定，凡知道案件情况的人，都有作证的义务。但生理上、精神上有缺陷或者年幼，不能辨别是非、不能正确表达的人，不能作为证人。

5. 证据收集应当保密。公安机关及其人民警察在办理行政案件时，对涉及的国家秘密、商业秘密或者个人隐私，应当保密。特别是对个人隐私的保密，体现了人权保障和文明执法的理念。

【案例分析】

1. 民事案例

【案情】甲乙两人为生意上长期的合作伙伴关系，甲为供货商，但在一次供货交易后，乙使用该批货物后造成较大损失，乙认为甲供应的货物存在质量问题，双方因此产生纠纷，交涉未果。乙遂向公安机关报案，名义是合同诈骗。公安机关立案侦查后，将甲刑事拘留，直至甲家属赔偿了乙的全部损失，才将甲释放，并变更强制措施为取保候审。

问题一：甲乙之间纠纷的性质？

问题二：公安机关的行为是否得当？请分析理由。

2. 刑事案例

【案情】2007 年 7 月 17 日 20 时许，被告人阚×乘坐他人驾驶的“朗风”牌小客车，到达某市某小区门口的公共停车位停稳后，阚×直接打开左后车门欲行下车，没想到此时车子后方骑行电动自行车的被害人孙×刚好正要从车子左侧通过，电动自行车和车门发生猛烈碰撞，孙某被当场撞伤，被告人阚×等人立即报警，并在现场等候处理。被害人孙×后于 2007 年 7 月 21 日经抢救无效死亡。经法医检验，被害人孙×的死因为颅脑损伤。经责任认定，孙×驾驶电动车属于在规定区域内的正常行驶，被告人阚×负事故的全部责任。

请思考：对阚某能不能以交通肇事罪定罪？

3. 行政案例

【案情】2012 年 1 月 12 日上午，女子鲍×等一行五人，来到某公立医院，径直找到该医院某科室的医生李×，对其进行辱骂、推搡，将其办公用品损坏，并在现场大肆贬低李×，对其医德、医术进行无情地诋毁，造成恶劣影响。医院几名保安出面制止，双方发生肢体接触，出现不同程度的伤情。

问：你若是其中一名医院保安，对该事件该如何处理？

第四章　消防勤务

【本章知识要点】

了解火灾自动报警系统的组成、分类，掌握初期火灾的处置与安全疏散，了解消防安全管理制度，掌握应急预案的编制方法。

【本章技能要求】

会使用火灾自动报警系统、自动喷水灭火系统及消防控制室联动设备，能进行消防安全检查与组织实施火灾扑救。

第一单元　理论知识

第一节　常用消防设施与器材

一、火灾自动报警系统

火灾自动报警系统是火灾探测报警与消防联动控制系统的简称，是以实现火灾早期探测和报警，向各类消防设备发出控制信号并接收设备反馈信号，进而实现预定消防功能为基本任务的一种自动消防设施。

火灾自动报警系统一般分三种形式：区域火灾自动报警系统，集中火灾自动报警系统和控制中心报警系统。

（一）火灾自动报警系统的组成

火灾自动报警系统由触发装置、火灾报警控制器、火灾警报装置以及具有其他辅助功能装置组成。

1. 火灾探测器（见图 4－1）。火灾探测器是火灾自动报警系统的基本组成部分之一，属自动触发装置。根据其探测火灾特征参数的不同分为：感烟火灾探测器、感温火灾探测器、感光火灾探测器、复合式火灾探测器以及气体火灾探测器。按其测控范围又可分为点型火灾探测器和线型火灾探测器两大类。

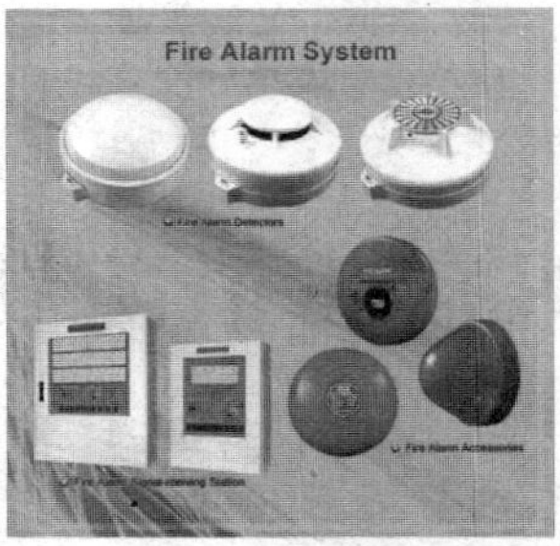

图 4－1　火灾探测器

2. 手动报警按钮（见图 4－2）。手动报警按钮是火灾报警系统中的一个设备类型，属手动触发装置。当发生火灾时在火灾探测器没有探测到火灾时人员手动按下手动报警按钮，报告火灾信号。正常情况下当手动报警按钮报警时，火灾发生的几率比火灾探测器要大得多，几乎没有误报的可能。因为手动报警按钮的报警触发条件是必须人工按下按钮启动。手动报警按钮上的火警确认灯点亮时，表示火灾报警控制器已经收到火警信号，并且确认了现场位置。手动报警按钮分为带电话插孔与不带电话插孔两种。

图 4－2　手动报警按钮

3. 火灾警报装置（见图 4－3）。在火灾自动报警系统中，用以发出区别于环境声、光的火灾警报信号的装置称为火灾警报装置，火灾警报器是一种最基本的火灾警报装置，通常与火灾报警控制器联动，它以声、光方式向报警区域发出火灾警报信号，以警示人们采取安全疏散、灭火救灾措施。声光报警器是其中一种火灾警报装置，用于将火灾报警信号进行声音中继的一种电气设备，声光报警器大部分安装于建筑物的公共空间部分，如走廊、大厅等。

图 4－3　火灾警装置

4. 消防联动控制器。消防联动控制器是消防联动控制系统的核心组件。它通过接收火灾报警控制器发出的火灾报警信息，按预设逻辑对建筑中设置的自动消防系统（设施）进行联动控制。消防联动控制器可直接发出控制信号，通过驱动装置控制现场的受控设备；对于控制逻辑复杂且在消防联动控制器上不便实现直接控制的情况，可通过消防电气控制装置（如防火卷帘控制器、气体灭火控制器等）间接控制受控设备，同时接收自动消防系统（设施）动作的反馈信号。

（二）火灾自动报警系统的工作原理

在火灾自动报警系统中，火灾报警控制器和消防联动控制器是核心组件，是系统中火灾报警与警报的监控管理枢纽和人机交互平台。

1. 火灾探测报警系统（见图4－4）。火灾发生时，安装在保护区域现场的火灾探测器，将火灾产生的烟雾、热量和光辐射等火灾特征参数转变为电信号，经数据处理后，将火灾特征参数信息传输至火灾报警控制器；或直接由火灾探测器做出火灾报警判断，将报警信息传输到火灾报警控制器。火灾报警控制器在接收到探测器的火灾特征参数信息或报警信息后，经报警确认判断，显示报警探测器的部位，记录探测器火灾报警的时间。处于火灾现场的人员，在发现火灾后可立即触动安装在现场的手动火灾报警按钮，手动报警按钮便将报警信息传输到火灾报警控制器，火灾报警控制器在接收到手动火灾报警按钮的报警信息后，经报警确认判断，显示动作的手动报警按钮的部位，记录手动火灾报警按钮报警的时间。火灾报警控制器在确认火灾探测器和手动火灾报警按钮的报警信息后，驱动安装在被保护区域现场的火灾警报装置，发出火灾警报，向处于被保护区域内的人员警示火灾的发生。

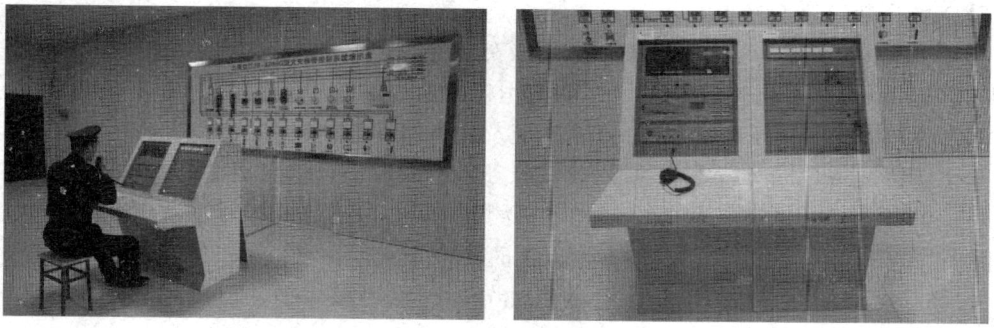

图4－4　火灾报警控制系统

2. 消防联动控制系统。消防联动控制系统由消防联动控制器、消防控制室图形显示装置、消防电气控制装置（防火卷帘控制器、气体灭火控制器等）、消防电动装置、消防联动模块、消火栓按钮、消防应急广播设备、消防电话等设备和组件组成。在火灾发生时，联动控制器按设定的控制逻辑准确发出联动控制信号给消防泵、喷淋泵、防火门、防火阀、防排烟阀和通风等消防设备，完成对灭火系统、疏散指示系统、防排烟系统及防火卷帘等其他消防有关设备的控制功能。当消防设备动作后将动作信号反馈给消防控制室并显示，实现对建筑消防设施的状态监视功能，即接收来自消防联动现场设备以及火灾自动报警系统以外的其他系统的火灾信息或其他信息的触发和输入功能。

（三）火灾自动报警系统的使用

1. 火警信息处理方法。当有探测器或手动火灾报警按钮等报警设备报警后，控制器将显示出火警信息（或预警信息），发出火警警报，点亮火警（或预警）指示灯，火警继电器动作。如果主机处于自动状态，将根据预先设定的联动关系启动相应的消防设备。

（1）火警发生时主机操作人员根据主机报出的火警信息通知值班保安员找到报警的具体位置，确认是否发生火灾（火灾自动报警系统必须要有专人二十四小时值班，无关人员不得随意触动，值班人员应认真填写值班记录，不得脱岗）。

（2）如果确认是发生火灾，则应立即执行如下措施：如果主机处于手动状态，应立即转到自动状态，按下“火警确认”键，启动火灾现场的警铃设备及广播，通知现场人员进行疏散；立即拨打电话“119”，并通知相关专业人员或单位志愿消防队出动进行灭火或控制火情。

（3）如果确认是误报火警，则对主机进行消音，检查排除误报原因后，再对主机进行复位，使之恢复到正常工作状态。如果是报警设备故障或损坏，可先将其屏蔽，及时反映情况，尽快修复。

2. 故障信息处理方法。主机的故障信息分为两类：总线设备故障和非总线设备故障。总线设备故障即探测器和模块故障，主要有地址丢失、开路等故障，非总线设备故障指总线故障、主电故障、备电故障、多线故障、网络故障以及系统故障等。

当系统内有故障发生时，主机将报出故障信息，并发出故障报警声，点亮故障指示灯。当有主电故障时，系统转成备电供电，控制器面板上主电指示灯灭，备电指示灯点亮，当备电工作至电量不足时，控制器将持续发出故障报警声（消音功能不起作用），备电工作指示闪亮（此时应立即关闭备电开关）。

故障的一般处理办法：

（1）故障发生时，可按消音键。如果故障为主电故障（电源较多时，可以单独报出任何一个电源的故障），应注意备电不要使用超过八小时。

（2）如果故障为个别总线设备故障，应及时查明原因，排除故障。

（3）如果故障为系统故障，通知技术服务人员或专业技术人员进行处理。

注：对于影响报火警的故障，如光电探测器的灰尘污染故障、自诊断故障、常规探测器的线路故障等应尽快处理，避免发生火灾时无法报火警。

3. 联动信息处理方法。消防设备的启动分为远程启动、手动启动和联动启动三种情况，设备反馈分为动作成功和现场动作两种情况。

控制器可通过人工手动或火警自动联动设备，控制器发出启动命令后收到反馈时，控制器显示动作成功。

（1）警铃、消防广播等没有反馈的设备只有启动信息而没有现场动作信息。

（2）控制器没有发出启动命令而收到反馈时，控制器显示现场动作。

（3）复位：按下火灾报警控制器上的复位键，可消除误报警的组件信息，但不能消除已经动作的联动设备信息。

对现场动作设备，可根据控制器上的显示信息找到对应设备，然后将其复位。对不能复位的设备，可暂时屏蔽该地址，然后更换相应设备。

二、自动喷水灭火系统

自动喷水灭火系统是目前国际上应用范围最广、用量最大的固定灭火设施，并被公认是最为有效的建筑自救灭火设施。该系统具有安全可靠，经济实用，灭火成功率高等优点。自动喷水灭火系统指由洒水喷头、报警阀组、水流报警装置（水流指示器或压力开关）等组件，以及管道、供水设施组成并能在发生火灾时喷水的自动灭火系统。

（一）火灾危险等级

自动喷水灭火系统设置场所的火灾危险等级共分为四类八级，即轻危险级、中危险级（Ⅰ、Ⅱ级）、严重危险级（Ⅰ、Ⅱ级）和仓库危险级（Ⅰ、Ⅱ、Ⅲ级）。

1. 轻危险级。建筑高度为24米及以下的旅馆、办公楼；仅在走道设置闭式系统的建筑等。

2. 中危险级。中危险级又分为两级。

中危险级Ⅰ级：

（1）高层民用建筑：旅馆、办公楼、综合楼、邮政楼、金融电信楼、指挥调度楼、广播电视楼（塔）等。

（2）公共建筑（含单、多高层）：医院、疗养院；图书馆（书库除外）、档案馆、展览馆（厅）；影剧院、音乐厅和礼堂（舞台除外）及其他娱乐场所；火车站和飞机场及码头的建筑；总建筑面积小于5000米^{2}的商场、总建筑面积小于1000米^{2}的地下商场等。

（3）文化遗产建筑：木结构古建筑、国家文物保护单位等。

（4）工业建筑：食品、家用电器、玻璃制品等工厂的备料与生产车间等；冷藏库、钢屋架等建筑构件。

中危险级Ⅱ级：

（1）民用建筑：书库、舞台（葡萄架除外）、汽车停车场、总建筑面积5000米^{2}及以上的商场、总建筑面积1000米^{2}及以上的地下商场、净空高度不超过8米，物品高度不超过3.5米的自选商场等。

（2）工业建筑：棉毛麻丝及化纤的纺织、织物及制品、木材木器及胶合板、谷物加工、烟草及制品、饮用酒（啤酒除外）、皮革及制品、造纸及纸制品、制药等工厂的备料与生产车间。

3. 严重危险级。严重危险级又分为两级。

严重危险级Ⅰ级：

印刷厂、酒精制品、可燃液体制品等工厂的备料与车间、净空高度不超过8米，物品高度不超过3.5米的自选商场等。

严重危险级Ⅱ级：

易燃液体喷雾操作区域、固体易燃物品、可燃的气溶胶制品、溶剂清洗、喷涂、油漆、沥青制品等工厂的备料及生产车间，摄影棚、舞台“葡萄架”下部。

4. 仓库危险级。仓库危险级又分为两级。

仓库危险级Ⅰ级：

食品、烟酒；木箱、纸箱包装的不燃难燃物品等。

仓库危险级Ⅱ级：

木材、纸、皮革、谷物及制品、棉毛麻丝化纤及其制品、家用电器、电缆、B组塑料与橡胶及其制品、钢塑混合材料制品、各种塑料瓶盒包装的不燃物品及各类物品混杂储存的仓库等。

仓库危险级Ⅲ级：

A组塑料与橡胶及其制品；沥青制品等。

（二）自动喷水灭火系统的类型

按照自动喷水灭火系统的组成与技术特点，可划分为湿式、干式、预作用式、雨淋式水幕和自动喷水—泡沫联用等类型。采用闭式洒水喷头的自动喷水灭火系统，被称为闭式系统。雨淋系统与水幕系统采用开式喷头，可称为开式系统。水幕系统与雨淋系统的组成虽很相似，但水幕系统严格来说不完全属于灭火设施，而是防火设施。水喷雾系统的组成同样和雨淋系统极为相似，二者虽仅采用的喷头不同，但在灭火机理与保护对象方面，二者存在着性质上的不同，因此水喷雾系统不属于自动喷水灭火系统范畴，而是另外一种类型的固定式自动灭火系统。

1. 湿式系统。湿式系统是准工作（或称“戒备”、“警戒”）状态时管道内充满用于启动系统的有压水的闭式系统。

环境温度不低于4℃、且不高于70℃的场所应采用湿式系统。

2. 干式系统。干式系是警戒状态时配水管道内充满用于启动系统的有压气体的闭式系统。

在干式系统中，传递火警信号的介质，由有压水转换为压缩空气，因此可消除环境温度对管道内充水的影响。系统启动时必须经过管道排气充水过程后，才能开始喷水。在干式系统延迟喷水的时间内，火灾将得以继续蔓延，使灭火难度增大，因此导致其灭火效能低于湿式系统。

环境温度低于4℃、或高于70℃的场所应采用干式系统。

3. 预作用式系统。预作用式系统是准工作（警戒）状态时配水管道内不充水，由火灾自动报警系统联动雨淋报警阀和供水设施后，转换为湿式系统的闭式系统。

系统处于警戒状态时，严禁管道漏水和误喷的场所，可采用预作用系统替代湿式系统。采用预作用系统替代干式系统，可消除滞后喷水现象。

4. 雨淋系统。雨淋系统采用开式洒水喷头，由火灾自动报警系统或传动管自动控制雨淋报警阀的开启和供水泵的启动，并由雨淋报警阀控制系统的喷水作用面积的自动喷水灭火系统。

当设置场所具备火灾水平蔓延速度快、或因室内静空高度大而使喷头感温条件恶化等特点时，将使闭式喷头的开放滞后于火灾的水平蔓延，此时闭式系统将因难以使喷水有效覆盖火灾范围，而导致不能保证有效控制连续蔓延的地面火灾。雨淋系统具备一旦启动，便可立即大面积喷水的技术特点，可补偿闭式系统不宜在上述场所中使用的弱点。

5. 自动喷水—泡沫联动系统。自动喷水－泡沫联动系统是配置供给泡沫混合液的设备后，组成既可喷水又可喷泡沫混合液的自动喷水灭火系统。

此类系统保持自动喷水灭火系统的性能，但利用洒水喷头喷洒泡沫混合液，因此应配置储存泡沫灭火剂和供给泡沫混合液的设备。系统喷洒泡沫混合液时，虽与洒水状态几乎相同，但能显示更强的灭火能力，使喷水系统的灭火性能得到明显强化。由于采用洒水喷头，所以既能喷水又能喷洒泡沫混合液；由于洒水喷头为非吸气型喷头，喷洒的泡沫混合液成泡性能差，故多采用水成膜泡沫灭火剂。泡沫喷淋系统采用配有发泡网的吸气型喷头，只能喷泡沫混合液而不能均匀洒水。

6. 水幕系统。水幕系统由开式洒水喷头或水幕喷头，和雨淋报警阀组或感温雨淋阀以及水流报警装置（水流指示器或压力开关）等组成，是用于挡烟阻火和冷却分隔物的防火系统。系统的组成与雨淋系统相似，但仅具备防火功能，并按功能划分为防火分隔水幕和防护冷却水幕。

（三）自动喷水灭火系统使用

1. 湿式系统、干式系统的喷头动作后，应由压力开关直接联动启动供水泵。预作用系统、雨淋系统及自动控制的水幕系统，应在火灾报警系统报警后，立即自动向配水管道供水。

2. 预作用系统、雨淋系统和自动控制的水幕系统，应同时具备下列三种启动供水泵和开启雨淋阀的控制方式：

（1）自动控制；

（2）消防控制室（盘）手动远控；

（3）现场应急操作。

3. 雨淋阀的自动控制方式，可采用电动、液（水）动或气动。当雨淋阀采用充液（水）传动管自动控制时，闭式喷头与雨淋阀之间的高程差，应根据雨淋阀的性能确定。

4. 快速排气阀入口前的电动阀，应在启动供水泵的同时开启。

5. 消防控制室（盘）应能显示水流指示器、压力开关、信号阀、水泵、消防水池及水箱水位、有压气体管道气压，以及电源和备用动力等是否处于正常状态的反馈信号，并应能控制水泵、电磁阀、电动阀等的操作。

三、气体灭火系统

气体灭火系统的灭火机理与气体灭火剂属性有着密不可分的关系，不同的灭火剂其灭火机理也各不相同。

（一）二氧化碳灭火系统

二氧化碳的灭火作用主要在于窒息，其次是冷却。在常温常压条件下，二氧化碳的物态为气相，当贮存于密封高压气瓶中，低于临界温度31.4℃时是以气、液两相共存的。在灭火过程中，当二氧化碳从贮存气瓶中释放出来，压力骤然下降，使得二氧化碳由液态转变成气态，分布于燃烧物的周围，稀释空气中的氧含量。氧含量降低会使燃烧时热的产生率减小，而当热产生率减小到低于热散失率的程度，燃烧就会停止下来。这是二氧化碳所产生的窒息作用。另一方面，二氧化碳施放时又因焓降的关系，温度急剧下降，形成细微的固体干冰粒子，干冰吸取其周围的热量而升华，即能产生冷却燃烧物的作用。

（二）七氟丙烷灭火系统

七氟丙烷灭火剂是一种无色无味、不导电的气体，其密度大约是空气密度的六倍，在一定压力下呈液态贮存。该灭火剂为洁净药剂，释放后不含有粒子或油状的残余物，且不会污染环境和被保护的精密设备。七氟丙烷灭火主要是由于它的去除热量的速度快，其次是灭火剂分散和消耗氧气。七氟丙烷灭火剂是以液态的形式喷射到保护区内的，在喷出喷头时，液态灭火剂迅速转变成气态需要吸收大量的热量，降低了保护区和火焰周围的温度。另一方面，七氟丙烷灭火剂是由大分子组成的，灭火时分子中的一部分键断裂需要吸收热量。其次，保护区内灭火剂的喷射和火焰的存在降低了氧气的浓度，从而降低了燃烧的速度。

（三）IG－541 混合气体灭火系统

IG－541 混合气体灭火剂是由氮气、氩气和二氧化碳气体按一定比例混合而成的气体，由于这些气体都是在大气层中自然存在的，且来源丰富，因此它对大气层臭氧没有损耗（臭氧耗损潜能值 ODP＝0），也不会对地球的“温室效应”产生影响，更不会产生具有长久影响大气寿命的化学物质。混合气体无毒、无色、无味、无腐蚀性及不导电，既不支持燃烧，又不与大部分物质产生反应。从环保的角度来看，是一种较为理想的灭火剂。

IG－541 混合气体灭火机理属于物理灭火方式。通过混合气体释放后把氧气浓度降低到不能支持燃烧来扑灭火灾。通常防护区空气中含有 21% 的氧气和小于 1% 的二氧化碳。当防护区中氧气降至 15% 以下时，大部分可燃物将停止燃烧。混合气体能把防护区氧气降至 12.5%，同时又能把二氧化碳升至 4%。二氧化碳比例的提高，加快人的呼吸速率和吸收氧气的能力，从而来补偿环境气氛中氧气的较低浓度。灭火系统中灭火设计浓度不大于 43% 时，该系统对人体是安全无害的。

第二节　消防法

《中华人民共和国消防法》（以下简称《消防法》）于 1998 年 4 月 29 日由第九届全国人民代表大会常务委员会第二次会议审议通过，自 1998 年 9 月 1 日起施行。2008 年 10 月 28 日由第十一届全国人民代表大会常务委员会第五次会议修订通过，自 2009 年 5 月 1 日起施行。该法共 7 章 74 条。

一、关于消防工作的方针、原则和责任制

《消防法》在总则中规定“消防工作贯彻预防为主、防消结合的方针，按照政府统一领导、部门依法监管、单位全面负责、公民积极参与的原则，实行消防安全责任制，建立健全社会化的消防工作网络”，确立了消防工作的方针、原则和责任制。

“预防为主、防消结合”的方针，科学准确地阐明了“防”和“消”的关系，正确地反映了同火灾作斗争的基本规律。在消防工作中，必须坚持“防”“消”并举、“防”“消”并重的思想，将火灾预防和火灾扑救有机地结合起来，最大限度地保护人身、财产安全，维护公共安全，促进社会和谐。

“政府统一领导、部门依法监管、单位全面负责、公民积极参与”的原则是消防工作经验和客观规律的反映。“政府”、“部门”、“单位”、“公民”四者都是消防工作的主体，共同构筑消防安全工作格局，任何一方都非常重要，不可偏废。

“实行消防安全责任制，建立健全社会化的消防工作网络”，这是我国做好消防工作的经验总结，也是从无数火灾中得出的教训。各级政府、政府各部门、各行各业以及每个人在消防安全方面各尽其责，实行消防安全责任制，建立健全社会化的消防工作网络，有利于增强全社会的消防安全意识，有利于调动各部门、各单位和广大群众做好消防安全工作的积极性，有利于进一步提高全社会整体抵御火灾的能力。

二、关于单位的消防安全责任

《消防法》关于单位的消防安全责任的规定主要有：

第一，在总则中规定，任何单位都有维护消防安全、保护消防设施、预防火灾、报告火警的义务；任何单位都有参加有组织的灭火工作的义务；机关、团体、企业、事业等单位应当加强对本单位人员的消防宣传教育。

第二，规定了单位消防安全职责：

（1）落实消防安全责任制，制订本单位的消防安全制度、消防安全操作规程，制订灭火和应急疏散预案；

（2）按照国家标准、行业标准配置消防设施、器材，设置消防安全标志，并定期组织检验、维修，确保完好有效；

（3）对建筑消防设施每年至少进行一次全面检测，确保完好有效，检测记录应当完整准确，存档备查；

（4）保障疏散通道、安全出口、消防车通道畅通，保证防火防烟分区、防火间距符合消防技术标准；

（5）组织防火检查，及时消除火灾隐患；

（6）组织进行有针对性的消防演练；

（7）法律、法规规定的其他消防安全职责。

第三，规定消防安全重点单位除履行单位消防安全职责外，还应当履行下列特殊的消防安全职责：

（1）确定消防安全管理人，组织实施本单位的消防安全管理工作；

（2）建立消防档案，确定消防安全重点部位，设置防火标志，实行严格管理；

（3）实行每日防火巡查，并建立巡查记录；

（4）对职工进行岗前消防安全培训，定期组织消防安全培训和消防演练。

第四，规定同一建筑物由两个以上单位管理或者使用的，应当明确各方的消防安全责任，并确定责任人对共用的疏散通道、安全出口、建筑消防设施和消防车通道进行统一管理。

第五，规定任何单位不得损坏、挪用或者擅自拆除、停用消防设施、器材，不得埋压、圈占、遮挡消火栓或者占用防火间距，不得占用、堵塞、封闭疏散通道、安全出口、消防车通道。

第六，规定任何单位都应当无偿为报警提供便利，不得阻拦报警，严禁谎报火警；发生火灾，必须立即组织力量扑救，邻近单位应当给予支援；火灾扑灭后，发生火灾的单位和相关人员应当按照公安机关消防机构的要求保护现场，接受事故调查，如实提供与火灾有关的情况。

第七，规定被责令停止施工、停止使用、停产停业的单位，应当在整改后向公安机关消防机构报告，经公安机关消防机构检查合格，方可恢复施工、使用、生产、经营。

三、关于公民在消防工作中的权利和义务

《消防法》关于公民在消防工作中权利和义务的规定主要有：

第一，任何人都有维护消防安全、保护消防设施、预防火灾、报告火警的义务；任何成年人都有参加有组织的灭火工作的义务。

第二，任何人不得损坏、挪用或者擅自拆除、停用消防设施、器材，不得埋压、圈

占、遮挡消火栓或者占用防火间距，不得占用、堵塞、封闭疏散通道、安全出口、消防车通道。

第三，任何人发现火灾都应当立即报警；任何人都应当无偿为报警提供便利，不得阻拦报警；严禁谎报火警。

第四，火灾扑灭后，相关人员应当按照公安机关消防机构的要求保护现场，接受事故调查，如实提供与火灾有关的情况。

第五，任何人都有权对公安机关消防机构及其工作人员在执法中的违法行为进行检举、控告。

第三节　初期火灾扑救

火灾初起阶段，是灭火的关键时刻。如何把握这个关键时刻，主要在于现场人员能否正确利用现场灭火器材及时扑救和运用正确的方法处置。

一、扑救初期火灾的基本原则

消防管理人员在处理扑救初期火灾中，如果条件允许，边报警、边扑救是最好的方法。但一般情况下还是应该遵循扑救初期火灾的基本原则，即“救人第一”、“先控制后消灭”、“先重点后一般”的原则。

（一）救人第一

救人第一原则，是指火场上如果有人受到火势威胁，消防管理人员的首要任务就是把被火围困的人员抢救出来。运用这一原则，要根据火势情况和人员受火势威胁的程度而定。在灭火力量较强时，人未救出之前，灭火是为了打开救人通道或减弱火势对人员的威胁程度，从而更好地为救人脱险、及时扑灭火灾创造有利条件。在具体实施救人时应遵循“就近优先，危险优先，弱者优先”的基本要求。

（二）先控制、后灭火

先控制、后灭火，是指对于不可能立即扑灭的火灾，首先要控制火势的继续蔓延，在具备扑灭火灾的条件时，再展开全面进攻，一举消灭。消防管理人员灭火时，应根据火灾发展情况和本身力量灵活运用这一原则。对于能扑灭的火灾，要抓住战机，就地取材，速战速决；如火势较大，灭火力量相对薄弱，或因其他原因不能立即扑灭时，就要把主要力量放在控制火势发展或防止爆炸、泄漏等危险情况处置上，为彻底扑灭火灾创造有利条件。只有先控制住火势，才能迅速将火灾扑灭。控制火势要根据火场的具体情况，采取相应措施。

（三）先重点，后一般

运用这一原则，要全面了解并认真分析火场的情况，主要是：人和物相比，救人是重点；贵重物资和一般物资相比，保护和抢救贵重物资是重点；火势蔓延猛烈的方面和其他方面相比，控制火势蔓延猛烈的方面是重点；有爆炸、毒害、倒塌危险的方面和没有这些危险的方面相比，处置这些危险的方面是重点；火场上的下风向与上风向、侧风向相比，下风向是重点；可燃物资集中区域和这类物品较少的区域相比，物资集中区域是保护重点；要害部位和其他部位相比，要害部位是火场上的重点。

二、扑救初期火灾的基本方法

初期火灾容易扑救，但必须运用正确的灭火方法，合理使用灭火器材和灭火剂，才能有效地扑灭初起火灾，减少火灾危害。灭火的基本方法，就是根据起火物质燃烧的状态和方式，破坏燃烧必须具备的基本条件而采取的一些措施。具体有以下四种。

（一）冷却灭火法

冷却灭火法是将灭火剂直接喷洒在可燃物上，使可燃物的温度降低到自燃点以下，从而使燃烧停止。用水扑救火灾，其主要作用就是冷却灭火。一般物质起火，都可以用水来冷却灭火。火场上，除用冷却法直接灭火外，还经常使用水冷却尚未燃烧的可燃物质，防止其达到自燃点而着火；还可用水冷却建筑构件、生产装置或容器等，以防止其受热变形或爆炸。

（二）隔离灭火法

隔离灭火法是将燃烧物与附近可燃物隔离或者疏散开，从而使燃烧停止。这种方法适用于扑救各种固体、液体、气体火灾。

采取隔离灭火的具体措施很多。例如，将火源附近的易燃易爆物质转移到安全地点；关闭设备或管道上的阀门，阻止可燃气体、液体流入燃烧区；排除生产装置、容器内的可燃气体、液体；阻拦、疏散可燃液体或扩散的可燃气体；拆除与火源相毗连的易燃建筑结构，从而阻止火势蔓延的空间地带等。

（三）窒息灭火法

窒息灭火法即采取适当的措施，阻止空气进入燃烧区，或用惰性气体稀释空气中的氧含量，使燃烧物质缺乏或断绝氧气而熄灭。这种方法，适用于扑救封闭式的空间、生产设备装置及容器内的火灾。

火场上运用窒息法扑救火灾时，可采用湿棉被、湿麻袋、沙土、泡沫等不燃或难燃材料覆盖燃烧物或封闭孔洞；用水蒸气、惰性气体充入燃烧区域；利用建筑物上原有的门窗以及生产储运设备上的部件来封闭燃烧区，阻止空气进入。此外，在无法采取其他扑救方法而条件又允许的情况下，可采用水淹没（灌注）的方法进行扑救。但在采取窒息法灭火时，必须注意以下几点：

1. 燃烧部位较小，容易堵塞封闭，在燃烧区域内没有氧化剂时，适于采取这种方法。

2. 在采取用水淹没或灌注方法灭火时，必须考虑到火场物质被水浸湿后是否会产生不良后果。

3. 采取窒息方法灭火以后，必须确认火已熄灭，方可打开孔洞进行检查；严防过早地打开封闭的空间或生产装置，而使空气进入，造成复燃或爆炸。

4. 采用惰性气体灭火时，一定要将大量的惰性气体充入燃烧区，迅速降低空气中氧的含量，以达到窒息灭火的目的。

（四）抑制灭火法

抑制灭火法是将化学灭火剂喷入燃烧区参与燃烧反应，中止链反应而使燃烧反应停止。采用这种方法可使用的灭火剂有干粉和卤代烷灭火剂。灭火时，将足够数量的灭火剂准确地喷射到燃烧区内，使灭火剂阻断燃烧反应，同时还要采取必要的冷却降温措施，以防复燃。

在火场上采取哪种灭火方法，应根据燃烧物质的性质、燃烧特点和火场的具体情况，以及灭火器材装备的性能进行选择。

三、初期火灾扑救的组织与实施

发生火灾时，单位值班人员接到报警后，应立即向单位领导及公安消防队报警，按照火灾与应急疏散预案的分工和程序组织人员进行扑救。

第一，当消防控制室值班人员接到火灾自动报警系统发出的火灾报警信号时，要通过单位内部电话或无线对讲系统立即通知巡查人员或报警区域的楼层值班、工作人员立即迅速赶往现场实地查看。

第二，查看人员确认火情后，要立即通过手动火灾报警按钮、楼层电话或无线对讲系统向消防控制室反馈信息，同时组织本楼层第一梯队疏散引导组及时引导本层人员疏散；灭火行动组实施灭火。

第三，消防控制室接到查看人员确认的火情报告后要同时做到：立即启动消防广播，发出火警处置指令，通知第二梯队人员，并告知顾客不要惊慌，在单位员工的引导下迅速安全疏散、撤离；立即启动正压送风、排烟系统和消防水泵等相关的消防联动设施，确保人员安全疏散和有效扑救初起火灾；拨打“119”电话报警。

第四，第二梯队人员接到消防控制室值班人员发出的火警指令后，要迅速按照职责分工，同时做到：灭火行动组的人员立即跑向火灾现场实施增援灭火；疏散引导组引导各楼层（区域）人员紧急疏散；通信联络组与“119”保持联系直到消防队抵达现场；安全防护救护组携带药品和紧急救护用品，准备救护受伤人员。

第四节　消防安全管理

一、单位消防安全管理制度

（一）消防安全责任制度

消防安全重点单位应当按照公安部令第 61 号《机关、团体、企业、事业单位消防安全管理规定》成立消防安全组织机构，明确逐级和岗位消防安全职责，确定各级各岗位的消防安全责任人，做到分工明确、责任到人、各尽其职、各负其责，形成科学、合理的消防安全管理机制，确保消防安全责任、消防安全制度和措施落到实处。

为了让符合《消防安全重点单位界定标准》的单位自觉“对号入座”，保障当地公安消防机关及时掌握本辖区内消防安全重点单位的基本情况，消防安全重点单位还必须将已明确的本单位的消防安全责任人、消防安全管理人变化情况、单位自我消防安全评估情况和建筑消防设施维护保养情况报当地公安机关消防机构备案，以便按照消防安全重点单位的要求进行严格管理。

（二）消防安全管理制度

单位管理制度是要求单位员工共同遵守的行为准则、办事规则或安全操作规程。为加强消防安全管理，各单位应当依据《消防法》的有关规定，从本单位的特点出发，结合单位的实际情况，制订并落实符合单位实际的消防安全管理制度，规范本单位员工的消防安全行为。消防安全重点单位需重点制订并落实以下消防安全管理制度。

1. 消防安全教育培训制度。为普及消防安全知识，提高其消防安全意识和素质，单位应根据国家有关法律、法规和省、市消防安全管理的有关规定，制订消防安全教育培训制度，规定对单位新职工、重点岗位职工、普通职工消防安全宣传教育和培训的形式、频次、要求等内容，并抓好落实。

2. 防火检查、巡查制度。防火检查、巡查是做好单位消防安全管理工作的重要环节，要想使防火检查和巡查成为单位消防安全管理的一种常态管理，并能够起到预防火灾、消除隐患的作用，就必须有制度的约束。制度的基本内容应当包括：单位逐级防火检查制度；规定检查的内容、依据、标准、形式、频次等；明确对检查部门和被检查部门的要求。

3. 火灾隐患整改制度。明确规定对当场整改和限期整改的火灾隐患的整改要求，对特大火灾隐患的整改程序和要求以及整改记录、存档要求等。

4. 消防设施、器材维护管理制度。重点单位应当根据国家及省、市相关规定制订消防设施、器材维护管理制度并组织落实。制度应明确消防器材的配置标准、管理要求、维护保养、定期检测等方面的内容，加强对消防设施、器材的管理，确保其完好有效。

5. 用火、用电安全管理制度。确定用火管理范围；划分动火作业级别及动火审批权限和手续；明确用火、用电的要求和禁止的行为。

6. 消防控制室值班制度。明确规定消防控制室值班人员的岗位职责及能力要求；明确规定 24 小时值班、换班要求、火警处置、值班记录及自动消防设施设备系统运行情况登记等事项。

7. 重点要害部位消防安全制度。根据单位的具体情况，确定本单位的重点要害部位，制订各重点部位的防火制度、应急处理措施及要求。

8. 易燃易爆危险品管理制度。制度的基本内容包括：易燃易爆危险品的范围；物品储存的具体防火要求；领取物品的手续；使用物品单位和岗位，定人、定点、定容器、定量的要求和防火措施；使用地点明显醒目的防火标志；使用结束剩余物品的收回要求等。

9. 灭火和应急疏散预案演练制度。明确规定灭火和应急疏散预案演练的组织机构，演练参与的人员、演练的频次和要求，演练中出现问题的处理及预案的修正完善等事项。

10. 消防安全工作考评与奖惩制度。规定对在消防工作中有突出成绩的单位和个人的表彰、奖励的条件和标准；明确实施表彰和奖励的部门，表彰、奖励的程序；规定违反消防安全管理规定应受到惩罚的各种行为及具体罚则等。奖惩要与个人发展和经济利益挂钩。

二、消防安全检查

消防安全检查是指具有隶属关系的上级领导机关对下级单位或部门消防安全工作情况进行的专项检查，是为了督促查看所辖单位内部的消防工作情况和查寻验看消防工作中存在的问题而进行的一项安全管理活动，是实施消防安全管理的一条重要措施，也是控制重大火灾，减少火灾损失，维护社会秩序安定的一个重要手段。

（一）消防安全管理检查

单位消防安全管理检查主要检查以下几方面的内容：

1. 消防安全组织机构是否健全。

2. 消防安全管理制度是否完善。

3. 日常消防安全管理措施是否落实。火灾危险部位是否有严格的管理措施，是否定期组织防火检查、巡查，是否能及时发现和消除火灾隐患。

4. 重点岗位人员是否经过专门培训，持证上岗。员工是否会报警，是否会灭初期火灾，是否会组织人员疏散。

5. 是否保障疏散通道、安全出口畅通，并设置符合国家规定的消防安全疏散指示标志和应急照明设施，保持防火门、防火卷帘、消防安全疏散指示标志、应急照明、机械排烟送风、火灾事故广播等设施处于正常状态。

6. 是否对消防设施定期检查、检测、维护保养，是否有详细完整的记录。

7. 灭火和应急疏散预案是否完备，是否有定期演练的记录。

8. 单位火警处置是否及时准确。对设有火灾自动报警系统的场所，随机选择一个探测器吹烟或手动报警，发出警报后，值班员或专（兼）职消防员是否携带手提式灭火器到现场确认，并及时向消防控制室报告。值班员或专（兼）职消防员是否会正确使用灭火器、消防软管卷盘、室内消火栓等扑救初期火灾。

（二）消防设施安全检查（见表 4－1）

单位应定期组织人员对各类常见消防设施进行检查，以确保器材完好有效，各类消防设施的检查要点如下：

1. 灭火器检查要点包括：

（1）灭火器配置类型正确，如有固体可燃物的场所配有能扑灭 A 类火灾的灭火器。

（2）储压式灭火器压力符合要求，压力表指针在绿区（注：二氧化碳灭火器不设压力指示器）。

（3）灭火器应设置在明显和便于取用的地点，不影响安全疏散。

（4）灭火器有定期维护检查的记录，如已经维修过，应在筒体背面贴有维修标识。

2. 消火栓、水泵接合器检查要点包括：

（1）室内消火栓箱内的水枪、水带等配件齐全，水带与接口应绑扎牢固。

（2）检查系统功能。任选一个室内消火栓，接好水带、水枪，旋开消火栓手轮水枪出水正常；将消防控制室联动控制设备设置在自动位置，旋开消火栓手轮后按下消火栓箱内的消火栓按钮，消火栓泵启动，控制设备能正确显示启泵信号，水枪出水正常。

（3）室外消火栓不应被埋压、圈占、遮挡，标识明显，有专用开启工具，阀门开启灵活、方便，出水正常。

（4）水泵接合器不应被埋压、圈占、遮挡，标识明显，并标明供水系统的类型及供水范围。

3. 湿式自动喷水灭火系统检查要点包括：

（1）报警阀组件应完整，报警阀前后的阀门、通向延时器的阀门应处于开启状态。

（2）对自动喷水灭火系统进行末端试水。将消防控制室联动控制设备设置在自动状态，任选一楼层进行末端试水。水流指示器动作，控制设备能正确显示水流报警信号；压力开关动作，水力警铃发出警报，喷淋泵启动，控制设备能正确显示压力开关动作及启泵信号。

4. 火灾自动报警系统检查要点包括：

（1）检查故障报警功能。取下任一探测器，控制设备能正确显示故障报警信号。

（2）检查火灾报警功能。任选一个探测器进行吹烟或加温，控制设备能正确显示火灾报警信号。

（3）检查火警优先功能。取下任一探测器，同时给另一探测器吹烟或加温，控制设备能优先显示火灾报警信号。

（4）检查消防电话通话情况。在消防控制室和水泵房、发电机房等处使用消防电话，消防控制室与相关场所能相互正常通话，语音清晰、无杂音。

5. 防烟排烟系统检查要点包括：

（1）检查加压送风系统。自动、手动启动加压送风系统，相关送风口开启，送风机启动，送风正常，反馈信号正确。

（2）检查排烟系统。自动、手动启动排烟系统。相关排烟口开启，排烟风机启动，排风正常，反馈信号正确。

表 4－1　建筑消防设施日巡查记录

时间：　　年　　月　　日

巡查项目	巡查内容	巡查情况		
		正常	故障	故障原因及处理情况
消防供配电设施	消防电源工作状态			
	自备发电设备状况			
火灾自动报警系统	火灾探测器外观			
	区域显示器运行状况、CRT 图形显示器运行状况、火灾自动报警控制器、消防联动控制器外观和运行状况			
	手动报警按钮外观			
	火灾警报装置外观			
	消防控制室工作环境			
消防供水设施	消防水池外观			
	消防水箱外观			
	消防泵及控制柜工作状态			
	稳压泵、增压泵、气压水罐工作状态			
	水泵接合器外观、标识			
	管道控制阀门启闭状态			
消火栓及消防炮灭火系统	室内消火栓箱及配件			
	室外消火栓外观			
	消防炮外观			
	启泵按钮外观			

（续表）

巡查项目	巡查内容	巡查情况		
		正常	故障	故障原因及处理情况
自动喷水灭火系统	喷头外观			
	报警阀组外观			
	末端试水装置压力值			
泡沫灭火系统	泡沫喷头外观			
	泡沫消火栓、泡沫炮外观			
	泡沫产生器外观			
	泡沫液储罐和比例混合器外观			
	泡沫泵工作状态			
气体灭火系统	气体灭火控制器工作状态			
	气体瓶组或储罐外观			
	喷嘴、选择阀、驱动装置等组件外观			
	紧急启/停按钮外观			
	放气指示灯及警报器外观			
	防护区状况			
防烟排烟系统	挡烟垂壁、排烟阀和防火阀外观			
	送风阀外观			
	送风机工作状态			
	电动排烟窗、自然排烟窗外观			
	排烟机工作状态			
应急照明和疏散指示标志	消防应急照明灯外观			
	消防应急照明灯工作状态			
	疏散指示标志灯/牌外观			
	疏散指示标志灯/牌工作状态			
应急广播系统	扬声器外观			
	扩音机工作状态			
消防专用电话	分机电话外观			
	插孔电话外观			
防火分隔设施	防火门外观			
	防火门启闭状况			
	防火卷帘外观			
	防火卷帘工作状态			

（续表）

巡查项目	巡查内容	巡查情况		
		正常	故障	故障原因及处理情况
消防电梯	紧急按钮外观			
	轿箱内电话外观			
	消防电梯工作状态			
灭火器	灭火器外观			
	设置位置状况			
其他设施				
巡查人（签名）		年　月　日		
消防安全管理人或归口管理部门负责人（签名）		年　月　日		
备注				

三、火灾隐患的判定与整改

随着经济建设的迅速发展，人民生活水平的不断提高，用火、用电、用油、用气大量增加，城市规模的扩大、城市人口的急剧增加、各类建筑物的大量竣工和投入使用，大大增加了火灾发生的可能性和火灾危险性。

（一）火灾隐患

火灾隐患是指潜在的有直接引起火灾事故可能，或者火灾发生时能增加对人员、财产的危害，或者是影响人员疏散以及影响灭火救援的一切不安全因素。一般分为一般火灾隐患和重大火灾隐患。

如何发现和判定火灾隐患，是消防工作中经常遇到的问题。火灾隐患有的是以有形的形式表现，如消防安全布局不合理，建筑物耐火等级和防火间距不符合规范要求，安全出口和疏散通道上锁或封堵，消防设施缺损瘫痪等；有的则以无形的形式表现出来，如管理混乱、责任不清、制度不健全、漠视消防法律法规，轻视消防安全工作，缺乏消防安全常识，违反消防安全操作规程，等等。从时间来看，有的是先天历史遗留下来的，有的是后天形成的。

《消防监督检查规定》（公安部令第 120 号）规定，具有下列情形之一的，确定为火灾隐患："（一）影响人员安全疏散或者灭火救援行动，不能立即改正的；（二）消防设施未保持完好有效，影响防火灭火功能的；（三）擅自改变防火分区，容易导致火势蔓延、扩大的；（四）在人员密集场所违反消防安全规定，使用、储存易燃易爆危险品，不能立即改正的；（五）不符合城市消防安全布局要求，影响公共安全的；（六）其他可能增加火灾实质危险性或者危害性的情形。"

单位通过以下方面的检查来排查火灾隐患：

（1）消防法律、法规、规章、制度的贯彻执行情况。

（2）消防安全责任制、消防安全制度、消防安全操作规程建立及落实情况。

（3）单位员工消防安全教育培训情况。

（4）单位灭火和应急疏散预案制订及演练情况。

（5）建筑之间防火间距、消防通道、建筑安全出口、疏散通道、防火分区设置情况。

（6）消火栓状况，火灾自动报警、自动灭火和防排烟系统等自动消防设施运行，灭火器材配置等情况。

（7）电气线路敷设以及电气设备运行情况。

（8）建筑室内装修装饰材料防火性能情况。

（9）生产、储存、经营易燃易爆化学物品的单位场所设置位置情况。

（10）三合一场所人员住宿与生产、储存、经营部分实行防火分隔，安全出口、疏散通道设置，消火栓、自动消防设施运行，电气线路敷设及电气设备运行等情况。

（11）新建、改建、扩建工程消防设计审核、消防验收情况。

（12）销售和使用领域的消防产品的质量情况。

（二）重大火灾隐患

重大火灾隐患，是指违反消防法律、法规，可能导致火灾发生或火灾危害增大，并由此可能造成特大火灾事故后果和严重社会影响的各类潜在不安全因素。重大火灾隐患的判定应根据实际情况选择直接判定或综合判定的方法，按照判定程序和步骤实施（具体方法详见《重大火灾隐患判定方法》GA653）。

1. 下列任何一种情况可不判定为重大火灾隐患：

（1）可以立即整改的。

（2）因国家标准修订引起的（法律、法规有明确规定的除外）。

（3）对重大火灾隐患依法进行了消防技术论证，并已采取相应技术措施的。

（4）发生火灾不足以导致火灾事故或严重社会影响的。

2. 重大火灾隐患直接判定，符合下列情况之一的，可以直接判定为重大火灾隐患：

（1）生产、储存和装卸易燃易爆化学物品的工厂、仓库和专用车站、码头、储罐区，未设置在城市的边缘或相对独立的安全地带。

（2）甲、乙类厂房设置在建筑的地下、半地下室。

（3）甲、乙类厂房与人员密集场所或住宅、宿舍混合设置在同一建筑内。

（4）公共娱乐场所、商店、地下人员密集场所的安全出口、楼梯间的设置形式及数量不符合规定。

（5）旅馆、公共娱乐场所、商店、地下人员密集场所未按规定设置自动喷水灭火系统或火灾自动报警系统。

（6）易燃可燃液体、可燃气体储罐（区）未按规定设置固定灭火、冷却设施。

（三）火灾隐患的整改

单位对存在的火灾隐患，应当及时予以消除。对不能当场改正的火灾隐患，应当根据本单位的管理分工，及时将存在的火灾隐患向单位的消防安全管理人或者消防安全责任人报告，提出整改方案。消防安全管理人或者消防安全责任人应当确定整改的措施、期限以及负责整改的部门、人员，并落实整改资金。在火灾隐患未消除之前，单位应当落实防范措施，保障消防安全。不能确保消防安全，随时可能引发火灾或者一旦发生火灾将严重危及人身安全的，应当将危险部位停产停业整改。

火灾隐患整改完毕，负责整改的部门或者人员应当将整改情况记录报送消防安全责任人或者消防安全管理人签字确认后存档备查。对于涉及城市规划布局而不能自身解决的重大火灾隐患，以及机关、团体、事业单位确无能力解决的重大火灾隐患，单位应当提出解决方案并及时向其上级主管部门或者当地人民政府报告。对公安消防机构责令限期改正的火灾隐患，单位应当在规定的期限内改正并写出火灾隐患整改复函，报送公安消防机构。

四、消防控制室管理

（一）消防控制室设置要求

根据《消防控制室通用技术要求》（GB25506－2010）的规定，消防控制室的设置应满足以下要求：

1. 消防控制室内设置的消防设备应包括火灾报警控制器、消防联动控制器、消防控制室图形显示装置、消防电话总机、消防应急广播控制装置、消防应急照明和疏散指示系统控制装置、消防电源监控器等设备，或具有相应功能的组合设备。

2. 消防控制室内设置的消防设备应能监控并显示建筑消防设施运行状态信息，并应具有向城市消防远程监控中心（以下简称监控中心）传输这些信息的功能。

3. 消防控制室内应保存的资料及消防安全管理信息应全面、准确，并可具有向监控中心传输消防安全管理信息的功能。具体资料如下（见表4－2）：

表4－2　消防教育培训记录表

培训时间	培训部门	培训形式	培训内容	参加人数	备注

填写人：　　　　　　　　　　保安队队长：

用途：记录消防教育培训情况。

联数：一式一联、留存。

（1）建（构）筑物竣工后的总平面布局图、建筑消防设施平面布置图、建筑消防设施系统图及安全出口布置图、重点部位位置图等。

（2）消防安全管理规章制度、应急灭火预案、应急疏散预案等。

（3）消防安全组织结构图，包括消防安全责任人、管理人、专职、义务消防人员等内容。

（4）消防安全培训记录、灭火和应急疏散预案的演练记录。

（5）值班情况、消防安全检查情况及巡查情况的记录。

（6）消防设施一览表，包括消防设施的类型、数量、状态等内容。

（7）消防系统控制逻辑关系说明、设备使用说明书、系统操作规程、系统和设备维护保养制度等。

（8）设备运行状况、接报警记录、火灾处理情况、设备检修检测报告等资料，这些资料应能定期保存和归档。

4. 具有两个及两个以上消防控制室时，应确定主消防控制室和分消防控制室。主消防控制室的消防设备应对系统内共用的消防设备进行控制，并显示其状态信息；主消防控制室内的消防设备应能显示各分消防控制室内消防设备的状态信息，并可对分消防控制室内的消防设备及其控制的消防系统和设备进行控制；各分消防控制室内的控制和显示装置之间可以互相传输、显示状态信息，但不应互相控制。

5. 消防控制室内设置的消防设备应为符合国家市场准入制度的产品。消防控制室的设计、建设和运行应符合国家现行有关标准的规定。

6. 消防设备组成系统时，各设备之间应满足系统兼容性要求。

（二）消防控制室管理要求

消防控制室管理应符合下列要求：

1. 实行每日 24 小时专人值班制度，每班不应少于 2 人，值班人员应持有消防控制室操作职业资格证书。

2. 消防设施日常维护管理应符合 GB25201 的要求。

3. 应确保火灾自动报警系统、灭火系统和其他联动控制设备处于正常工作状态，不得将应处于自动状态的设在手动状态。

4. 确保高位消防水箱、消防水池、气压水罐等消防储水设施水量充足，确保消防泵出水管阀门、自动喷水灭火系统管道上的阀门常开；确保消防水泵、防排烟风机、防火卷帘等消防用电设备的配电柜启动开关处于自动位置（通电状态）。

五、应急预案的编制与演练

应急预案是指对单位火灾发生后灭火救援的有关问题作出预先筹划和安排的计划安排文书，是针对单位内部可能发生的火灾，根据灭火救援的指导思想和处理原则，以及单位内部现有的消防设施和消防器材装备和单位内部员工的数量、质量、岗位情况而拟定的灭火救援应急方案。应急预案作为应对突发火灾事故的行动方案和依据，在处置事故时发挥着重要作用。

（一）应急预案的编制

单位制订火灾事故灭火和应急疏散预案，应明确预案的目的、内容，按照一定的步骤进行。制定的预案要在演练的过程中不断修改和完善。

1. 编制预案的目的。制订灭火和应急疏散预案，是为了在单位面临突发火灾事故时，能够统一指挥，及时有效地整合人力、物力、信息等资源，迅速针对火势实施有组织的自救和疏散逃生，避免火灾现场的慌乱无序，防止贻误战机和漏管失控，最大限度地减少人员伤亡和财产损失。同时，通过预案的制订和演练，还能发现和整改一般消防安全检查不易发现的安全隐患，进一步提高单位消防安全系数。

2. 预案的内容。预案的基本内容应包括应急组织机构、单位基本情况、灭火和应急疏散行动方案、灭火和应急疏散计划图等。

3. 编制预案的步骤。编制预案应遵循以下基本步骤：成立预案编制小组→搜集整理与灭火和应急疏散相关的信息资料→具体编制预案→实地演练→进一步修订→制订发布→定期演练和修订。

4. 编制预案的依据。主要包括：

（1）法规制度依据，包括消防法律、法规、规章以及涉及消防安全的相关法律规定和本单位消防安全制度。

（2）客观依据。单位的基本情况、消防安全重点部位情况。

（3）主观依据。员工的文化程度、消防安全素质和防火灭火技能。

5. 编制预案的前提。主要有两个方面：

（1）应熟悉单位基本情况。单位基本情况应当包括：单位基本概况和消防安全重点部位情况，消防设施、灭火器材情况，义务消防队人员及装备配备情况。

（2）应熟悉单位重点部位。单位应当将容易发生火灾、一旦发生火灾可能危及人身和财产安全以及对消防安全有重大影响的部位确定为消防安全重点部位。通过明确重点部位并分析其火灾危险，指导灭火和应急疏散预案的制订和演练。

6. 应急组织机构。应急组织机构的设置应结合本单位的实际情况，遵循归口管理、统一指挥、讲究效率、权责对等和灵活机动的原则。包括：火场指挥部、灭火行动组、疏散引导组、安全防护救护组、火灾现场警戒组、后勤保障组、机动组。

（1）火场指挥部。确定总指挥、副总指挥成员。指挥部职责：根据方便现场指挥、通信联络畅通、保证自身安全的原则，火场指挥部的地点可设在起火部位附近或消防控制室、电话总机室，指挥协调各职能小组和义务消防队开展工作，根据火情决定是否通知人员疏散并组织实施，及时控制和扑救火灾。公安消防队到达后，及时向指挥员报告火场内的有关情况，按照指挥员的统一部署，协调配合公安消防队开展灭火救援行动。

（2）灭火行动组。灭火行动组由单位的志愿消防队员组成，可以进一步细化为灭火器材小组、水枪灭火小组、防火卷帘控制小组、物资疏散小组、抢险堵漏小组等。负责现场灭火、抢救被困人员、操作消防设施。

（3）疏散引导组。引导人员疏散自救，确保人员安全快速疏散。

（4）安全防护救护组。负责对受伤人员进行紧急救护，并视情转送医疗机构。

（5）火灾现场警戒组。负责控制各出口，无关人员只许出不许进，火灾扑灭后保护现场。

（6）后勤保障组。负责通信联络，车辆调配，道路畅通，供电控制，水源保障。

（7）机动组。受指挥部的指挥，负责增援行动。

7. 火情预想。火情预想即对单位可能发生火灾做出的有根据、符合实际的设想，是制订应急行动预案的重要依据。火情预想要在调查研究、科学计划的基础上，从实际出发，根据火灾特点，切合实际，有较强的针对性。其内容如下：

（1）重点部位和主要起火点。同一重点部位可假设多个起火点。

（2）起火物品及蔓延条件，燃烧面积（范围）和主要蔓延的方向。

（3）可能造成的危害和影响（如可燃液体的燃烧、压力容器的爆炸，结构的倒塌，人员伤亡、被困情况等），以及火情发展变化趋势，可能造成的严重后果等。

（4）区分白天和夜间、营业期间和非营业期间。

8. 制订预案计划图。计划图有助于指挥部在救援过程中对各小组的指挥和对事故的控制，应当力求详细准确、直观明了。

（1）总平面图：标明建筑总平面布局、防火间距、消防车道、消防水源以及与邻近单位的关系等。

（2）各层平面图：标明消防安全重点部位、疏散通道、安全出口及灭火器材配置。

（3）消防设施图：标明各类消防设施。

（4）灭火进攻图：标明义务消防队人员部署情况，进攻和撤退的路线，扑救假定火情可利用的消防设施、器材。

（5）疏散路线图：以防火分区为基本单位，标明疏散引导组人员（现场工作人员）部署情况、搜索区域分片情况和各部位人员疏散路线。

（二）应急预案的演练

1. 演练的目的。火灾应急预案演练的目的是检验各级消防安全责任人、各职能组和有关人员对灭火和应急疏散预案内容、职责的熟悉程度；检验人员安全疏散、初期火灾扑救、消防设施使用等情况；检验本单位在紧急情况下的组织、指挥、通信、救护等方面的能力；检验灭火应急疏散预案的实用性和可操作性。

2. 应急预案演练的组织

（1）应急预案演练应定期组织旅馆、商店、公共娱乐场所至少每半年组织一次消防演练，其他场所至少每年组织一次。宜选择人员集中、火灾危险性较大和重点部位作为消防演练的目标，根据实际情况，确定火灾模拟形式。消防演练方案可以报告当地公安消防机构。争取其业务指导。

（2）应急预案演练应让场所内的从业人员都知道火灾应急预案演练前，应通知场所内的从业人员和顾客或使用人员积极参与；消防演练时，应在建筑入口等显著位置设置“正在消防演练”的标志牌，进行公告。

（3）应急预案演练应按照灭火和应急疏散预案实施模拟火灾演练中应落实火源及烟气的控制措施，防止造成人员伤害。地铁、高度超过100米的多功能建筑等，应适时与当地公安消防队组织联合消防演练。演练结束后，应将消防设施恢复到正常运行状态，做好记录，并及时进行总结。

第二单元　操作技能

操作项目一　火灾自动报警系统的检查维护

【操作目标】

正确检查维护火灾自动报警系统设备。

【操作要求】

1. 正确处理火警信息。
2. 正确处理故障信息。
3. 正确处理联动信息。

【操作准备】

场地：消防实训场。
器材：火灾自动报警系统设备、打火机、汽油、火盆（圆铁桶）等。

【操作步骤】

1. 熟悉火灾自动报警系统。
2. 实训火警信息处理操作。
3. 实训故障信息处理操作。
4. 实训联动信息处理操作。
5. 实训总结。

【操作考评】

1. 考核要点：
（1）火警信息处理正确。
（2）故障信息处理正确。
（3）联动信息处理正确。
2. 否定项：信息处理错误。

操作项目二　自动喷水灭火系统的检查维护

【操作目标】

正确检查维护自动喷水灭火系统设备。

【操作要求】

1. 正确检查维护湿式系统、干式系统。
2. 正确检查维护预作用系统、雨淋系统和自动控制的水幕系统。

【操作准备】

场地：消防实训场。
器材：自动喷水灭火系统设备、打火机、汽油、火盆（圆铁桶）等。

【操作步骤】

1. 熟悉自动喷水灭火系统。
2. 实训湿式系统、干式系统使用。
3. 实训预作用系统、雨淋系统和自动控制的水幕系统使用。
4. 实训总结。

【操作考评】

1. 考核要点：
（1）湿式系统、干式系统检查维护正确。
（2）预作用系统、雨淋系统和自动控制的水幕系统检查维护正确。
2. 否定项：自动喷水灭火系统错误。

操作项目三　消防控制室联动设备检查维护

【操作目标】

会对消防控制室火灾报警控制器进行检查维护，能够在接到火灾报警后进行相关联动控制设备的操作。

【操作要求】

1. 能使用火灾报警控制器完成自检、消音、复位操作。
2. 能检查火灾报警控制器主、备电源的工作状态，查看报警信息，能区分火灾报警信号和故障信号。
3. 能通过火灾报警控制器信号显示，查明火灾报警部位。
4. 能通过火灾报警控制器及相关联动控制设备控制灭火系统、防排烟系统的启动。

【操作准备】

场地：消防技术实训场。
器材：火灾报警控制器，相关联动控制设备。

【操作步骤】

1. 开机，打开火灾报警控制器，使其进入正常工作状态。
2. 模拟火灾报警，完成消音和复位操作。
3. 查看火警部位，按照要求查看火警和故障记录并打印。
4. 启动相关消防联动控制设备（灭火及排烟控制设备）。
5. 实训总结。

【操作考评】

1. 考核要点：
（1）火灾报警控制器电源打开顺序正确，动作熟练。
（2）在规定时间内完成消音和复位操作。
（3）在规定时间内完成历史火警和故障查看以及打印操作。
（4）在规定时间内完成消防联动控制设备的控制操作。
2. 否定项：以上各项操作要点中，有一项要点未完成或两项要点完成不符合要求。

操作项目四 消防安全检查

【操作目标】

会制订消防安全检查相关表格，能够现场对常见消防设施进行检查并做好检查记录。

【操作要求】

1. 根据检查内容，设计消防安全检查表格。
2. 能对灭火器、消火栓、水泵接合器、自动喷水灭火系统及消防报警系统等常见消防设施进行检查，并做好检查记录。

【操作准备】

场地：普通教室，消防实训场。
器材：灭火器、室内消火栓、自动喷水灭火系统、火灾自动报警设备。
其他：实地检查前，根据具体检查内容设计好检查记录表。

【操作步骤】

1. 组织学员根据检查内容制作常用消防设施检查记录表。
2. 实地进行常用消防设施的检查。按照本章第三节消防设施检查中常见消防设施的检查要点实地进行检查。
3. 填写常用消防设施检查记录表。
4. 实训总结。

【操作考评】

1. 考核要点：灭火器检查要点；消火栓、水泵接合器检查要点；湿式自动喷水灭火系统检查要点；火灾自动报警系统检查要点。

2. 否定项：以上各项检查要点中，有两项要点未完成一半的不予及格。

操作项目五　火灾扑救的组织与实施

【操作目标】

会组织扑救初期火灾，能够正确使用灭火器、消火栓等灭火设备进行灭火。

【操作要求】

1. 正确使用灭火器和消火栓。
2. 在规定时间内完成灭火动作。

【操作准备】

场地：室外实训场。
器材：灭火器、室内消火栓、打火机、汽油、火盆（圆铁桶）。
其他：桌椅、秒表等。

【操作步骤】

1. 熟悉设备器材。
2. 使用灭火器灭火。
3. 使用消火栓模拟灭火。
4. 实训总结。

【操作考评】

1. 考核要点：
（1）灭火器选择正确。
（2）灭火姿势正确、位置适当。
（3）能在规定的时间内把火扑灭。
（4）消火栓水枪与水带连接牢固。
（5）水带打折较少。
（6）在规定时间内完成模拟灭火动作。
2. 否定项：
（1）灭火器选择错误。
（2）消火栓水枪与水带未连接上。

思考题：

1. 火灾危险等级如何划分？
2. 自动喷水灭火系统如何分类？
3. 常用气体灭火剂有哪些？
4. 单位的消防安全责任有哪些？
5. 简述初期火灾扑救的组织与实施。
6. 简述单位消防安全管理制度。
7. 消防控制室管理要求有哪些？

第五章　道路交通管理勤务

【本章知识要点】

掌握物业小区交通组织方案，熟悉停车场设置规范和交通组织。熟悉道路交通管理制度建设的内容。掌握交通事故现场保护的内容，掌握小区内部自行处理的交通事故责任认定及调解方法。熟悉交通安全宣传教育的内容和方法。

【本章技能要求】

会设计物业小区交通组织方案，会制订物业小区交通管理制度，能组织实施交通事故现场保护工作，能分析并调解小区内发生的交通事故，会开展交通安全宣传。

第一单元　理论知识

第一节　交通组织与实施

一、交通组织方案的设计与实施

（一）交通组织的概念

交通组织是为解决交通问题所采取的各种软措施的总和。所谓软措施是指除了大规模道路建设项目（如新建、改扩建道路及交通枢纽）以外的各种措施。或者说，在道路的主体结构状态（含停车设施状态）不发生变化的情形下，为提高道路交通运行效率和确保道路交通安全所采取的各种工程技术、数学方法、经济方法、交通政策等措施。

（二）交通组织的分类

1. 按交通组织的对象可分为：货运交通组织、客运交通组织、行人交通组织、非机动车交通组织。

2. 按道路系统的组成可分为：路段交通组织、交叉口交通组织、道路网交通组织。

3. 按交通组织的性质和任务可分为：日常交通勤务的交通组织、特殊交通勤务的交通组织、大型活动的交通组织、交通保卫的交通组织。

（三）居民小区交通组织方案的设计

居民小区的交通组织须综合考虑小区内部交通体系与区域环境，与居住区的各种用地特征、交通方式、交通系统结构功能划分以及居住区的交通生成、吸引、需求预测等因素。居民小区内部交通组织设计中须综合考虑下述方面：居住区与外围道路出入口的组织设计、居住区内部整体交通运行设计以及居住区内部静态交通组织。通过交通组织，使区内交通顺畅、便捷、安全，并做到进出小区交通的最优衔接。

1. 小区内部道路交通设计内容。小区内部道路布设作为建筑设计的一部分已经做了规划，可分为小区主路、小区次路、小区支路。在现有规划的基础上，优化道路交通设计将是住宅区内人流、物流便捷移动的关键所在。

（1）小区主路的设计。小区主路一般规划为12米宽，主要由三条道路组成。其功能为划分并联系住宅组团，同时还联系小区的公共建筑与中心绿地，完成小区内部交通集散及小区对外交通出入口。

在交通组织设计中采用“一块板”的做法，机动车和非机动车混行，不设道路中心线，车行道两侧可种植行道树用作遮阳和绿化，给小区创造优美的居住环境。

小区主路断面分配如下：1.5—0.5—8.0—0.5—1.5，其中两侧各1.5米人行道，0.5米的绿化带；中间机非混行车道宽度为8米，保证两辆车可会车，但对会车的机会不多、自行车流量大时可多占用车道，从而保证道路资源的充分利用。

（2）小区次路的设计。小区次路一般为6米或8米宽，是从主路分支出来通向住宅组团内部的道路，其功能是将小区内部各子区交通流输送到小区中心或小区外部。只要城市交通和无关车辆不进入居住区内部，并对道路线形、宽度、铺装等进行设计处理，居住区内支路人行和车行是可以共存的。为了维持组团内部空间的领域性，防止外来无关车辆随意进入次路，在组团入口处应设置明显的标志，如门头、门碑等。

（3）小区支路的设计。小区支路一般宽为3～4米，是道路系统的末梢，为方便居民生活，送货车、搬家车、急救车均能达到单元门前，按日常使用情况，小区支路主要供步行，平时车辆不多，步行道与车行道可合二为一。但是有车时为了能够避让，车行道一侧设1.2～1.5米宽的人行道为好。应考虑到宅前单元门口是居民活动最频繁的场所，尤其是少年儿童最愿意在这里游戏。有条件的居民楼前还可设置残疾人道，为行走不方便的人提供方便。由于支路宽度有限，只设置为机动车单行。

2. 小区内部地面交通通行设计。小区内部地面交通通行是指小区内部集散道路的交通，小区内交通组织的目的是要保证区内交通的顺畅、便捷、安全以及进出交通间的最佳衔接。

（1）机动车交通。大部分区内机动车走行小区主路、小区次路及区内进出停车场（库）的道路，车辆进出停车库主要依据右进右出的原则，为使小区主路上行人安全及交通流的顺畅，停车库入口均设在小区次路或小区支路上。

（2）非机动车交通。原则上规划的区内道路（除花园辅路外）非机动车皆可通行，不设机非分隔。

（3）行人交通。行人交通因其固有的随意性与灵活性而难以在小区范围内严格限定其交通走行范围，原则上小区内所有道路均可通行。但考虑到行人安全性和行人行走的舒适性，应在有条件时将行人与机动车从空间上分离开来。所以可以考虑在宽路段上设置绿化并设置一定的行人专用道。

3. 小区出入口交通设计。为保障小区内安全及宁静的生活环境，应尽量避免外来车辆穿越小区。因此，应实行小区内部车辆通过闸机时出示磁卡而进入小区内部。小区大门为小区枢纽道路，应在大门与外围道路交叉口处设闸机。根据规范要求，闸机应在退后交叉口一定距离处设置。

（四）居民小区通行方案的实施

1. 在小区主路实施机动车限速管理。居住区道路布置原则应是“顺而不穿，通而不畅”。小区主路车行道宽度为8米，在平峰时段车辆较少，速度易于提高，因此，应设置路面凸型铺装进行限速控制。在主路上，每隔一段距离（50~100米）设置路面凸型铺装。

在凸型铺装的顶部可设置行人横道标线，以供行人穿越道路所用。但应注意的是，在凸型铺装的路旁需设置路灯，以备夜晚驾驶员与行人都能看见。在交叉口人行横道线处也可采用此方案，既可对车速进行一定限制，又可保证行人过道安全。

2. 在各分区出入口设置限速标志，同时在凸型铺装之间的路段上画锯齿形标线，在视觉上引起驾驶员的注意，起到限速的作用。在主路车行道两侧可种植高大树木，既可遮阴，又可防尘、降噪。但是在交叉口处或各子区出入口处，应设置低矮花坛，在起到美化作用的同时，又不遮挡驾驶员的视线。在交叉口和各子区出入口处的路面中央，画出交叉口的形状，以引起驾驶员的注意。在交叉口进口道设立禁止停放车辆标志。

3. 在距离人行横道10米内禁止停放机动车，以备需要过马路的行人能够看到进口道驶来的车辆。交叉口处设立路灯，以备行人、驾驶员在夜晚能安全出行。

4. 为老人、残疾人提供良好的行走空间，更能体现出小区的人文环境。确保人行道的宽度，标志牌、电线杆应统一放置在人行道外侧，清除人行道上的障碍物。在坡度满足排水性能的同时，人行道应尽量平坦。

5. 为外来访客提供交通信息方便。在小区各出入口处设立小区道路交通指示图，同时在小区主路及各分区入口处设立行驶指示牌，既可以为外来访客提供明确的交通信息，又可以避免外来车辆在小区内无目的的行驶，增加小区的交通量与交通噪音。

6. 小区道路交通“微循环”。如果小区面临着停车难和交通拥堵情况，在条件允许的情况下，可以在小区道路内、早晚交通高峰时段实行交通“微循环”。

二、机动车停车场的设置

（一）机动车停车场规范

1. 要节约城市用地，综合考虑规划区域的用地条件和停车场的性质及合理规模，使城市土地能得到最大限度的利用。

2. 停车场的性质和规模要与停车需求相适应。大型集散场所停车需求大，必须配置足够的停车泊位容量。

3. 专用和公共建筑配建的停车场原则上应在主体建筑用地范围之内。

4. 大城市的停车场布置不宜过分集中，应根据城市功能分区、土地利用，考虑不同建筑位置布局及人们出行的心理特点等综合因素，合理分散设置。

5. 在停车场规划布局完成之后，适当选择停车场类型。停车场类型选择不能过分单一，应结合地形、地物特点，灵活采用路上、路边、地下停车库、停车楼等不同形式，充分发挥各自的优势，以利于停车与管理。

6. 停车场规划设计应考虑车辆进出停车场对道路交通的影响，注重停车场内部等车泊位设置及交通组织问题。停车场的出入口不宜设置在主干道、交叉口及公共汽车停靠站附近。进出停车场的车辆不得妨碍道路上的交通。

7. 机动车停车场的出入口应有良好的视野。出入口距离人行天桥、过街地道和桥梁、隧道引道须大于50米；距离交叉路口须大于80米。

8. 机动车停车场车位指标大于50个时，出入口不得少于2个；大于500个时，出入口不得少于3个。出入口之间的净距离须大于10米；出入口宽度不得小于7米。

9. 机动车停车场车位指标，以小型汽车为当量。设计时，应将其他各类型车辆按规定换算系数换算成当量车型，以当量车型核算车位总量。

10. 停车场内的停车方式应以占地面积小、疏散方便、保证安全为原则。

11. 做好停车场需求预测，使社会停车场的规划建设立足于近期缓解城区停车难的问题，并为远期发展留有余地。

12. 机动车停车场内部按照《道路交通标志和标线》（GB5768—2009）设置交通标志，施划交通标线。

13. 还要考虑机动车停车场外部景观和内部景观设计。停车场外部景观应与城市景观、生态环境相适应；内部景观采用CAD设计和开发新停车设施并予以布置。最大限度地减少停车产生的噪声、废气等影响城市环境的不利因素。

（二）停车带宽度和通道宽度

停车带和通道的宽度设计是停车场设计的主要内容。它与车辆尺寸、停放方式、驾驶员的技术水平有关系。

1. 停车带长、宽度。若平行式停放，停车带宽度应能保证后面车辆出入停车位置。若垂直式停方，应能保证车门开启（一般设置宽2米、长6米）。

2. 通道宽度。通道宽度的数值根据实际计算确定，由车辆最小转弯半径、车宽、前悬长度、轮距、安全距离等参数，按公式计算。

3. 路口处设置停车位要充分考虑转弯半径。通道有直坡道式、螺旋式、错位式、曲线匝道式等。我国公安部、建设部联合发布的《停车场规划设计规则》中规定了停车场通道最大纵坡度（%）和最小转弯半径（M）。其数值见表5－1。

表5－1　停车场通道最大纵坡和最小转弯半径

车型	直线纵坡（%）	曲线纵坡（%）	最小转弯半径（M）
微型车	15	12	7
小型车	15	12	7
中型车	12	10	10.5
大型车	10	8	13
铰接车	8	6	13

（三）停车场内部设施规划与设计

1. 减速垄。减速垄由橡胶、金属材料或水泥混凝土制成。根据不同环境、气候及不同用户需求可分为：黄黑橡胶双向减速垄、黄黑水泥双向减速垄和黄黑铁制及混凝土双向反光减速垄。

减速垄设于停车场院出入口、停车场内部转弯处，目的是使进入、驶出停车场的车辆或完成转向的车辆减速，确保行车安全。橡胶减速垄形状为人字形，两边设斜坡，减速单元只有 50 毫米高，可使车速减至 5 ~15 公里/小时。减速垄单元采用特殊的高强、耐老化橡胶，可承受 20 吨的重量。由橡胶材料制成的减速垄，价格便宜，安装方便，车辆通过无撞击感和噪音，无论在白天还是在夜晚均具有高度可视性。在日光下黄黑警示明显醒目，夜晚减速垄内镶嵌的反光体可反射出明亮的红色或绿色光，提醒驾驶员行驶或停车。(如图5 –1所示)

图 5 – 1　减速垄

2. 阻车器。阻车器是由生铁或其他金属材料制成的，设于停车场内停车泊位一端，起到阻止停放车辆溜车或停放车辆时不慎驶出而影响其他车辆的一种安全设施。阻车器横断面为圆形、梯形或矩形。(如图 5 –2 所示)

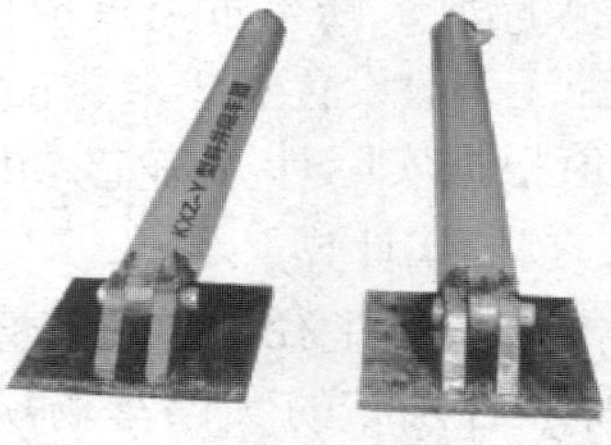

图 5 – 2　阻车器

3. 反光橡胶护角，嵌于停车场隔墙及柱体边角，用于警示驾驶员及保护柱体和车辆。橡胶护角可在车辆意外碰撞时保护墙体和车辆不受损坏。

4. 反光标线，用于停车位划分、分割线。

5. 反光标志牌，指示车辆行驶方向等交通信息。

6. 箭头，用于指示行驶方向。

7. 喷号，用于车位编号。

8. 色带，设于通道两侧，目的是醒目、保持美观，有利于行车安全。

9. 禁停网格，禁止在出入口或停车场内转弯处停放车辆。(如图 5 –3 所示)

10. 反光镜，用于了解不通视区域的交通情况。

11. 黄黑警示带，分布于地下停车场或停车楼坡道两侧，警示车辆勿撞壁。

12. 反光限高器，用于限制超高车辆进入停车场。

13. 反光轮廓标，视线诱导、示宽。

图 5－3　禁停网格

14. 反光道钉，用于视线诱导、示宽。

15. 灯箱，指示交通信息。

16. 光棚，设于地下停车场出入口上方，可防雨、雪等。

17. 地面防滑漆，一般设在上下坡道处，起到防止车辆打滑的作用。

18. 栏栅机，设于停车场出入口处，用于管理车辆进出停车场的固定措施。目前常用栏栅机的形式有多种，按动力方式分为电动式、手动式等，按臂杆是否折叠分为直杆式和折臂杆式。

19. 咪表，设于停车场内，可按不同地段设置不同的收费标准，具有超时累计计费等收费功能，适应多种管理模式的需要。（如图 5－4 所示）

图 5－4　停车收费咪表

（四）地下停车库

1. 地下停车库是解决城市停车问题的十分有效的途径。发达国家停车场规划已经由平面停车场发展到立体停车库，继而以修建各种类型的地下停车场为主要发展方向。从我国大城市的发展来看，城市用地已经十分紧缺。因此，过多地建设露天停车场、地面上的多层停车库将会加重城市用地的负担，影响城市的可持续发展。在我国大城市发展地下停车库，是缓解城市用地紧张的有效途径。（如图 5－5 所示）

2. 地下停车库建设应坚持的原则。地下停车库建在建筑物的地下，除了出入口外，几乎不占地面面积。从这个角度上讲，地下停车库的选址实际上是布局位置的选择，选择时，应遵循以下原则。

（1）要符合城市总体规划和交通规划的要求，与城市结构和路网结构适应，保持合理的服务半径。

图 5－5　地下停车场

（2）要符合城市环境的要求。设置地下停车库排风口时，应考虑不要对附近建筑物和城市空气造成污染。

（3）要符合城市防火要求。出入口、通风口等露出地面的部分应与周围建筑物保持防火、防爆距离。

（4）应避开城市地下公用设施，如液化石油、自来水管网等。

（5）地下停车库应建在地下，因此，水文和地质条件将是十分重要的因素，应避免地下水位过高和地质复杂的地段，选择有利的地质条件。

3. 地下停车库的组成。地下停车库主要由停车部分、服务部分、管理部分、辅助部分四大部分组成。

（1）停车部分，包括停车泊位、行车通道和行道、坡道、升降机、电梯以及候车场院地和交通设施等。

（2）服务部分，包括收费处、等候室、洗车、加油、修理、充电等设施。

（3）管理部分，包括门卫、调度、办公、消防设施、卫生间等。

（4）辅助部分，包括机房、泵房、油库等。

（五）自行车停车场

1. 自行车停车场规范。包括：

（1）自行车停车场在城市里应分散多处设置，方便停放，并尽量利用人流少的街道、小巷或其他空闲地带。

（2）停车场应就近布置，便于停放和取出。按平均步行速度 1.2 米/秒计算，停车场距离目的地 100 米左右为宜。为公共建筑服务的自行车停车场，应靠近服务的对象，大型集会场所的停车场，应在其四周布置，使各方向来车均能就近停放，避免穿越干道和堵塞集会场所的出入口。

（3）停车场出入口的宽度至少为 2.5～3.5 米，保证每个出入口能满足双向车辆进出时的需要。出入口和通道的纵坡应保证自行车上下推行的安全，坡度一般小于 10%。

（4）停车泊位大于 500 辆时其出口不得少于 2 个，停车泊位超过 15000 辆时应分成 1000～1500 辆一组，每组有一对出入口。

（5）停车场内的交通路线应明确，单向行驶，线路尽量不交叉。场内分区停放自行车，一般每区停放 20～40 辆车。

（6）停车场内应设置明显的行车标志，施划标线，在需要的地点设置必要的停车设施。

（7）场内地面尽可能加以铺装。

（8）固定停车场应设有车棚、车架，便于存放和管理。

2. 自行车停车设施及场地布置。自行车停车场设施一般有栅栏（防护网、防护栏、金属网），车架（金属、混凝土等），车棚，照明，路面标线、标志等。

3. 停车场大小的确定

（1）自行车基本尺寸。目前我国生产的自行车种类、型号较多，一般按车轮轮圈直径大小主要可划分为28、26、24、20英寸四种。其中以28英寸占多数，设计自行车停车场时一般以28英寸车为标准车。各类自行车的车型尺寸列入表5－2中。

表5－2　国产自行车车型尺寸

（单位：米）

车种	车长	车高	车宽
28英寸	1.94	1.15	0.52－0.60
26英寸	1.82	1.00	0.52－0.60
24英寸	1.71	1.00	0.52－0.60
20英寸	1.47	1.00	0.52－0.60

（2）自行车占地面积。垂直式停车，一辆自行车占用场地面积为 $1.96\times0.6=1.2$ 米^2 垂直停车采用停车架，采用便于使用的最小中心间距0.4米，自行车占地面积 $S=0.78(n-1)+1.2$（米^2）。斜型停车，斜型停车用于停车场宽度较窄的情况，斜角最好在45度以上。一辆自行车占用面积为 $1.39\times1.39=1.93$ 米^2（45度）；n辆车占用面积为 $S=0.79n+1.14$（米^2）

4. 单车停车面积、停车带和通道宽度。我国城市常用自行车停车带宽度和通道宽度与自行车单位停车面积分别列入表5－3中。

表5－3　自行车单位停车面积

（单位：米^2）

停车方式		停车带宽度		辆间距C	通道宽度	
		单排A	双排B		一侧用D	二侧合用E
垂直式		2.00	3.20	0.60	1.50	2.60
斜型式	30度	1.00	1.60	0.50	1.20	2.00
	45度	1.40	2.26	0.50	1.20	2.00
	60度	1.70	2.77	0.50	1.50	2.60

三、停车场交通组织与管理

（一）停车场交通组织的原则

1. 停车场的入口和出口分开布置。

2. 避免停车场内人流和车流、车流与车流相互交叉。

3. 大车和小车分区停放。

4. 场内设置单向行驶路线。

5. 出入口处和通道内设置明显的标志和标线。

6. 在出入口或转弯处适当位置，设置路面减速垄，确保行车安全。

（二）停车场交通管理方法

1. 停车管理策略。停车管理要考虑以下方面：

（1）转变观念，停车场建设应市场化。

（2）建设完善的停车法规。

（3）提高停车收费标准，减少占路停车。

（4）做到停车有位和停车有序，停车要做到规范，必须要有相应的车位，有了停车车位，加上停车管理，才能实现停车有序。

（5）建立停车泊位使用制度，控制停车需求及规模。

（6）采用小规模、多布点、分散停的原则。

（7）兴建主体机械停车库，推进停车产业的发展。

2. 停车场交通组织方法。停车场是车流、人流混杂的场所，停车场的设置对附近道路交通又有直接影响。因此，必须对停车场的交通组织进行详尽设计。具体设计时应在遵循以下原则的同时，视停车场的规模、车流量、人流量、用地条件、地形等来确定。

（1）停车场必须按不同的车型分别设置停车区，至少应将微型和小型汽车与其他车型分开，以利于场地的充分使用和出入方便，也利于交通组织和管理。

（2）停车场内交通路线宜实行单向交通，车辆右转驶入并右转驶出，避免或尽量减少车辆的交叉冲突。

（3）车库出入口的方向，应与所在道路的交通管理措施相协调。禁止车辆左转弯后跨越右侧行车线进出停车场。为了使停车场车辆出入口有良好的视野，地下车库出入口应退后城市道路规划红线（一般为人行道边缘）不小于7.5米，并保持120度的视角。

（4）为了便于组织车辆右行，应在停车场周边开辟辅路，由停车场出来的车，通过辅路，绕到交叉口，减少交叉，便于管理。旅馆的汽车库、停车场的出入口，最好布置在次干道上，避免车辆直接驶入城市干道或快速道路。

（5）入口处以及停车场内应设置明显的行驶方向标志和停车位置指示牌。

（6）进出停车场的最高行驶车速不得超过15公里/小时，匝道上的最高行驶车速不得超过10公里/小时，视线限制较大时最高行驶车速不得超过5公里/小时。

（三）停车管理系统简介

1. 停车场导向系统。停车场导向系统由与停车场利用状况有关的信息收集、信息处理、信息传输以及提供停车场的位置、利用状况有关的信息辅助系统构成。停车场导向系统主要通过向导显示方式实现，向导显示方式有箭头指引方向、地图向导和名称向导三种方式。停车场导向系统的作用是：停车场的利用车辆数增加；停车场利用均衡化；减少路上停车；等待入库排队减少等。

2. 停车场自动管理系统（如图5－6所示）。停车场自动管理主要通过不停车自动管理系统实现。

（1）不停车自动管理系统。不停车自动管理系统的核心技术是采用CONFIDENT长距离自动识别系统，由电子标签、通信器及相应的附件组成。

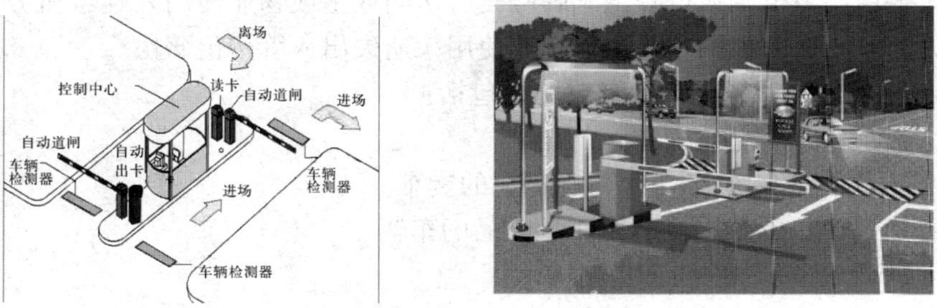

图 5－6 停车场自动管理系统

（2）系统构成及配置。系统由通信器、电子标签、栏杆机、车辆检测器、通信器电源、系统软件、计算机和附件组成。（如图 5－7 所示）

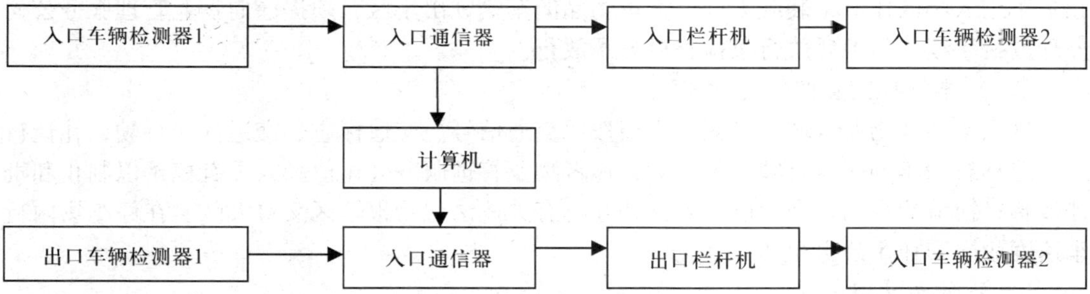

图 5－7 不停车自动管理系统构成

3. 咪表停车场。路内咪表停车场是指利用路内的停车场地，采用内置微处理系统等先进的自动化咪表装置进行停车收费与停车管理的停车场所。在路内停车管理中采用停车咪表作为技术设备，已是在世界范围获得成功的管理经验。在采用计算机管理系统后，停车咪表的管理已从人工管理转变为计算机管理，使管理更加科学化，尤其是数据采集的准确性得到了大大提高。通过对数据的分析，进一步确定停车咪表的合理费率和泊车时间，使之更合理和方便。

4. 咪表和停车自动管理系统的维护。主要包括：

（1）注意更换电池和检查电源。

（2）设备密封性是否完好。

（3）表面是否生锈。

（4）系统要适时升级。

（5）栏栅机是否失油。

第二节 物业小区交通管理

一、物业小区交通管理的内容

（一）车辆出入管理制度

1. 出入凭卡放行。进出本小区的机动车辆出入凭出入牌管理，一车一卡，凭卡放行。

临时来访车辆由门卫值勤人员登记车牌号码、访问业主或物业使用人姓名和房号后发给临时出入牌，离开小区时收回。业主、物业使用人遗失出入牌按价赔偿。

2. 拒绝车辆进入服务区的情形。主要包括：

（1）无牌照机动车辆。

（2）核定载重量在1.25（含）吨以上的货车。

（3）载有易燃、易爆，或有毒、危险品的车辆。

（4）不符合道路行驶规定的破损车辆。

（5）排气、噪音污染严重的车辆。

（6）一年中有三次以上违反本规定行为的临时来访车辆。

3. 特殊情况处理。因搬家、装修、运货等需要进入小区作业的货车，由业主、物业使用人向物业管理服务公司提出申请，按物业管理服务公司指定地点停放和装卸。夜间禁止货车进入小区作业。装载大件、大量物品的车辆驶出小区，须提前向物业管理服务公司办理放行手续。门卫凭放行条检查后方予放行。

（二）车辆行驶管理制度

进入本小区物业区域的车辆，应当按照交通信号、交通标志、交通标线行驶，礼让行人。严禁机动车辆超速行驶、鸣喇叭，违者物业管理服务公司值勤人员有权予以制止和批评教育；情节严重的，则予以公开批评并将有关违法记录报辖区交警大队。在停车场内行车速度应限制在5公里/小时之内。

（三）停车管理制度

1. 办理了车位租赁手续并如期交费的业主或租户，请将车辆泊入固定车位，切勿随意停放，以免堵塞小区内通道。

2. 小区内的汽车临时停车泊位，摩托车、电动车和自行车停车区由物业管理服务公司按照保障安全、畅通的原则划定，实行先到先停、业主和物业使用人优先、停满为止的使用原则。当汽车临时停车泊位不足时，物业管理服务公司值勤人员有权要求临时来访汽车驶离。若汽车临时停车泊位已停满且无法再调剂时，则由业主、物业使用人在小区以外另寻停车场地。

3. 无固定车位的业主或租户及访客的车辆，请按小区收费标准泊入临时停车位；无空车位时，不得停放在小区内。

4. 自行车、三轮车、摩托车应停入在非机动车库内。

5. 车辆必须停放在划定的停车泊位线内。

6. 禁止在以下区域停车：在划定的车位以外；在通道或车道上；在标有“禁止停车”的区域内；在坡道上；在停车场内的交叉路口；在其他应禁止停车的区域内。

（四）交通事故处理制度

在本小区物业区域内发生的交通事故，未伤及人身安全的，由事故双方协商解决；伤及人身安全或双方调解不下的交通事故，应报交通管理部门处理。因交通事故造成小区绿化、建筑物、公共设施设备损坏的，由责任人负责修复或赔偿。

二、物业小区涉车紧急事件的处置

（一）车辆冲卡处置

如果有发生车辆出小区的冲卡行为应采取以下措施：

1. 记录车辆号牌。

2. 对小区视频监控做好备份。

3. 报告公安机关。

4. 对进入小区的相关资料进行分析研究，并尽快报告物业公司，不得驾驶车辆进行追赶。

（二）发现可疑人员开车出小区的处置

1. 记录可疑车辆和人员特征。

2. 与车主尽快取得联系，如果对车主不明的车辆，要尽快报告公安机关。

3. 通过监控录像对车辆进入小区的情况进行跟踪调查。

4. 对小区非正常情况尽快进行调查。

（三）发现车辆被盗的处置

当业主向保安报告车辆被盗时，保安应做好以下工作：

1. 做好记录并尽快报告值班领导。

2. 对报案人进行仔细询问，并尽快报告公安机关。

3. 告知当事人向保险公司报案。

4. 调取视频监控进行跟踪调查。

5. 协助公安机关进行调查。

（四）发生车辆起火的处置

1. 利用现有灭火器材尽快施救。

2. 在无法扑灭时应尽快打 119 火警电话，请求消防队增援。

3. 通知附近车辆尽快驶离失火车辆。

4. 尽快疏通道路。

5. 协助公安机关调查起火原因和做好善后工作。

【实例】

违规停放车辆的处置规定

（一）目的

确保车库（场）的秩序，保证管区内道路畅通，车辆停放整齐有序。

（二）适用范围

道口岗、车场岗、巡逻岗护卫工作。

（三）作业规程

1. 值班人员要勤巡逻，细观察，随时注意管区内的车辆停放情况，及时发现车主（驾驶员）的违规停放行为，并进行制止。

2. 纠正违章时，要先敬礼，态度和蔼，说话和气，以理服人，做到动之以情、晓之以理。

3. 对不听劝阻者或未及时发现的违规停放车辆，要查清姓名、单位（住址）、去向，如实记录并向管理处汇报。

（1）及时通知监控中心或管理处，用对讲、电话通知车主（驾驶员）或其家属，迅速将车改停于规定位置上。

（2）在用对讲、电话通知无效的情况下，巡逻护卫员或护卫班长应上门做好工作，进行说服，督促车主（驾驶员）及时纠正。

4. 如果私家车位被占，应根据车库（场）的车辆停放情况，可预留一个空车位给车位被占车主，并向车主（驾驶员）做好解释工作，以免影响其他车主（驾驶员）泊车。

5. 在一车两位占用较长时间，且劝说无效的情况下，该车出场时应向车主（驾驶员）收取双倍车位使用费用。

6. 对车主（驾驶员）将车停放在消防通道或强行占道，不听劝告，并造成消防隐患或交通严重阻塞的，应及时通知交警部门依法进行处置。

7. 若遇车主（驾驶员）醉酒或患病将车乱停乱放，应报告班长和管理处，立即采取措施，避免意外交通事故发生。

（1）对饮酒或者患病轻微者，在了解其家属或工作单位的情况下，应迅速通知其家属或工作单位，及时将车停放在指定位置。

（2）如醉酒或患病者处于不能自控状态，将车停放在交通干道上，在条件许可的情况下，应安排其他驾驶员将车停放在指定位置上，然后妥善处理。

8. 对不听劝告，蛮横无理，打骂保安人员的，应报告管理处，由管理处同车主（驾驶员）共同协商，妥善处理。若情节严重，应报告公安机关依法进行处理。

第三节　交通事故的处理

一、当事人即行撤离现场和协商处理的交通事故

（一）当事人可以即行撤离现场的交通事故

《道路交通安全法》第七十条第二款规定："在道路上发生交通事故，未造成人身伤亡，当事人对事实及成因无争议的，可以即行撤离现场，恢复交通，自行协商处理损害赔偿事宜；不即行撤离现场的，应当迅速报告执勤的交通警察或者公安机关交通管理部门。"根据本款的规定，可以即行撤离现场需要具备以下两个条件：一是发生交通事故未造成人身伤亡。如果造成了人员伤亡，则当事人必须保护现场，立即抢救伤者，并迅速报案。二是当事人对事故事实及成因无争议。所谓事故的事实是指事故发生的时间、地点、事故造成的损失情况、事故发生的过程、事故当事人的基本情况等信息。所谓事故的成因则包括当事人的过错、交通违法行为等因素，以及这些因素与事故损害之间是否存在因果关系等。所谓无争议就是事故双方当事人对事实及成因意见一致或基本一致。当然，如果当事人对交通事故事实及成因有争议的，则不能撤离现场，应当迅速报警。符合上述条件的，当事人应当填写交通事故发生的时间、地点、天气、当事人姓名、机动车驾驶证号、联系方式、机动车牌号、保险凭证号、交通事故形态、碰撞部位、赔偿责任人等内容的协议书或者文字记录，共同签名后立即撤离现场，协商赔偿数额和赔偿方式。当事人均已办

理机动车第三者责任强制保险的，可以根据记录交通事故情况的协议书向保险公司索赔，也可以自行协商处理损害赔偿事宜。

（二）当事人应当先行撤离现场的交通事故

《道路交通安全法》第七十条第三款规定："在道路上发生交通事故，仅造成轻微财产损失，并且基本事实清楚的，当事人应当先撤离现场再进行协商处理。"这里指的是"应当"，即必须。而当事人应当先撤离现场的条件也有两个：一是仅造成轻微财产损失。当然，实践中如何确定财产损失的标准，需要公安机关交管部门与保险公司进行必要的协商，确定损失的额度。二是基本事实清楚。即道路交通违法行为事实清楚，责任明确，不存在任何争议。符合上述条件，当事人应按照规定填写协议书或者文字记录，共同签名后立即撤离现场，协商赔偿数额和赔偿方式。当事人均已办理机动车第三者责任强制保险的，可以根据记录交通事故情况的协议书向保险公司索赔，也可以自行协商处理损害赔偿事宜。

二、需要报警的交通事故

（一）需要报警的交通事故条件

《道路交通事故处理程序规定》第八条规定："道路交通事故有下列情形之一的，当事人应当保护现场并立即报警：（一）造成人员死亡、受伤的；（二）发生财产损失事故，当事人对事实或者成因有争议的，以及虽然对事实或者成因无争议，但协商损害赔偿未达成协议的；（三）机动车无号牌、无检验合格标志、无保险标志的；（四）载运爆炸物品、易燃易爆化学物品以及毒害性、放射性、腐蚀性、传染病病源体等危险物品车辆的；（五）碰撞建筑物、公共设施或者其他设施的；（六）驾驶人无有效机动车驾驶证的；（七）驾驶人有饮酒、服用国家管制的精神药品或者麻醉药品嫌疑的；（八）当事人不能自行移动车辆的。

发生财产损失事故，并具有前款第二项至第五项情形之一，车辆可以移动的，当事人可以在报警后，在确保安全的原则下对现场拍照或者标划停车位置，将车辆移至不妨碍交通的地点等候处理。"

（二）交通事故现场保护

交通事故现场保护，是指为了交通事故现场保持事故发生后的原始状态，使痕迹、物证免遭破坏，对事故现场采取的一种保全措施。即保护事故现场的肇事车辆、伤亡人员、各种物品、痕迹物证的原始位置和状态不被改变。

三、小区内部自行处理的交通事故

《道路交通安全法》对道路交通事故的定义作了明确界定：是指车辆在道路上因过错或者意外造成的人身伤亡或者财产损失的事件。该法同时规定：非道路上发生的交通事故，参照道路交通法规处理。因此，对小区内部发生的交通事故应做好以下几个方面的工作：

（一）对交通事故现场进行调查

保安员到达交通事故现场后，要对能够反映事故原因，决定事故性质的关键性痕迹和抛洒物的形状、位置、大小等，采取照相的方法进行固定。同时，对交通事故当事人进行调查。保安人员在交通事故调查中，应重点把握以下内容：第一，交通事故当事人的基本情况；第二，车辆安全技术状况及装载情况；第三，交通事故的基本事实；第四，当事人的道路交通安全违法行为及导致交通事故的过错或者意外情况；第五，与交通事故有关的道路情况；第六，其他与交通事故有关的事实；第七，相关证人的基本情况。

（二）交通事故责任认定

1. 道路交通事故认定是公安机关的职责，保安公司以及保安员应做好以下工作：

（1）反映交通事故发生的相关情况。

（2）提供先期到达收集的相关证据。

（3）协助做好处理交通事故的其他工作。

2. 交通事故责任认定的标准。道路交通事故当事人的责任认定标准，对于客观公正地处理交通事故具有重要的意义。因此，《中华人民共和国道路交通安全法实施条例》第九十一条、第九十二条和《道路交通事故处理程序规定》第四十五条作了具体规定。其标准是：

（1）因一方当事人的过错导致交通事故的，承担全部责任。

（2）当事人逃逸，造成现场证据灭失的，公安机关交通管理部门无法查证交通事故事实的，逃逸的当事人承担全部责任。但是，有证据证明对方当事人也有过错的，可以减轻责任。

（3）当事人故意破坏、伪造现场、毁灭证据的，承担全部责任。

（4）因两方或者两方以上当事人的过错发生交通事故的，根据其行为对事故发生的作用以及过错的严重程度，分别承担主要责任、同等责任和次要责任。

（5）各方均无导致交通事故的过错，属于交通意外事故的，各方均无责任。

（6）一方当事人故意造成交通事故的，他方无责任。

3. 交通事故认定范例：

（1）追撞前车尾部的，均为 A 车全责。

（2）变更车道时，未让正在该车道内行驶的车先行的，均为 A 车全责。

（3）通过没有交通信号灯控制或者交警指挥的路口时，未让交通标志、交通标线规定优先通行的一方先行的，A 车负全责。

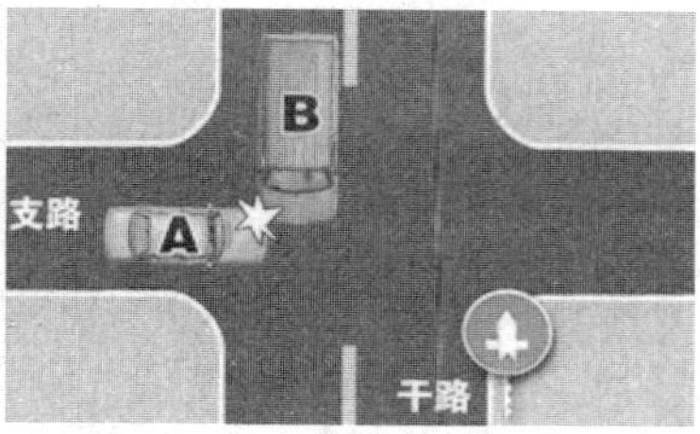

（4）通过没有交通信号灯控制或者交通警察指挥的交叉路口时，在交通标志、标线未规定优先通行的路口，未让右方道路的来车先行的，均为 A 车全责。

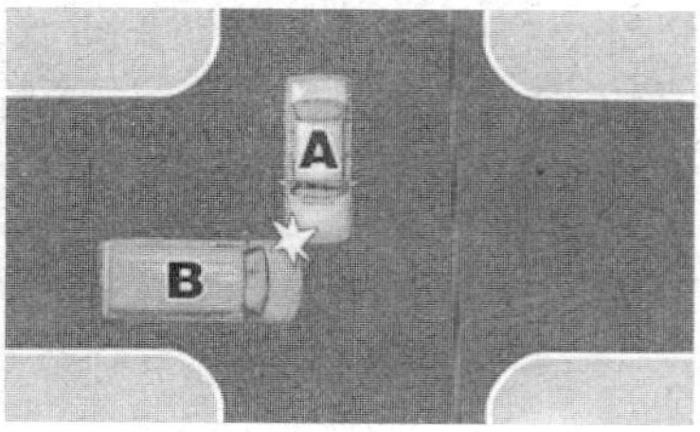

（5）通过没有交通信号灯控制或者交通警察指挥的交叉路口，遇相对方向来车，左转弯车未让直行车先行的，均为 A 车全责。

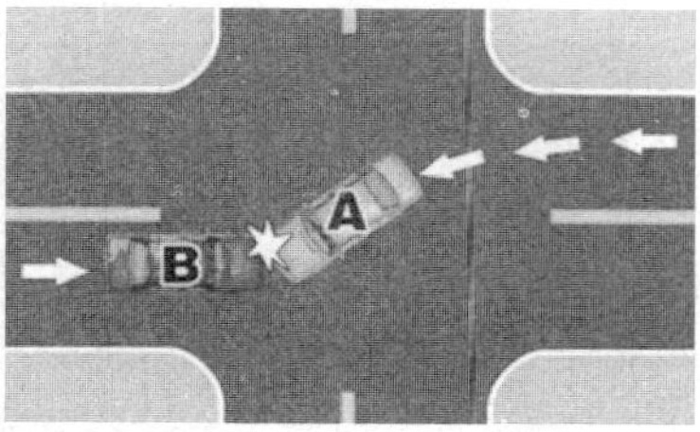

（6）通过没有交通信号灯控制或者交通警察指挥的交叉路口时，相对方向行驶的右转弯车未让左转弯车的，均为 A 车全责。

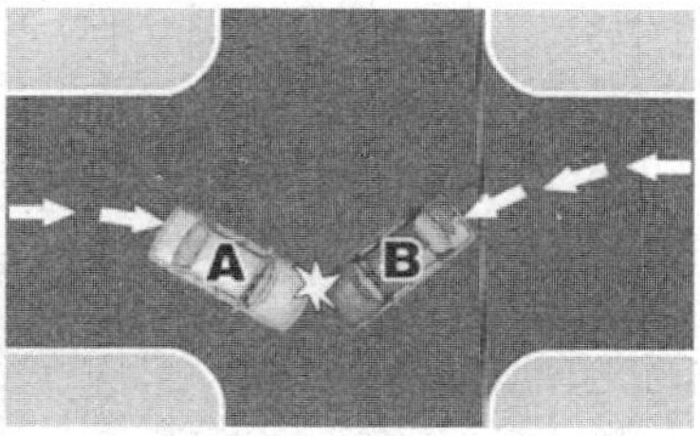

（7）绿灯亮时，转弯车未让被放行的直行车先行的，均为 A 车全责。

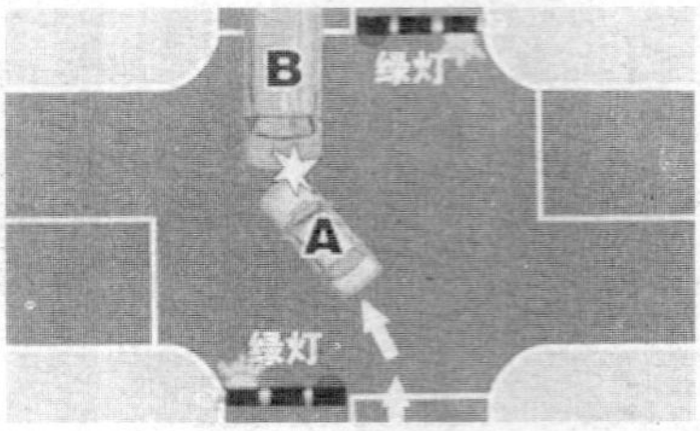

（8）红灯亮时，右转弯车未让被放行的车先行的，均为 A 车全责。

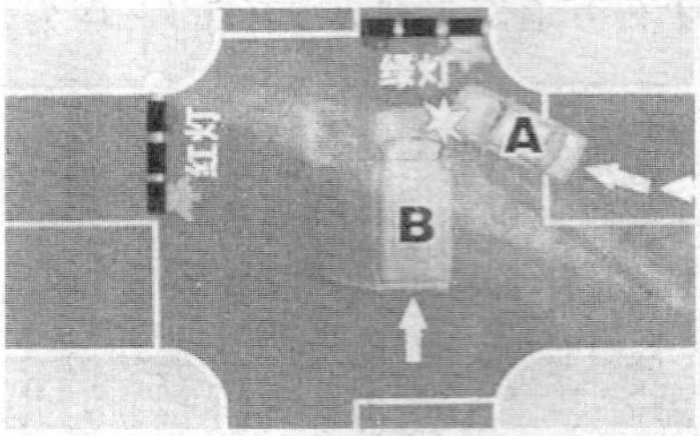

（9）在没有中心隔离设施或者没有中心线的道路上会车时，有障碍的一方未让无障碍的一方先行的；但有障碍的一方已驶入障碍路段，无障碍一方未驶入时，无障碍一方未让有障碍的一方先行的，均为 A 车全责。

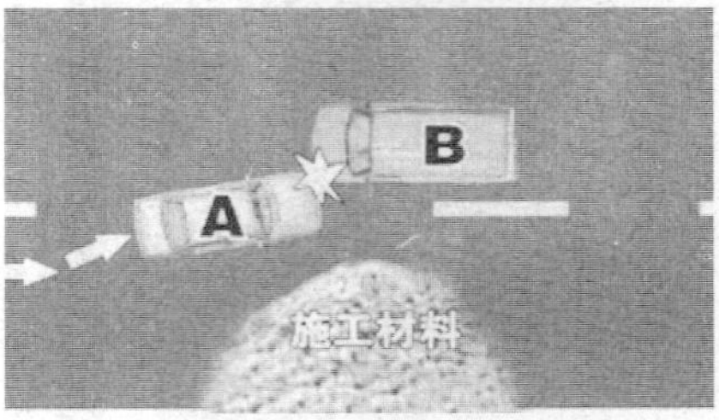

（10）在没有中心隔离设施或者没有中心线的道路上会车时，下坡车未让上坡车先行的；但下坡车已行至中途而上坡车未上坡时，上坡车未让下坡车先行的，均为 A 车全责。

（11）在没有中心隔离设施或者没有中心线的狭窄山路上会车时，靠山体的一方未让不靠山体的一方先行的，均为 A 车全责。

（12）进入环行路口的车未让已在路口内的车先行的，均为 A 车全责。

（13）逆向行驶的，均为 A 车全责。

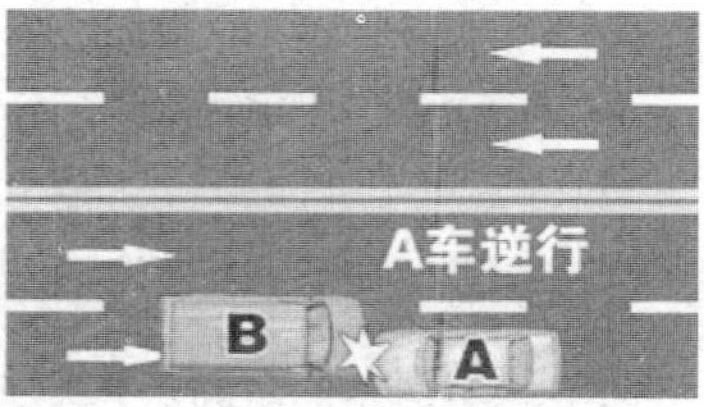

（14）超越前方正在超车的车，均为 A 车全责。

（15）与对面来车有会车可能时超车的，均为 A 车全责。

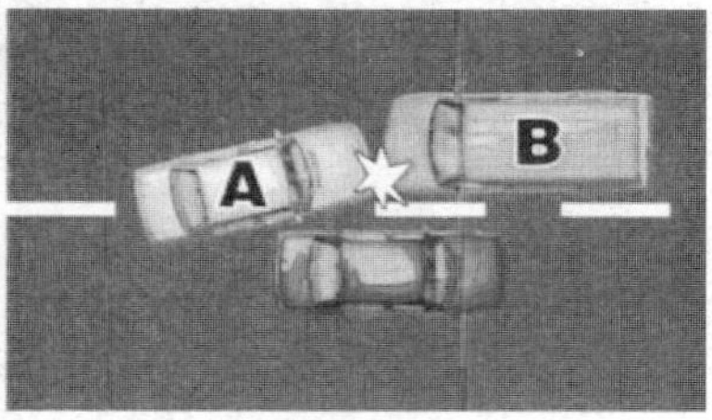

（16）行经交叉路口、窄桥、弯道、陡坡、隧道时超车的，均为 A 车全责。

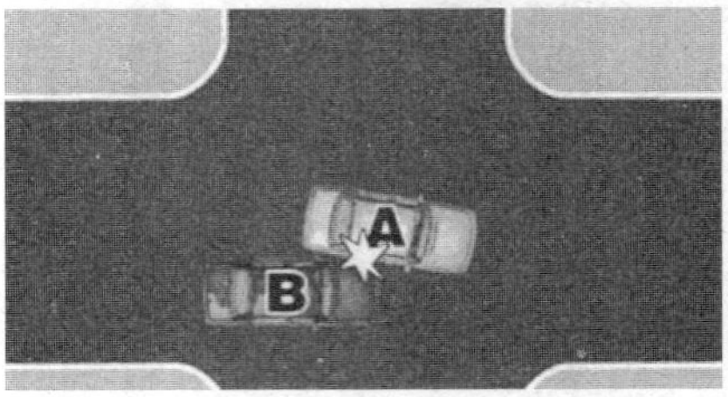

（17）在没有中心线或者同一方向只有一条机动车道的道路上，从前车右侧超越的，均为 A 车全责。

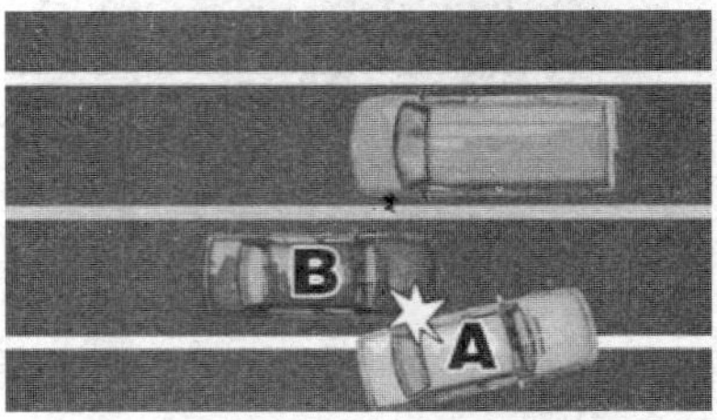

（18）在没有禁止掉头标志、标线的地方掉头时，未让正常行驶车先行的，均为 A 车全责。

（19）在有禁止掉头标志、标线的地方以及在人行横道、桥梁、陡坡、隧道掉头的，均为 A 车全责。

（20）违反导向标线指示行驶的，均为 A 车全责。

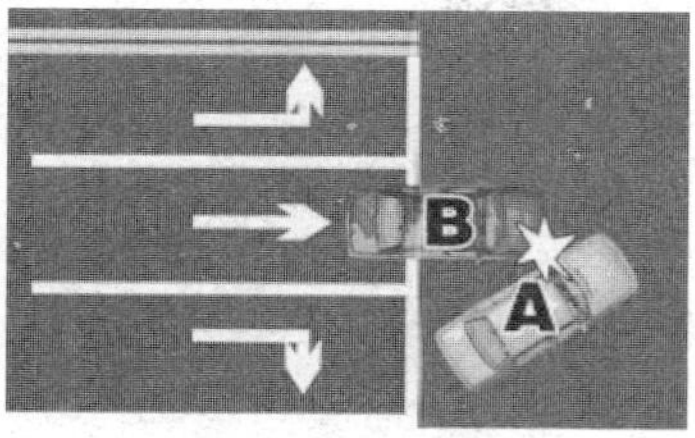

（21）违反导向标志指示行驶的，均为 A 车全责。

（22）装载的货物在遗洒、飘散过程中导致交通事故的，均为 A 车全责。违反装载规定，致使货物超长、超宽、超高部分造成交通事故的，均为 A 车全责。

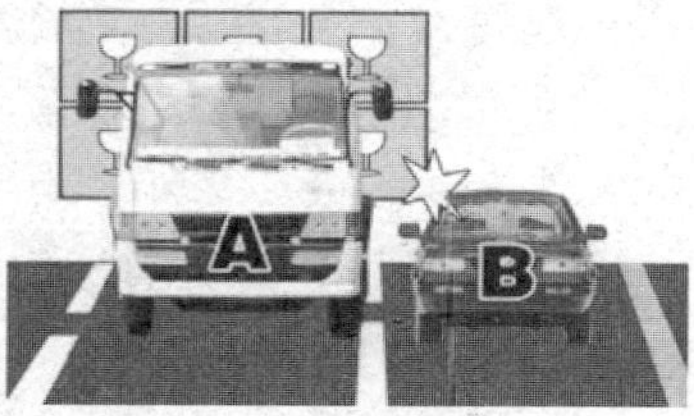

（23）红灯亮时，继续通行的，均为 A 车全责。

（24）驶入禁行线的，均为 A 车全责。

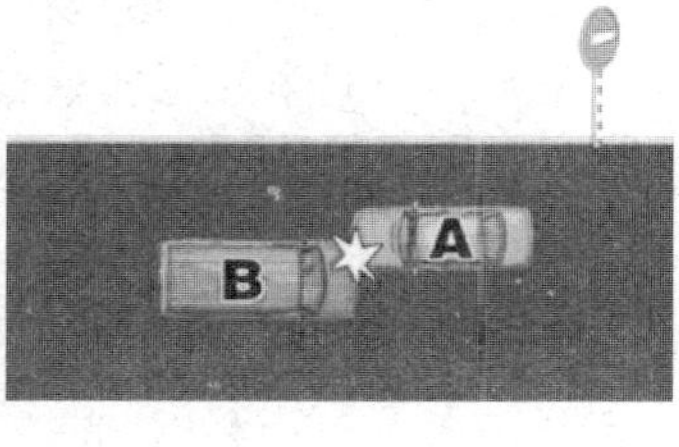

（25）未按照交通警察指挥通行的，均为 A 车全责。

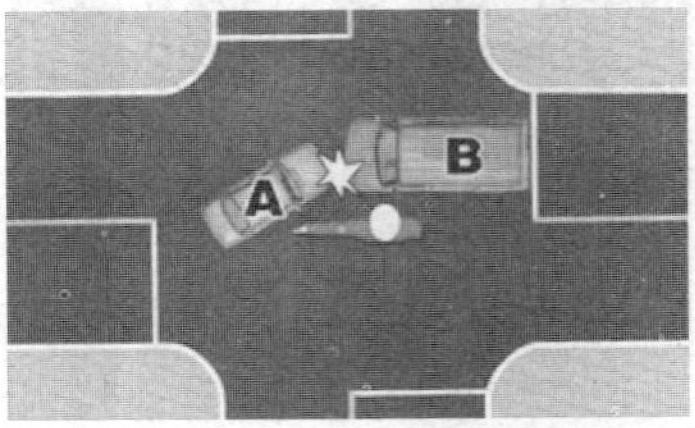

（26）违反规定在专用车道内行驶的，均为 A 车全责。

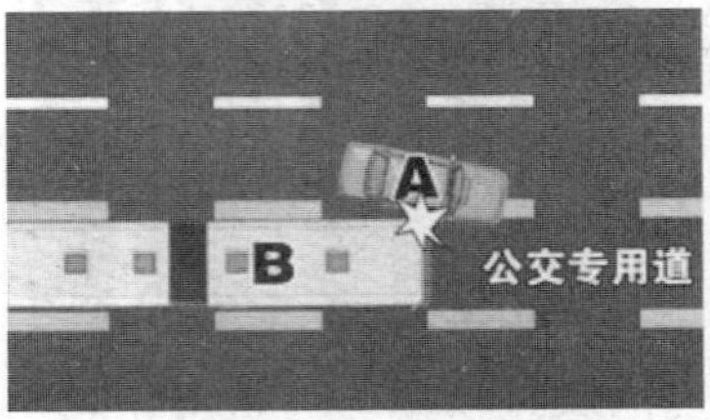

（27）溜车的，均为 A 车全责。

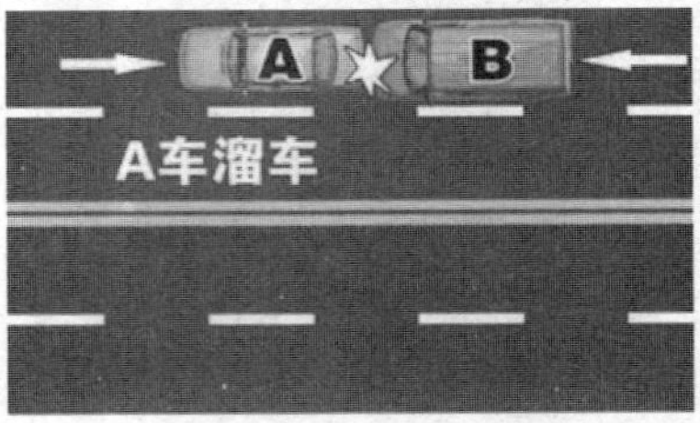

（28）倒车的，均为 A 车全责。

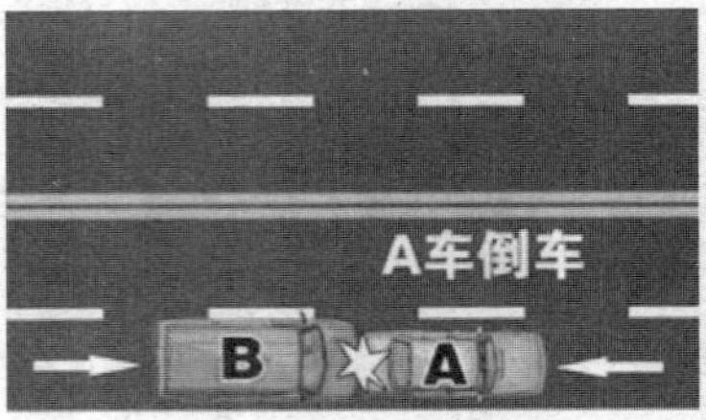

（三）社区内部交通事故的损害调解

1. 交通事故损害赔偿的含义。交通事故损害赔偿是指交通事故的当事人对交通事故的损害后果所应当承担赔偿损失的义务。交通事故损害赔偿，是通常所说的善后处理，其目的是依法保护公民的权利，教育当事人及群众，维护交通法制，保障交通安全。

2. 交通事故损害赔偿原则。机动车发生交通事故造成人员伤亡、财产损失的赔偿。首先由保险公司在机动车第三者责任强制保险的责任限额内予以赔偿，即在投保的最高金额范围内予以赔偿。这样赔偿有利于保障当事人的合法权利，使交通事故的赔偿工作迅速、明确，也符合国际通行的赔偿原则。然后，对那些保险金额不足以赔偿实际损失的部分，即超出保险金额的那部分损失通过下列补充性原则予以解决：

（1）机动车之间发生交通事故的，由有过错的一方承担民事赔偿责任；双方均有过错的，以各自的过错比例分担责任。

（2）机动车与非机动车驾驶人、行人之间发生交通事故的，采取过错推定原则。采取该原则的理由是机动车驾驶属于高度危险作业，其得到方便、快捷的同时，也要求承担相应的社会责任；同时有利于保护交通活动中的弱势群体的利益，这既是民法通则规定的一个重要原则，也是目前一些国家处理机动车与非机动车驾驶人、行人之间发生交通事故通常采用的原则。

（3）交通事故的损失是由非机动车驾驶人、行人故意造成的，机动车一方不承担责任。

3. 交通事故损害赔偿的项目与标准。《道路交通安全法实施条例》第九十五条第二款规定："交通事故损害赔偿项目和标准依照有关法律的规定执行。"由此可见，该条例对有关交通事故损害赔偿的具体项目与标准未作出规定，而是要求依照有关的法律规定。这里的法律主要是指《中华人民共和国民法通则》《中华人民共和国民事诉讼法》《最高人民法院关于审理人身损害赔偿案件适用法律若干问题的解释》《最高人民法院关于确定民事侵权精神损害赔偿责任若干问题的解释》等。交通事故损害赔偿的项目有：

（1）因就医治疗支出的各项费用以及因误工减少的收入，包括医疗费、误工费、护理费、交通费、住宿费、住院伙食补助费、必要的营养费，赔偿义务人应当予以赔偿。

（2）受害人因伤致残的，其因增加生活上需要支出的必要费用以及因丧失劳动能力导致的收入损失，包括残疾赔偿费、残疾辅助器具费、被抚养人生活费，以及因康复护理、继续治疗实际发生的必要的康复费、护理费、后续治疗费，赔偿义务人应当予以赔偿。

（3）受害人死亡的，赔偿义务人除应当根据抢救治疗情况赔偿上述（1）所规定的相关费用外，还应当赔偿丧葬费、被抚养人生活费、死亡补偿费以及受害人亲属办理丧葬事宜支出的交通费、住宿费和误工损失费及其他合理费用。

（4）受害人或者死者近亲属遭受精神损害，赔偿权利人向人民法院请求赔偿精神损害抚慰金的，适用《最高人民法院关于确定民事侵权精神损害赔偿责任若干问题的解释》予以确定。交通事故损害赔偿的计算标准是：

①医疗费。根据医疗机构出具的医疗费、住院费等收据凭证，结合病历和诊所证明等相关证据确定。器官功能恢复训练所必要的康复费、适当的整容费以及其后续治疗费，赔偿权利人可以待实际发生后另行起诉。但根据医疗证明或者鉴定结论确定必然发生的费用，可以与已经发生的医疗费一并予以赔偿。

②误工费。根据受害人的误工时间和收入状况确定。误工时间根据受害人接受治疗的医疗机构出具的证明确定。受害人因伤致残持续误工的，误工时间可以计算至定残之日前一天。受害人有固定收入的，误工费按照实际减少的收入计算。受害人无固定收入的，按照其最近三年的平均收入计算；受害人不能举证证明其最近三年的平均收入状况的，可以参照受诉法院所在地相同或者相近行业上一年度职工的平均工资计算。

③护理费。根据护理人员的收入状况和护理人数、护理期限确定。护理人员有收入的，参照误工费的规定计算；护理人员没有收入或者雇佣护工的，参照当地护工从事同等级别护理的劳务报酬标准计算。护理人员原则上为一人，但医疗机构或者鉴定机构有明确意见的，可以参照确定护理人员人数。护理期限应计算至受害人恢复生活自理能力时止。受害人因残疾不能恢复自理能力的，可以根据其年龄、健康状况等因素确定合理的护理期限，但最长不超过二十年。受害人定残后的护理，应当根据其护理依赖程度并结合配制残疾辅助器具的情况确定护理级别。

④交通费。根据受害人及其必要的陪护人员因就医或者转院治疗实际发生的费用计算。交通费应当以正式票据为凭，有关凭据应当与就医地点、时间、人数、次数相符合。

⑤住院伙食补助费。参照当地国家机关一般工作人员的出差伙食补助标准予以确定。

⑥营养费。根据受害人伤残情况参照医疗机构的意见确定。

⑦残疾赔偿金。根据受害人丧失劳动能力程度或者伤残等级，按照受诉法院所在地上一年度城镇居民人均可支配收入或者农村居民人均纯收入标准，自定残之日起按二十年计算。但六十周岁以上的 ，年龄每增加一岁减少一年；七十五周岁以上的，按五年计算。受害人因伤致残但实际收入没有减少，或者伤残等级较轻但造成职业妨害严重影响其劳动就业的，可以对残疾赔偿金作相应调整。

⑧残疾辅助器具费。按照普通适用器具的合理费用标准计算。辅助器具的更换周期和赔偿期限参照配置机构的意见确定。

⑨丧葬费。按照受诉法院所在地上一年度职工月平均工资标准，以六个月总额计算。

⑩被抚养人生活费。根据抚养人丧失劳动能力程度，按照受诉法院所在地上一年度城镇居民人均消费性支出和农村居民人均年生活消费支出标准计算。被抚养人为未成年人的，计算至十八周岁；被抚养人无劳动能力又无其他生活来源的，计算二十年。但六十周岁以上的，按五年计算。被抚养人还有其他抚养人的，赔偿义务人只赔偿受害人依法应当负担的部分。被抚养人有数人的，年赔偿总额累计不超过上一年度城镇居民人均消费性支出额或者农村居民人均年生活消费支出额。

⑪死亡赔偿金。按照受诉法院所在地上一年度城镇居民人均可支配收入或者农村居民人均纯收入标准，按二十年计算。但六十周岁以上的，年龄每增加一岁减少一年；七十五周岁以上的，按五年计算。

第四节　交通安全宣传教育

一、交通安全宣传教育的内容

（一）交通安全法律、法规

通过交通法规的宣传教育，可以使广大交通参与者了解在交通活动中可做什么，不能做什么，必须做什么。通过交通法规为人们的交通行为提出一定的标准，以判断自己的行为是否合法。利用交通法规还可以协调交通活动中人、车、路之间的关系，减少行人与行人之间、行人与驾驶人之间的矛盾。在日常生活中，常常出现妨碍交通安全的现象，如任意占用道路，包括人行道摆摊设点、停放车辆、堆物作业、进行集市贸易、打场晒粮、倾倒垃圾等。此外，机动车和非机动车的驾驶人和行人争道更是大量存在，究其原因是当事人既不了解道路交通法规的内容，又没有意识到这些做法的危害性。所以宣传和贯彻道路交通安全法律、法规，可以加强人们的交通法规观念，用道路交通法规来规范人们的行为，并通过指导人们的行为来调节交通活动中人与人、人与车之间的关系，维护良好的交通秩序。

（二）交通道德观念

道德是生活在一定物质生活条件下的人们关于善与恶、正义与非正义、光荣与耻辱、公正与偏私等观念、原则及规范的总和。道德规范的内容主要侧重于个人对社会、对他人履行的义务，即应当做什么或不做什么。与法律不同，这种义务的履行并不意味着他们享有相应的权利，也不以义务履行者本人取得某种权利为条件。法的作用与道德的作用有共同之处，它们都有调整和规范人们行为的功能，成为指导、评价人们行为的尺度。但法侧重于对人们外部行为进行调整，由行为进而观察其动机。而道德首先是调整人们的内心活动，在思想上树立道德观念，然后通过内心的选择和决定付诸行为。道德依靠社会舆论、内心信念和传统习惯维持。

交通活动领域作为人们社会活动的领域之一，仅靠交通安全法律、法规来调整人们的交通行为是不够的，道德建设的加强有助于交通安全法律、法规调整的顺利进行，并使之达到更好的社会效果。反之，道德建设的削弱会极大地加重法律调整的任务，甚至会形成防不胜防、罚不胜罚的局面。因此，交通安全宣传教育应加强有关道德建设方面的宣传教育，加强精神文明建设，净化社会风气，形成人人自觉遵守交通法规的局面。

（三）交通安全知识

道路交通安全知识的宣传教育是指授予人们交通安全知识和技能，提高人们处理交通行为能力的宣传教育。它在培养人们在交通活动中分析问题和解决问题的能力方面起着重要作用。

道路交通安全知识是人们随着社会的发展，特别是道路交通的发展，对交通规律认识的总结。运用得好就能为人类的生存和发展服务，否则就会受到自然界的惩罚，给社会和个人带来危害。道路交通是由人、车、路、环境等基本要素构成的一个复合动态系统，在这个系统中，各个要素之间有互相依赖、互相制约、互相作用的特定的不可分割的有机联系，其中任何一个要素的变化都不具备独立性质，而是由两个或两个以上要素互相联系，对这个系统产生影响。作为交通系统构成要素的人在参与这种交通活动时，要处理好与其他要素之间的关系，就必须掌握一定的道路交通安全知识，这样才能保证交通安全畅通。

（四）交通心理知识

道路交通心理宣传教育是授予人们道路交通心理知识，培养人们的心理素质和道路交通适应能力的宣传教育。它对提高人们的心理素质和道路交通适应能力起着重要作用。人的交通活动是受其心理支配的，交通心理就是研究人与车、人与道路及其设施、道路环境，以及人与人（机动车驾驶人、非机动车驾驶人、行人、交通警察等）相互作用过程中，人的心理活动的特点和规律。从心理学的角度看，由于受人体身心功能的限制，人在道路交通中辨别各种目标物、获取有关信息、进行准确判断、作出适当反应的能力是有限的，人在紧急情况下回避危险的能力更是极为有限。因此，我们就必须把人的交通行为调节在一般常人的能力可以确保安全的范围内。交通安全法及其相关规定中的大量条款就体现了对人的交通行为的合理规定。例如，根据不同地区、不同道路，以及交通流量密度限制最高车速，就是为了保证驾驶人在视觉比较良好、心理比较轻松，能比较从容作出反应的条件下开车，以保证行车安全。通过道路交通心理宣传教育，使广大的交通参与者不但对交通安全法律、法规及交通管理措施知其然，而且知其所以然，才能真正做到自觉遵守交通安全法律、法规。

二、交通安全宣传教育的基本方法

（一）通过街头、社区开展交通安全宣传教育

街头宣传是充分利用道路两边的宣传牌、宣传栏，在街头张贴宣传画、标语、口号、悬挂过街横幅等手段进行宣传的方法。这种宣传方法醒目，造成的影响比较广泛，能够引起公众的注意。例如，在公交车站的灯箱上制作一幅宣传交通安全的广告“交通安全伴你奔小康”或者“交通安全给您幸福生活”等，可以使广大公众在等车时、路过时引起注意，从而逐渐养成良好的交通习惯。在交通环境复杂、人车流量较大的路段，采取设置交通安全警示牌、安排保安员引导等措施，规范公众的交通行为。

社区宣传则是以社区为宣传单位，采用发放交通安全宣传单、《交通法规手册》，定期举办安全咨询活动，设立安全宣传栏等方法，向社区内的公众宣传交通安全知识和法规，从而营造良好的社区氛围，调动公众遵章守法的自觉性。

（二）通过讲座的形式开展交通安全宣传教育

通过讲座的形式开展交通安全宣传教育，是指利用报告会、演讲会、讲座会、现场会、经验交流会、事故分析会等进行交通安全宣传教育。从而使更多的公众自觉遵守交通法规，积极地投入到保障交通安全活动之中。

报告会是道路交通安全宣传教育普遍采用的一种形式。它可以从正面宣传交通管理的方针、政策，传授安全知识。其特点是：报告者直接面对听众，可随时把握听众的情绪，针对不同的听众群体，使用不同的方式或语言，有针对性地进行安全宣传教育。须注意的是，报告会的时间不宜太长。

事故分析会是一种交通安全宣传教育的基本形式。它通过召集与道路交通活动密切相关单位（如运输公司、公交公司）的有关人员，对发生的交通事故进行细致分析，找出原因，提出整改意见。同时，它也有利于交通管理部门找出管理中的薄弱环节，更好地改进管理措施，充实道路交通安全宣传教育的内容。

（三）通过新闻媒体开展交通安全宣传教育

新闻、出版、广播、电视等大众传播媒体，是公民、法人及其他社会组织获取信息的重要渠道，因此，进行交通安全宣传教育离不开这些传播媒体。《道路交通安全法》规定新闻、出版等传播媒体有开展交通安全教育的义务，就是为了充分发挥各种传播媒体的优势。社区或单位，可经常性地为新闻媒体提供交通安全信息，由新闻媒体制作、播放有关交通安全教育的节目，向广大交通参与者进行交通安全宣传。

（四）通过文艺节目开展交通安全宣传教育

通过喜闻乐见的艺术手段和形式来宣传交通安全法规和知识，往往可以收到良好的效果，使公众在不知不觉中受到教育，从而对群众的思想产生潜移默化的作用。如戏剧、相声、快板、歌曲、舞蹈等表演艺术，或者小说、诗歌、散文、书法等文学艺术手段，都可

以用来进行宣传。

（五）通过网络开展交通安全宣传教育

近年来，网络的发展带动了社会各行各业的进步与变革。交通安全宣传教育要充分利用这一现代工具，采用编制短信息、微信等形式广泛开展。

【实例】

11·5重大交通事故案例分析

一、当事人、车辆、道路和交通环境等基本情况

（一）当事人和车辆基本情况

甲方：钱××，男，35岁。身份证号：330302197505292０××。住址：××省××市××区人民中路××大楼805室。准驾：C1E。驾驶证档案编号：3303010030××。驾驶车辆：××0670Q号“奥迪”牌小型越野客车。所有人：钱××。投保单位：中国太平洋财产保险股份有限公司。

乙方：胡××，男，25岁。身份证号：360423198512052４××。住址：××县清江乡塘里村××9号。准驾：C1。驾驶证档案编号：3604005743××。驾驶车辆：××22131号“五菱”轻型普通货车。所有人：××区城市管理局劳动服务公司。住址：××市桥儿头花环路。投保单位：中国人民财产保险股份有限公司。

丙方：王××，男，46岁。身份证号：420222196412266×××。住址：××省××县××镇古岭村黄荆坳组。××22131号轻型普通货车上的乘客。

丁方：林××，女，48岁。身份证号：3303026211031××。住址：××省××市××区屯前街108号。××22131号轻型普通货车上的乘客。

（二）道路和交通环境情况

该事故现场位于市府路大自然住宅区B4幢对面地段，该路段系东西走向，半幅机动车道宽度为14.50米，道路中间设有中心花坛隔离，单向四条机动车道，机动车道之间漆划白色分道虚线，机动车道与非机动车道之间设有花坛隔离，道路南侧系大自然住宅区。

二、交通事故发生经过

×年1月15日上午，钱××驾驶××0670Q号小型越野客车，沿市府路由东向西行驶。9时15分许，行经市府路大自然住宅区B4幢对面地段，车辆前部与前方由胡××驾驶的××22131号轻型普通货车后部发生碰撞，致使普通货车方向失控，驶上道路中间的花坛隔离带，造成货车上乘客胡××受伤，经医院抢救无效于该年1月29日死亡。货车上乘客林××和王××两人受伤及二车损坏。

三、道路交通事故证据及事故形成原因的分析

（一）道路交通事故证据

1. 现场勘查情况。××0670Q号小型越野客车头西尾东停在东向西道路的第三条机动车道上，其右前轮、后轮距道路右侧边缘线分别为4.30米、4.45米，其后轮距离道路右侧路灯杆8.70米。

××22131 号轻型普通货车头西尾东停在道路中心隔离花坛上，其右前轮、后轮距道路右侧边缘线分别为 15.10 米、14.50 米，其右后轮距离××0670Q 号小型越野客车左前轮 39.60 米。

××0670Q 号小型越野客车的前引擎盖突起，前部有碰撞痕迹，××22131 号轻型普通货车后部凹陷，有碰撞痕迹。

事故地段路面上无明显的刹车拖印。

××0670Q 号小型越野客车前部地面上有受碰撞后的零件散落物一堆。

2. 当事人钱××、王××、林××的陈述及证人张××证言。

3. ××0670Q 号小型越野客车制动、转向系统技术状况正常，未发现机械故障和安全隐患。

4. ××22131 号轻型普通货车制动、转向、灯光系统技术状况正常，未发现机械故障和安全隐患。

5. 经检验，钱××血液中未检出乙醇成分。

6. 经鉴定，死者胡××系遭交通事故致重度颅脑损伤经医院抢救无效而死亡。

7. 经鉴定，胡××、王××的伤势不构成重伤。

8. 现场监控视听资料。

（二）交通事故形成原因分析

钱××驾驶车辆行经事故地段，对同道内前方车辆的动态注意不够，以致发生碰撞，造成事故。其行为违反了《中华人民共和国道路交通安全法》第三十八条“车辆、行人应当按照交通信号通行；遇有交通警察现场指挥时，应当按照交通警察的指挥通行；在没有交通信号的道路上，应当在确保安全、畅通的原则下通行。”之规定，是造成事故的根本原因。胡××、林××、王××在交通事故中无过错。

四、适用法律、法规及责任划分意见

根据《中华人民共和国道路交通安全法实施条例》第九十一条之规定，钱××应承担事故的全部责任；胡××、林××、王××均不承担事故的责任。

五、事故预防工作中存在的突出问题及预防对策建议

应继续加强交通安全宣传教育，对驾驶员行车时的动态注意教育迫在眉睫。

第二单元　操作技能

操作项目一　社区交通组织方案的设计

【操作目标】

提高学生交通组织方案的设计能力，基本掌握交通组织方案设计的方法和技巧。

【操作要求】

实训用2课时。要求学员必须做到：
1. 注意安全，服从命令，听从指挥，不得擅自行动。
2. 认真完成作业。

【操作形式】

实训采用现场办公和分别制作的形式进行。

【操作准备】

1. 教官和学员均着保安制服、作训鞋。
2. 每5人带一卷尺，每人带一个讲义夹。

【操作步骤】

1. 教官选择一个居民小区，带学员进行实地观察（1课时）。
2. 每个学员草拟一份小区交通组织方案。

【操作考核】

根据学员上交的小区交通组织方案评分：
1. 交通通行方案。
2. 交通标志标线。
3. 文字说明。
4. 其他。

操作项目二　交通安全宣传课件制作

【操作目标】

增强学员对交通安全宣传教育重要性认识，提高综合运用交通管理专业知识的能力；掌握交通安全宣传教育的方法和技巧。

【操作要求】

用2课时。要求学员独立完成30分钟的讲稿和PPT课件的制作，不少于20张，不得相互抄袭。

【操作形式】

采用课堂布置、利用课外时间完成。

【操作准备】

可以在计算机实验室内完成，也可以利用个人的计算机完成。

【操作步骤】

1. 教官布置以下选题：
（1）针对学龄前儿童的宣传教育。
（2）针对小学生的宣传教育。
（3）针对中学生的宣传教育。
（4）针对居民群众的宣传教育。
（5）针对驾驶员的宣传教育。
2. 由学员自行设计内容，书写讲稿，制作 PPT 课件。

【操作考核】

学员每人上交 1 份讲稿和 PPT 课件。要求讲稿层次分明、内容具有针对性，PPT 课件简洁、美观。完全满足要求的记满分，其他酌情记分。

思考题：

1. 停车场交通组织的原则和管理方法是什么？
2. 交通事故现场保护的内容和方法有什么？
3. 交通安全宣传教育的内容和方法有哪些？

第六章　应急处置

【本章知识要点】

掌握应急处置一般操作流程，熟悉高级保安员在应急处置中的职责，掌握重要场所突发事件处置和现场应急处置演练的基本知识。

【本章技能要求】

会组织和实施应急处置，会编制现场应急处置演练方案，会协助指导应急处置演练工作。

第一单元　理论知识

第一节　应急处置概述

一、保安员应急处置的特点

（一）行动性

对于一线的保安员来说，当服务单位发生突发事件时应第一时间赶赴现场，依据单位应急处置预案及自身经验和技能，采取报警、警戒、救援和维护秩序等应急救援行动。

（二）先期性

先期性是相对于应急处置整个程序而言的，是由保安员职责和岗位任务所决定的。多数的突发事件发生时，专业的应急人员难以第一时间到达现场，保安员应充分发挥熟悉地形、地物的优势，就近开展先期应急行动，发动受困人员自救和互救。例如，居民家中发生火灾时，保安员不能只拨打“119”电话而坐等消防官兵来处置，应先期采取疏散受困人员、扑救初起火灾等紧急措施。

（三）协助性

保安员是服务单位应急处置中的中坚力量，但不是主导力量。对于服务单位发生的突发事件，应在单位领导的指挥、协调下开展应急处置工作。协助性还体现在与专业应急人员的职责分工上，保安员作为第一响应力量，采取先期处置工作，当专业应急人员到达现场后，保安员要及时汇报前期处置情况，并协助他们完成现场处置工作。

（四）多样性

保安员应急处置的先期性和协助性，并不影响保安员应急处置内容和手段的多样性。

从形态上看，突发事件前期处置包含现场疏散、现场保护、现场急救、现场抢险、现场搜索、现场逃生和避险等多项内容。

（五）保护性

保安员不仅要参与具体的应急救援行动，还要注意并保留现场的证据，以利于事后调查事件性质，分析事件责任。

二、保安员应急处置的原则

（一）生命第一

保安员在应急处置工作中，要始终坚持以安全保护人的生命为核心原则。在可能造成人员伤亡的突发事件发生前，要及时引导受困人员避险逃生，减少伤亡；在突发事件发生后，要先救助人员，后保护财产。在需要救助的人员中，应先救助危重伤病者，再处理轻伤病者。同时，生命安全原则也体现在保安员在应急处置中对自身生命健康的安全防护，应急处置行动中应提倡见义勇为的精神，但要杜绝不必要的伤亡。

（二）迅速有效

突发事件具有较大的破坏性和危害性，突发事件一旦发生，应急响应时间因素最为关键。这就要求保安员在应急处置中，赶赴现场要迅速，现场险情判断要准确，启动预案要及时，采取应急行动要有效。现场指挥人员要根据现场情况，明确首要应急任务，安排应急处置顺序，集中力量，采取针对性应急措施，实现有效救助。

（三）协同配合

突发事件发生后，应急处置区域较广，处置对象众多，需要多方力量参与。保安服务客户单位的应急处置往往涉及单位内部各职能部门及单位外部应急资源的联动与协调，以便形成统一指挥、反应灵敏、功能齐全、协调有序、运转高效的应急管理机制。这就要求保安服务组织和保安员要融入客户单位日常应急管理体系中，明晰保安员在客户单位应急处置中的岗位和职能，协调好与客户单位的后勤、物业等部门的关系，主动服从于客户单位的应急指挥和指导，以发挥整体功效，提高应急处置效率。

（四）科学有序

突发事件处置不仅需要应急专业知识和技能，还要借助先进的处置技术和设备，科学的专家决策和指挥。对于保安员而言，虽然不具备精深的应急知识和技能，但对于基础性、常见性的应急知识和技能还是必须要掌握的。应急处置中不能触犯一些禁忌，如火灾应急处置中人群疏散的集结点不应选择下风向位置，交通事故现场处置中不放置三角警示牌等。同时，保安员在应急处置中，必须依据一定的评估标准和优先次序，确定现场控制及处理的工作程序，如在抢险救灾中，除了首先应抢救受困人员生命、保障最基本的生存条件这一基本任务外，其余工作应该根据应急救援人员的实际救助能力，辅以经济标准区分救助的轻重缓急，确定先抢救什么后抢救什么。

三、保安员应急处置的职责

（一）高级保安员应急处置职责的特点

1. 应急处置职责的层次性。高级保安员具有相对丰富的保安工作经验，有相对较长的职业工作年限，是保安服务中的中坚力量或基层管理者。因而，在突发事件的应急处置工作中，高级保安员不仅要具备初、中级保安员的应急能力，还要发挥在保安组织应急处置中的指导性、组织性和协调性作用。

2. 应急处置职责的结构性。首先，应将保安员的应急处置工作纳入保安服务单位的应急管理体系之中。高级保安员应从服务单位的整体角度考虑应急处置问题。其次，要履行保安组织或人员在服务单位应急处置中的应有职责，即服务单位发生突发事件后，保安组织或人员应清楚做什么、怎么做。

（二）高级保安员应急处置职责的内容

1. 现场信息研判和评估。现场评估是对高级保安员应急综合能力评判的标准之一。事发现场评估是实施应急处置的前提。高级保安员应根据现场的具体情况，对事件波及的范围、人员伤亡和财产损失等作出判断，及时提供较完整的评估信息，并将现场信息按程序上报。协助应急救助组织在现场评估的基础上实施初步救助行动。需要注意的是，现场评估工作随着应急进程而持续进行，对收集现场信息也应不断更新、完善。

高级保安员还要向服务单位和有关机构提供现场情况的书面记录。现场记录内容应包括：一是事件的基本要素，如事件发生的时间、地点、经过和结果；二是现场应急处置的情况，如采取了哪些措施，效果如何；三是事件发生的原因；四是应急处置措施。现场记录可以采用书面报告的形式，还可以采用现场拍照、录像和绘制草图等多种形式。现场记录不仅是对现场情况的客观记载，也是事后调查、责任分担的依据之一。

2. 协助现场指挥和协调。现场应急处置工作中应急人员数量众多、关系复杂，需要现场指挥人员做好多方沟通、协调工作。保安员要协助做好以下工作：

（1）协助现场指挥员设计应急行动方案。突发事件现场情况错综复杂、瞬息万变，现场指挥人员应结合现场情况，紧急制订现场应急行动方案。高级保安员要充分发挥熟悉地形的优势，提出应急计划合理化建议，及时制订出行动方案。

（2）协助现场指挥员做好应急人员分工。高级保安员熟悉保安组织内部人员情况，根据保安员的应急能力和日常工作表现，积极主动协助现场指挥人员做好应急任务分工和督促执行。

（3）指导初、中级保安员开展应急处置工作。高级保安员在应急处置中，要发挥积极带头作用，通过调适应急心态、申明纪律、技术指导等手段，带领、引导初、中级保安员开展应急处置工作。

3. 组织实施现场应急行动。高级保安员要对应急程序和方法有全盘的把握，组织实施具体的应急行动。组织保安员对现场伤情实施生命体征检查、伤情判断和临时救助等措施。引导受困人员脱离险境并进行人员清点。组织保安员实施现场秩序维护，划定警戒范围，实施外围巡查。

4. 协助现场媒体管理。突发事件发生后，及时、准确地向社会通报信息是应急处置的重要环节。不实的报道会引起社会恐慌，给应急处置工作带来负面影响。高级保安员在突发事件中的媒体应对工作，主要体现在对媒体记者的引导，提供信息发布的渠道并维护好新闻发布会现场的秩序。保安员不应私自接受记者采访或发布相关信息，但必须理性、有序接待现场媒体。

5. 参与应急心理疏导。突发事件的发生会不同程度地影响人的心理健康，受害人员及应急处置人员均需要心理疏导。高级保安员必须掌握一定的心理救助技能，在事件现场对受害人员开展必要的临时心理安抚工作。在事后，特别要关注参与处置的保安员的心理情绪变化，及时消除事件阴影。

6. 协助应急管理。在日常安全管理中，还应参与服务单位的应急预防和准备工作，协助编制现场预案和指导应急处理演练工作。高级保安员在突发事件处置后，还要协助做好事后恢复工作，查找事件发生原因，总结经验和教训。

第二节　重要场所突发事件应急处置

一、应急处置一般操作流程

（一）概念及作用

1. 概念。应急处置的一般操作流程是指为应对突发事件，将应急预案中规定的应急职责与相关应急组织或人员有机结合起来，并确定应急处置行动先后次序的规范性操作指导。简单地说，应急处置的一般操作流程解决了在突发事件应急处置中，什么人在什么时间做什么事的问题。

应急处置的一般操作流程是从应急处置组织实施的角度出发，一般针对某一类或某特定现场的突发事件而制订。在形式上可以是活动检查表，也可以是文本或逻辑结构图。可以独立存在，也可以作为应急预案的一个附件，但必须与应急预案保持一致。

2. 作用。应急处置的一般操作流程明确了在最短的时间作出最有效的应急响应，指导应急人员在突发事件发生后即使在没有接到上级指挥命令的情况下，也可以在第一时间启动预案。

（1）明确了突发事件应急处置中各应急部门和人员的职责，防止出现应急处置中职责盲区、相互推诿、任务冲突等情况的发生，即解决了“谁来负责”的问题。

（2）明确了突发事件应急处置中应采取的应急措施和方法，即解决了“做什么”的问题。

（3）明确了突发事件应急处置行动的先后顺序。相对于烦琐、复杂的应急预案文本而言，应急处置的一般操作流程更具有实用性和操作性。对于一线执勤的保安员来说，熟悉应急处置的一般操作流程至关重要。

（二）内容

虽然各类突发事件应急处置的方法和措施有所差异，但在程序上还是有共性的。应急处置的一般操作流程描述应简单明了，一般包括目的与适用范围、职责、具体任务说明或操作步骤及负责人员等内容。要涵盖分级响应、启动程序、信息报告、指挥和协调、现场处置、外部求援、物资调配和终止应急处置等应急功能项。举例如下：

【实例】

某物业保安部突发事件处理一般操作规程（节选）

一、目的

规范保安部应对突发事件的程序（火警、火灾除外），提高对突发事件的应急处理能力，维护辖区内的正常工作和生活秩序。

二、适用范围

适用于物业辖区范围内各类突发事件的处理（火警、火灾除外）。

三、职责

1. 物业管理处主任负责指挥突发事件的处理，保安部经理协助处理突发事件。
2. 保安部班组长负责落实主任或经理下达的应急指令，具体处理突发事件。

四、程序要点

1. 处理各类突发事件的基本原则

（1）快速反应原则

①当保安员或班组长接警后：

——4 分钟内到达突发事件现场。

——1 分钟内从一楼跑到七楼的突发事件现场进行紧急控制处理。

②保安部经理在值班时接到突发事件报告后：

——4 分钟内到达突发事件现场。

——1 分钟内从一楼跑到七楼的突发事件现场进行紧急控制处理。

保安部经理在休息时接到突发事件报告后，10 分钟内到达突发事件现场。

（2）统一指挥原则

①处理突发事件由物业处主任负责统一指挥。

②在特殊情况下，由保安部经理负责统一指挥。

③保安部班组长执行突发事件的处理。

（3）服从命令的原则。保安部班组长需服从保安部经理的指令，并负责对突发事件的处理过程做详细记录。

（4）团结协作原则。保安部作为突发事件的具体处理部门，在特殊的情况下，行使公司赋予的指挥权和处理权，各相关部门应团结一致，紧密协作，配合保安部处理好突发事件。

……

抢劫

（1）当保安在巡逻中发现有抢劫行为或接到有抢劫报案时：

①应立即上前制止违法犯罪行为或迅速赶赴现场制止，并对现场进行保护，同时用通信器材向保安部经理报告。

②如犯罪嫌疑人仍在现场时，应设法抓获并带回保安部，并请事主一起到保安部后交由公安机处理。

③向事主了解被抢劫过程，了解人身受伤及财物的损失情况，如事主受伤严重应送医院救治。

④在抓获犯罪嫌疑人时，如遇敌众我寡，敌强我弱时，应采取“敌逃我追，敌追我避，边追边联络”的方法，等待支援的保安员或公安人员赶到后一起擒获犯罪嫌疑人，

以免造成不必要的损失。

（2）保安部经理接报告后，立即用通信器材指挥，调遣保安员和通知值班领导，并迅速赶赴现场指挥。

①与值班领导联络，要求值班领导及案发区域的保安员参加保护工作。

②保安部经理到达现场后立即了解案情及相关资料，根据案情需要及时做出布置：

——调派保安员增援，抢救伤员，保护现场。

——向事主或知情人询问犯罪嫌疑人的特征及被抢劫的经过，对现场抓获的犯罪嫌疑人予以现场控制。

——将有关的证据、线索及抓获的犯罪嫌疑人移交公安机关处理。

③保安部经理将收集的资料、处理善后各项工作，上报公安机关及公司总经理，积极配合公安机关工作。

（3）物业处主任接报告后立即赶赴现场，将处理善后各项工作，上报公安机关及公司总经理，积极配合公安机关工作。

……

五、记录

《突发事件处理登记表》。

六、相关支持文件

1.《治安巡逻标准作业规程》（略）。

2.《保安部员工培训实施标准作业规程》（略）。

二、物业保安突发事件应急处置

（一）物业辖区内水浸事件的应急处置（见图6－1）

1. 保安员如发现服务区内发生水浸事件，应立即将出事地点和情况报告值班领导。

2. 迅速告知用户水浸情况，做好储水准备，减少财产损失。

3. 值班领导接报后应立即赶到现场查看情况，组织抢险。

4. 迅速开展抢险措施，保护因水浸后易遭破坏的重要公共设施，如将电梯升高离开受浸范围，关闭受浸区域的电源。在水漫延的通道上摆放拦水沙包，疏通排水渠，开启排水泵和吸水机等，尽可能减少水浸所造成的损失。

5. 协助物业、维修部门采取有效阻截措施。如果水浸是来自服务区域外的暴雨洪水，应当在各低于水位的出入口使用备用拦水闸板和沙包；如果水浸是来自市政地下水反溢，应当暂时将反溢的地下水道通往服务区域的入口封闭，并用排水水泵将服务区域的积水抽排出去；如果水浸来自服务区域内机管设施的损坏或故障，应当先关闭控制有关故障部位的水龙头或供水泵。

6. 水浸排除后，立即通知清洁员清除积水并清理现场环境，协助维修部门查明故障原因，修复受损的设施，尽快恢复服务区域的正常运作。

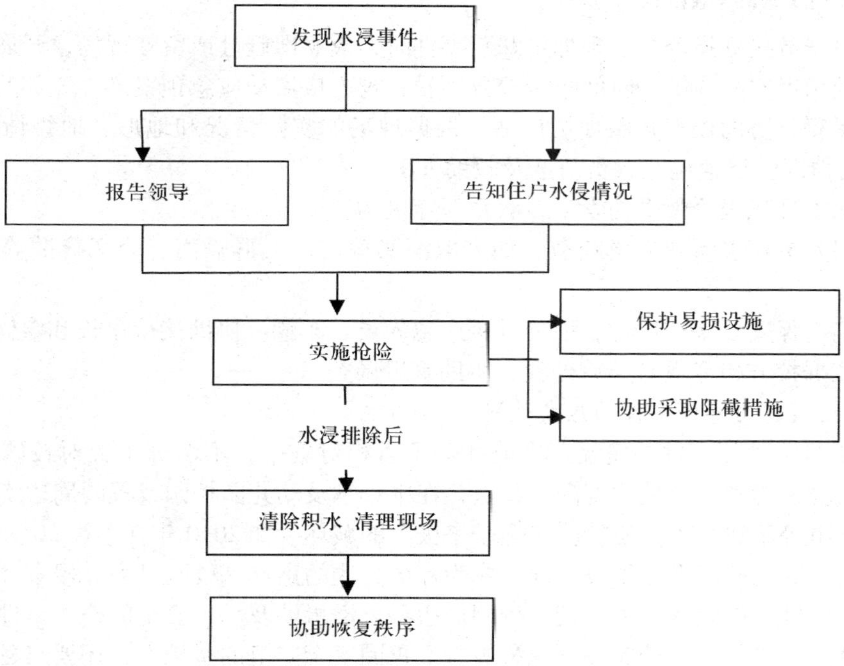

图 6－1 保安员应对水浸事件先期处置流程图

（二）物业辖区内跳楼自杀事件

企图自杀者多选择物业内高层建筑实施自杀行为，当事人情绪激动，地处危险，现场施救困难。且现场围观群众较多，不乏好事者哄闹，现场秩序混乱，影响事件处置。

（1）保安员发现或接到有人想自杀的情况，应立即报告物业保安部领导并报警。

（2）物业保安部领导立即赶赴事发地点并确认情况。

（3）在警方到达现场之前，保安员在事发地楼下现场设置警戒带，劝离围观群众，维持现场秩序。

（4）保安员检查通往事发地的通道，劝离现场无关人员，物业保安部领导适时劝导、解救自杀者。

（5）保安员检查地面，清理现场车辆，必要时铺设地垫，为营救做好准备。

（6）保安员到路口迎接专业施救车辆和人员。

（7）警方到达现场后，协助警方处置。

三、校园保安突发事件应急处置

（一）校园拥挤踩踏事件的应急处置

1. 校园拥挤踩踏事件的概况。校园人数众多，区域有限，人群聚集性高。学生尤其是中小学生生性好动，自控能力较弱，加之安全管理的疏忽，在校园内容易发生群体性拥挤踩踏事件。校园保安作为校园突发事件的主要应急人员要积极参与到此类事件的预防和处置中去。

2. 校园拥挤踩踏事件的应急处置

（1）保安员接到指令或发现拥挤踩踏事件时，应立即赶赴或留守现场，开展救援。

（2）现场保安应在第一时间报告校方领导，校方应启动应急预案。

（3）保安员协助校方开展现场评估，根据现场的实际情况和地形、地貌情况以及建筑物的结构情况，迅速确定人员疏散及救助方案。

（4）保安员积极抢救受伤学生，联系医疗机构。

（5）保安员积极参与人员疏散，如采取源头截流、人群隔离、分区疏散等方式疏散学生。

（6）门岗保安要坚守岗位，引导外援应急人员、车辆，协助接待家长和媒体。

（7）依据校方指令适时结束处置，协助事后调查。

（二）校园暴力外侵事件的应急处置

1. 校园暴力外侵事件的概况。当前社会矛盾相对集中，不法分子针对校园学生防范能力弱、人群密集和社会关注度高的特点，在中小学及幼儿园校园或校园周边实施暴力伤人、寻衅滋事等不法行为，给社会安全带来极大的破坏。如 2010 年在连续 50 天不到的时间内我国发生 6 起校园暴力外侵事件，成为社会关注的焦点。校园暴力外侵事件主要包括发泄私愤专门针对校园的暴力侵袭、校园周边寻衅滋事殃及学生安全的伤害事件和因教育纠纷引发的暴力事件等。校园保安在积极做好校园安全防范的基础上，还要具备一定的应急技能和策略以应对校园暴力外侵事件。

2. 校园暴力外侵事件的应急处置

（1）门岗保安员在校园出入口发现异常、可疑情况要密切关注，适时采取关闭大门或预警等措施。

（2）暴力事件一旦发生，保安员应携带钢叉、保安棍第一时间赶往事发现场，同时向领导报告并报警。

（3）首到现场的保安应立即制止犯罪嫌疑人，用钢叉等器械将其逼退至墙角，阻止其暴行危害扩大。

（4）增援保安应加强现场控制，实施现场警戒，协助老师或家长疏散学生。

（5）若犯罪嫌疑人劫持人质，保安员不得贸然上前解救，不得激怒犯罪嫌疑人，适时语言规劝，等待警方处置。

（6）若犯罪嫌疑人逃离现场，保安员要主动追击，追击不成的，要记住其体貌特征、逃跑方向。

（7）相关领导或警方到场后，保安员要主动介绍情况，协助下一步处置。

（8）现场应急结束后，保安员要协助警方和校方调查案件和恢复正常教学。

总之，在校园暴力外侵事件应急处置中要始终坚持保护人的生命安全为第一原则，尤其应把保护未成人生命安全作为重中之重。

四、银行突发事件应急处置

（一）威胁索要现金事件的应急处置

1. 威胁索要现金事件的概况。威胁索要现金事件多在银行营业大厅发生，犯罪嫌疑人多采取持械、持易燃易爆等危险物品、递交纸条、劫持人质在柜台叫嚣等方式意欲抢劫。此类突发事件发生突然，进展迅速，应急响应时间极短，处置难度极大，往往需要现场银行工作人员和保安合作，共同处置，包括事发柜台的柜员、相邻柜台的柜员、运营经理、大堂经理和大堂保安等共同参与处置。在多数银行的应急预案中，银行网点负责人是现场指挥人员，保安部经理协助指挥协调。

2. 歹徒威胁索要现金事件（以传递威胁纸条的方式）的应急处置

（1）事发柜台柜员，要按动紧急报警按钮，并将信息通过暗示的方式传递给同事，同时要稳住犯罪嫌疑人。

（2）运营经理接报后立即到达现场，担任现场临时指挥员，设法控制现场，延缓时间，与歹徒进行谈判。

（3）事发相邻柜台柜员要转移或封锁钱箱，并设法用固话报警和报告领导，注意报警方式要隐蔽。

（4）其他柜台柜员也要停止业务，转移或封锁钱箱，告知客户离场。

（5）非现金区柜台柜员要停止业务，转移或封锁资料，协助大堂经理疏散人群。

（6）大堂保安要疏散外厅客户，实施现场警戒，关注外围，并维护办公区域秩序。同时协助大堂经理规劝犯罪嫌疑人并适时将其制伏。

（二）抢夺客户现金事件的应急处置

1. 抢夺客户现金事件的概况。抢夺客户现金事件多发生在营业厅内或到达、离开营业厅的路上，案件发生的预谋性与即时性并存，多采用持械或飞车等方式抢夺，事件持续时间极短。对于发生在营业场所内部，如营业大厅或自动取款机旁的抢夺事件，保安员和现场银行工作人员要共同参与应急处置。

2. 抢夺客户现金事件的应急处置

（1）现场保安员要加强现场监控，密切关注现场及周边逗留、神情不定的人，并适时预警。

（2）一旦发生抢夺事件，现场保安要在第一时间追堵并设法抓获犯罪嫌疑人，并及时向同事求援。

（3）如犯罪嫌疑人逃离现场，追赶不及的要记清犯罪嫌疑人人数、年龄、性别、相貌、发式、衣着等明显特征和逃跑的方向。

（4）现场确认事主和目击者，收集发生抢夺的信息和证据，并及时提供给警方。

（5）同时保护抢夺现场，对于犯罪嫌疑人遗留现场的作案工具、凶器等不要用手触摸，不要让无关人员进入现场。

（6）现场事主或在场群众如有受伤，要立即联系医疗机构或送医院抢救。

第三节 应急处置中的自我保护和心理救助

一、保安员在应急处置中的自我保护

（一）生命健康安全保障

1. 在恶性刑事案件中的生命安全自我防护

（1）与犯罪分子保持一定的安全距离。以对方不能直接接触到保安员为基本要求。

（2）选择合适的掩体隐藏自己，在确定对方得到控制并将危险降到最低程度后，才可接近。

（3）当犯罪嫌疑人人数众多，形成“敌众我寡”的局面时，不能独自贸然上前，应暗中请求援助，合力控制为宜。

（4）当犯罪嫌疑人手持利器或武器，形成“敌强我弱”的局面时，要避免正面交锋，要讲究策略，迂回作战。

（5）使用语言控制，避免激化对方情绪，努力化解纷争，控制局面。面对行凶的犯罪嫌疑人，保安员要镇静并学会用没有威胁但非常明确的信息交流来缓解紧张气氛。口气温和友好，切忌摆出用手指点的姿态。

（6）贴身防卫技能很重要。在制伏犯罪嫌疑人过程中，多有反抗、还击等行为，保安员要适时采用防卫技术以制伏对方。

2. 在事故灾难中的生命安全自我防护

（1）在人群拥挤现场，应做深呼吸，用两只胳膊和肩膀、背部顶住压力；将胳膊放在胸前，一手握住另一手的拳头，不要将双手交叉；不要将手放在兜里；将两只脚一齐跳离地面，以免被踩住；不管朝哪个方向，都要不断地移动。

（2）在交通事故现场，保安员应佩戴头盔、着反光背心，拉警戒带，在一定距离放置路锥或警示牌，防止发生二次事故。

（3）在触电事故现场，在切断电源或借助绝缘工具情况下方可进入现场施救。在煤气泄漏事故现场，要打开室内通风口，切忌使用火源和电源。在疑似爆炸物现场，切记不要打电话、抽烟，以避免电磁波和明火引发爆炸。

3. 在自然灾害中的生命安全自我防护

（1）地震临灾时要敏感地震信号，选择三角地带瞬时躲避，珍惜12秒自救机会。

（2）台风或海啸灾害中不慎被卷入大海时，要保持镇定，抓住身边任何漂浮物体，借助波浪冲力趋势前冲，奋力游向岸边。

（3）室外防止雷击时，若无处躲避，要找一块地势低洼的地方蹲下，双脚并拢，手放膝上，身体前屈。注意人群不要集中在一起或牵手靠在一起。

（4）泥石流灾害中，发现有泥石流迹象，要向沟谷两侧山坡或高地跑。千万不要沿着沟向上或向下奔跑。

4. 防烟尘和有毒气体。在火灾、交通事故、危险化学品泄漏事故现场，有大量烟雾和有毒气体。现场处置此类事故，保安员要掌握必要的安全知识和技能，佩戴防毒面具或简易的口鼻遮蔽措施，防止烟气进入呼吸道。在现场指挥员的指挥下，协助划定足够远的安全距离，选择上风向站立警戒。

（二）法律风险规避

1. 专职守押保安员用枪风险规避。专职守押保安员依法携带、使用枪支的行为受到法律保护。根据《专职守护押运人员枪支使用管理条例》的规定，专职守押保安员使用枪支有一定范围和限度。即专职守押保安员在执行任务时，能够以其他手段保护目标、押运物品安全的，不得使用枪支；确有必要使用枪支的，应当以保护守护目标、押运物品不被侵害为目的，并尽量避免或减少人员伤亡、财产损失。

2. 控制现场时的法律风险规避。保安员对正在实施违法犯罪的嫌疑人，应该及时制止，设法抓获对方并扭送公安机关处理。对违法犯罪嫌疑人的控制和抓获，不得使用警械，不得私下审讯。对于反抗的违法犯罪嫌疑人可以实施正当防卫，但不得超过必要的限度。对事故、灾难性事件现场，保安员不得私自采取道路交通管制、紧急征用公共或私人物品等涉及公权的行政强制措施。

总之，在突发事件现场，保安员应以保障对方安全为目的，同时做好自身安全防护工作。要养成安全防护意识，提高警惕。掌握必需的防护防卫技能和体能，在应急处置程序上，要做好现场安全评估工作，不要盲目进入现场。必要时在事发现场设置安全监督员岗位，以确保应急处置人员的人身安全。

二、心理救助

面对突如其来的危险，人会有多种应急反应，出现不同的负面情绪，如惊恐、悲伤、情绪不稳、愤怒、焦虑等，并伴有晕眩、头痛、发抖、恶心、手脚冰冷、胸闷、没胃口等生理反应。保安员要适时针对事件中的受困、受害人开展心态调适，进行心理辅导，从而帮助他们尽快恢复正常。

（一）沟通交流

沟通交流，是指保安员通过与受困人现场语言交谈，有效传递信息，达到调节受困人情绪的心理救助方式。沟通交流是常用、简易的心理救助方法。

1. 心理接触。保安员通过自我介绍和表达救助意图，引导受困人员对保安员的信任。以微笑、低缓语调与受困人员交流，达到相互信任，心理相容的境界。

2. 沟通的方式。在陈述、发问、提出要求，或是进行口头沟通时，了解受困人员的生理及心理状况，找到涉灾人员心理问题的症结，并鼓励他们重拾生活的勇气。辅以肢体语言，如手势、微笑与点头，就能够很好地强化沟通效果。交流中，还应专注倾听对方，保持平心静气，适时给予反应，使对方内心感觉受到了重视、得到了关心。

3. 情感控制。在交流沟通中始终目光直视对方，保持微笑。语气缓慢清晰，音量不宜过大。当对方出现抱怨或愤怒的情绪时，不要否定和责怪，理解其情绪不是针对救助人员的。

（二）行为安抚

行为安抚，是指通过肢体接触和其他行为，向受困人施加影响，以调节受困人不良情绪的心理救助方法。一是通过拥抱、拍肩膀、握手和眼神交流等方式，给予受困人最直接的心理接触，尤其针对视觉、听觉障碍的受困人更有效。采取此类方式时要以稳健的姿势、信任的神情给予对方力量，达到情感认同。二是通过解决受困人的实际问题，以缓解不良情绪、减少痛苦。如及时对伤员抢救、包扎，有助于受困人痛苦、焦虑情绪的消除。

（三）改变环境

面对突发事件现场的惨烈状况，受困人易回忆发生的事实，无法摆脱心理阴影。保安员应及时将对方转移至安全、相对僻静的环境中，并营造温暖、关爱的氛围，提供医疗救助、饮食保障和帮助寻亲等关爱措施。

【实例】

如何与灾害事件的受害人开展晤谈

（一）如何晤谈

1. 向他表达你的理解和关心，避免责备怪罪。

2. 多听少说，尤其不要教导。

3. 提问时要用开放式问题。

4. 允许他们以流泪或其他方式发泄情感，允许他表达。

（二）晤谈注意事项

1. 对那些处于抑郁状态的人或以消极方式看待晤谈的人，可能会给其他参与者添加负面影响。

2. 鉴于晤谈与特定的文化性建议相一致，有时文化仪式可以替代晤谈。

3. 对于极度悲伤的人，如家中亲人去世者，并不适宜参加集体晤谈。因为若时机不好，晤谈中受到高度创伤者可能给同一会谈中的其他人带来更具灾难性的创伤。

4. 世界卫生组织（Word Health Orgnization，WHO）不支持只在受害者中单次实施。

5. 受害者晤谈结束后，干预团队要组织队员进行团队晤谈，缓解干预人员的压力。

6. 不要强迫叙述事件细节。

（三）什么可以说

- 对于你所经历的痛苦和危险，我感到很难过。
- 这不是你的错。
- 你的反应是遇到不寻常的事件时的正常反应。
- 你有这样的感觉是很正常的，每个有类似经历的人都可能会有这样的反应。
- 看到/听到/感受到/闻到这些一定很令人难过/痛苦。
- 你现在的反应是正常的。
- 事情可能不会总是这样的，它会好起来的，而你也会好起来的。
- 你现在不应该去克制自己的情感，哭泣、愤怒、憎恨等都可以，你要表达出来。

（四）什么不可以说

- 我知道你的感觉是什么。
- 你能活下来就是幸运的了。
- 你是幸运的，你还有别的同学、亲属等。
- 你爱的人在死的时候并没有受太多痛苦。
- 他去了一个更好的地方，更快乐了。
- 在悲剧之外会有好事发生的。
- 你会走出来的。
- 不会有事的，所有的事都不会有问题的。
- 你不应该有这种感觉。
- 时间会治疗一切的创伤。
- 你应该要将你的生活继续过下去。

第四节 应急处置演练

一、概念及类型

（一）概念

应急处置演练，是指演练组织单位组织相关单位及人员，依据有关应急预案，模拟应对突发事件的活动。应急预案是为应对突发事件而编制的行动方案，它规定应急组织体系、应急人员及其职责和应急处置程序。适用于保安员的应急预案一般有两种，一是服务单位的应急预案，二是根据服务单位的应急预案而制订的保安组织应急预案。保安员必须明确保安组织在服务单位应急处置中的地位和作用，明确保安员应急处置完整的操作流程。保安员不仅要明确自身的应急职责，还要了解其他保安员、应急救援组织和人员的应急职责。

（二）类型

1. 桌面演习。桌面演习通常在会议室举行，由应急组织的代表或关键岗位人员参加，按照应急预案和标准行动程序，讨论所应采取的应急行动，采取口头评论的形式，并不受时间限制，最终形成书面总结和改进建议。桌面演习如同在头脑和口头上“过一遍，走一遍”应急响应的场景，成本较低。

2. 功能演习。功能演习，是指针对某项应急响应功能或某些应急响应行动举行的演练活动，目的是为了熟练和检验某些基本操作或完成某些特定任务所需的技术和实战能力。如针对应急通信联络、现场疏散等专项应急功能开展演练。

3. 全面演习。全面演习是针对应急预案中全部或大部分应急响应功能开展演练。全面演习一般要求持续几个小时，采取交互的方式进行，演习过程要求尽量真实，调用更多的应急人员和资源，来开展实战性演习，以检验相互协调的总体反应和应急能力。

二、应急处置演练的目的

1. 检验预案。通过开展应急演练，查找应急预案中存在的问题，进而完善应急预案，提高应急预案的实用性和可操作性。

2. 完善准备。通过开展应急处置演练，检查对应突发事件所需应急队伍、物资、装备、技术等方面的准备情况，发现不足及时予以调整补充，做好应急准备工作。

3. 锻炼队伍。通过开展应急处置演练，增强演练组织单位、参与单位和人员等对应急预案的熟悉程度，提高其应急处置能力。

4. 磨合机制。通过开展应急处置演练，进一步明确相关单位和人员的职责任务，理顺工作关系，完善应急机制。

5. 科普宣教。通过开展应急处置演练，普及应急知识，提高公众风险防范意识和自救互救等灾害应对能力。

三、应急处置演练的策划

演习策划小组一般由一名组长，若干名组员组成。该小组主要负责确定演习的目的、类型、规模、场地，进行演习的总体设计；制订演习计划，设计演习情景；组织控制人员、评价人员培训；全面检查、指导和协调演习准备工作；提出演习通信、技术、物质器材、生活保障等所需的项目及经费清单；演习结束后，组织各单位总结。

四、应急处置演练的参与人员

1. 演习人员。演习人员是指在应急组织中承接具体任务，并在演练过程中尽可能对演练情景或模拟事件做出真实情景下可能采取的响应行动的人员，相当于通常所说的演员。应急演练方案中还要列出演习人员的具体任务，以列表的形式标明联系方式。如消防综合演练可分为应急指挥组、灭火行动组、现场警戒组、通信联络组、后勤保障组、善后处理组等。

2. 控制人员。控制人员是指根据演习情景，控制应急演练进展的人员。具体要求是确保演习任务得到充分演习；确保演习活动任务量和挑战性；确保演习的进度；解答演习人员的疑问，解决演习过程中出现的问题；保障演习过程的安全。

3. 模拟人员。模拟人员是指演练过程中扮演、代替某些应急组织和服务部门，或模拟紧急事件、事态发展的人员。对模拟人员的具体要求是模拟事故的发生过程，如释放烟雾；扮演、替代某些未能参加演习的部门；模拟受害或受影响人员。

4. 评价人员。评价人员的具体要求是观察重点演习要素并收集资料；记录事件、时间、地点和详细演习经过；观察行动人员的表现并记录；在不干扰参演人员工作的情况下，协助控制人员；确保演练按计划进行；根据观察，总结演习结果并出具演习报告（见表6－1）。

表6－1　应急预案演练记录

编号：(　　)

演练单位			
演练地点			
演练时间		组织者：	
应急预案名称			
参加人员			
演练中存在问题：			
整改意见：			
记录人		应急救援小组组长	

5. 观摩人员。观摩人员一般由有关部门领导、外部机构人员和旁观演练过程的观众等组成。

五、应急处置演练的基本步骤和内容（见图6－2）

（一）演习准备阶段

1. 确定演习日期。应急处置演练日期的确定要考虑到各部门、组织、人员的具体情况，将应急演练列入年度工作计划。已确定的应急处置演练日期应不与其他重大事件发生冲突。

2. 确定演习任务与范围。确定应急处置演练的重点内容；确定参与部门范围，进行职责分配，并签订协议。

3. 确定应急处置演练的目标。应急处置演练的目标是在确定应急演练目的的前提下，确定演练中各应急行动项目的具体要求。应急演练策划者应明确本次演练的核心目标是什么，如以学校组织学生应急疏散演练为例，主要考核全校师生紧急疏散的操作熟练程度，在安全的基础上，如何提高疏散速度。为此必须对应急指挥、疏散引导、集合清点、后勤保障等具体应急行动项目做出明确的目标设计，常以表格的形式列举出来。

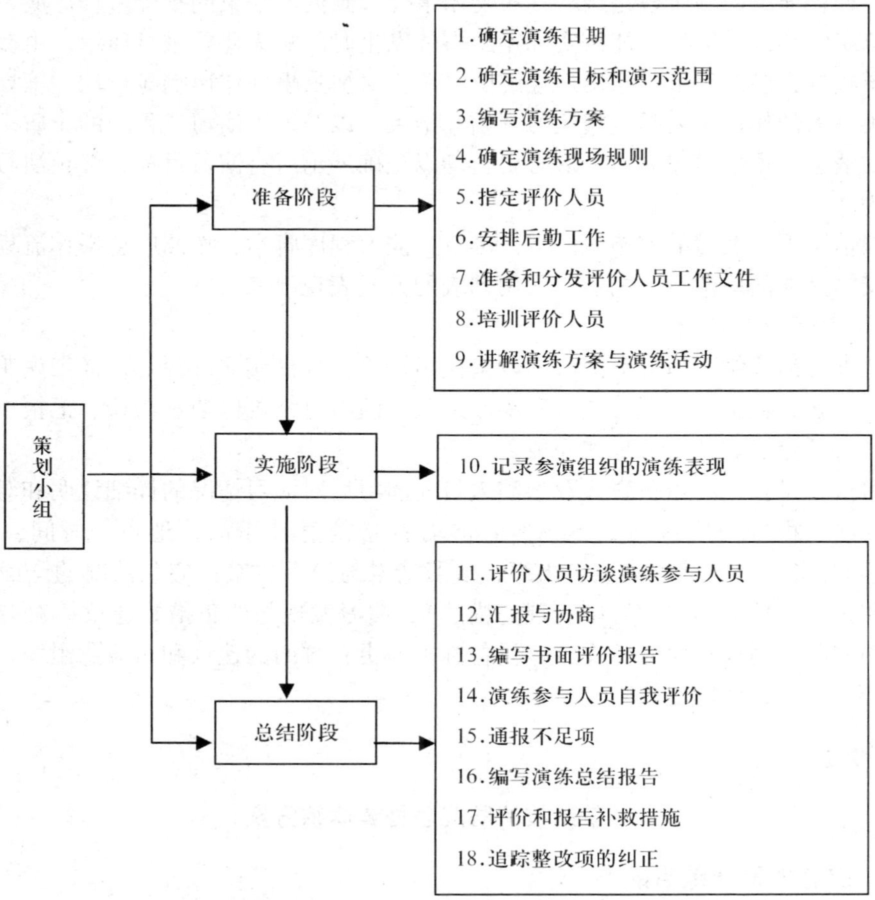

图6－2　综合性应急处置演练实施的基本过程

4. 情景设计。情景设计是针对假想事件的发展过程，设计出一系列的情景事件，目的是通过引入这些需要应急组织作出相应响应行动的事件，保证演习不断进行，从而全面检验所确定的演习目标。情景事件主要通过发布控制消息来通知演习人员。

5. 确定演习现场规则。所有对外消息应以“这是一次演习”作为开头语或结束语。不得采取超越安全保证的行动，不得进入禁止进入的区域，不得接触不必要的危险。事件模拟时必须先考虑可能影响设施安全运行的所有问题。不应为了演习技巧需要而污染环境或造成类似危险。演习过程中对可能真正的紧急情况保持警惕，发现真正紧急事件时，按程序立即终止并取消演习，迅速转入真正应急。所有演习人员应当遵守相关法律、法规，服从执法人员的指令。

将以上应急处置演练准备工作进行总结归纳，最后形成演习方案。演习方案是指根据演习目的和目标，以演习情景设计为基础，对演习性质、规模、参演单位和人员、假想事件、序列情景事件、气象条件、响应行动、评价准则、时间进程等制订的总体设计。其形式要件包括演习计划、情景说明书、评价计划、情景事件总清单、演习控制指南、演习人员手册和通信录等。

（二）演习实施阶段

应急处置演练实施阶段是指从宣布初始事件起到演习结束的整个过程。演习过程中参演的应急组织和人员应尽可能按实际紧急事件发生时的响应要求进行演示，由参演应急组织和人员根据自己的理解，拿出最佳解决办法，对情景事件作出响应行动。策划小组或演习活动负责人的作用主要是宣布演习开始和结束，以及解决演习过程中的矛盾，并向演习人员传递消息，提醒演习人员采取必要行动以正确展示所有演习目标，终止演习人员不安全的行为。

一般情况下，演习的实施阶段事先准备好演习程序脚本，按照应急操作流程，以时间为节点安排具体的应急行动内容，采用列表的方式表现出来。

（三）演习总结阶段

应急处置演练结束后应对演习的效果做出评价，并提交演练报告，详细说明演练过程中发现的问题，包括不足项、整改项和改进项。演习总结可以通过访谈、汇报、协商、自我评价、公开会议和通报等形式完成。

演习报告是策划小组负责人及参演人员在演习后对演习情况的详细说明和对该次演习的评价。演习报告中应包括如下内容：演习背景信息（事故、地点、时间、气象条件等）；演习任务；参与演习的应急组织；演习情景与演习方案；应急情况的全面评价（含对前次演习不足项在本次演习中表现的描述）；演习发现与纠正措施建议；对应急预案和有关程序的改进建议；对应急设施、设备维护与更新方面的建议和对应急组织、应急响应人员能力与培训方面的建议。

【实例】

某高校消防应急处置演练方案

一、应急处置演练目的

通过演习提高本校师生员工的紧急避险意识、消防意识和紧急应变能力，评估本校消防应急处置能力，明确各部门应急职责，检验应急处置人员对本校消防应急预案的了解程度和实际操作技能。

二、演练适用范围、总体思想和原则

本方案针对动用本校内部应急资源开展全面演练进行的情景设计，按照《消防法》和本校消防应急预案的要求，进行演练策划，遵守保护生命和“预防为主、防消结合”的方针以及“救护优先、防止和控制事故扩大优先”的原则，并在组织实施过程中，结合实际、突出重点、讲究实效，保证演练参与人员、公众和环境的安全。

三、演练策划组

组　长：×××

副组长：×××　×××

成　员：×××　×××　×××

其承担的任务主要包括：确定演练方案；确定演练实施计划、情景设计与处置方案，审定演练准备工作计划和调整计划；检查和指导演练准备与实施，解决演练准备与实施过程中所发生的重大问题；协调各类演练参与人员之间的关系；组织演练总结与追踪。

四、应急处置演练参与人员

1. 演习人员。按本校应急预案规定参加演练的人员及单位：校分管领导、学生处、保卫处（校卫队、监控中心）、后勤中心、校办公室、医务室、××系。

其承担的任务主要包括：救助伤员或被困人员；配备及动用各类应急资源；与其他应急响应人员协同应对消防事故；按演练程序进行演练。

2. 控制组。组长：×××；成员：×××　×××　×××。

其承担的任务包括：确保应急处置演练目标得到充分演示；确保演练活动对于演习人员具有一定的挑战性；保证演习进度、解答演习人员疑问和演练过程中出现的问题；保证演练过程的安全。

3. 评价组。组长：×××；成员：×××　×××。

其承担的任务包括：观察演练人员的应急行动，并记录其观察结果；在不干扰演练人员工作的情况下，协助控制人员确保演练按计划进行。

4. 模拟人员。

场外应急组织模拟人员：×××

模拟伤员：×××

模拟应急响应效果人员：×××（释放烟雾）

模拟被撤离和疏散人员：若干

5. 观摩人员。邀请市教育局、消防大队等领导前来观看。

五、应急处置演练时间

2015年×月×日　××：××－××：××

六、应急处置演练事故情景说明

某天下午，我校学生宿舍北2楼发生火灾，大部分人被疏散出建筑，但火势难以控制并迅速向3楼蔓延，同时有多名人员被困火场，情况十分危急。

七、应急处置演练分工及演练程序

（一）应急处置演练人员分组

1. 报警组：1名

（1）负责启动该楼层消防报警警铃，并与监控中心保持联系，同时通知监控中心用消防广播引导该楼人员进行疏散，并及时将火灾信息传递到消防监控中心。监控中心接到报警信息，立即用对讲机呼叫当值领班或队长，确认火警及具体位置、燃烧性质及火势。

（2）通知领导启动该区域消防紧急预案。

（3）立即通知学校义务消防队员赶赴现场。

（4）随时根据总指挥下达的命令及时进行必要的通信联络。

2. 人员疏散组：20名

（1）根据现场实际情况，确定疏散人员的安全出口、通道路线、确定需要疏散的重要物资。引导、护送群众有秩序地疏散到安全区域。

（2）逐房检查，并清点人数，检查有无未撤离危险区的人员。

（3）在保障人员安全的基础上，有组织有秩序地组织楼上人员按就近楼梯往下疏散，防止在疏散过程中人员相互拥挤、踩踏、摔伤。

（4）安置好疏散下来的人员，及时转移到安全地带。

3. 火灾处置组：5名

（1）接到火警信号后，在第一时间赶到现场，按照现场指挥人员的统一安排，并立即组织人员携带消防器材和救生、破门工具进入火灾现场展开战斗。

（2）水枪手立即铺设两盘消防水带连接消火栓，集中力量将火扑灭。

（3）在消防总指挥的指挥下有组织、有计划地进行对火势的控制和扑灭。

（4）在未接到上级命令之前，不得擅自撤离火灾现场。

4. 抢险救援组：4名

（1）统一服从指挥，坚持“先人后物”的抢救原则，在保证自身安全的前提下，将火灾损失减少到最低。

（2）负责救援被困火场的人员。

5. 紧急救护组：4名

（1）负责救治受伤的人员，确保学生在疏散和灭火中得到医疗救护。

（2）如遇伤势较重的人员应及时处理并送往医院救治。

6. 现场清查组：1名

（1）控制疏散区域人员秩序，确保安全。

（2）清点疏散出来的人员，并向总指挥报告人数情况。

（二）应急处置演练程序

1. ×时30分参演人员全部就位。

2. ×时35分领导出席现场。

3. ×时38分开始在模拟建筑2楼点燃烟幕弹，以宿舍因某人燃烧废纸为起火原因。

4. ×时40分准时启动消防报警警铃，以警铃为信号。

5. ×时41分由总指挥通知各部门启动火灾处置预案，义务消防队及工作人员赶往火灾现场。

6. ×时42分由疏散引导组引导该楼被困人员疏散。

7. ×时43分火灾处置组携带手提式灭火器进入火场灭火，同时外围水枪喷水冷却掩护。

8. ×时44分清点人数发现2楼两名伤者被困火场；总指挥下令救援组进入建筑紧急救援。

9. ×时45分救援组进入大楼将被困伤者救出。

10. ×时46分对昏迷伤员进行现场急救和简易包扎。

11. ×时48分义务消防队员进入现场清理余火。

12. ×时49分集合全体队伍。

13. ×时50分宣布演习结束。

八、应急处置演练要求

1. 所有参与人员必须服从指挥，注意安全，以严肃的态度对待此次演习。

2. 参加演习人员×时30分准时集合。

3. 各分组演习中如有突发事件发生，应及时向演习指挥部报告。

九、演练总结

演练结束后，应急处置演练策划小组、指挥人员、控制组、评价组集中现场临时指挥部参加演练总结会议。一周内根据评价人员在演练过程中收集和整理的资料，以及演习人员和总结会中获得的信息策划组编写演练总结报告。

××年×月×日

第二单元 操作技能

操作项目一 撰写应急处置情况报告

【操作目标】

1. 能对模拟现场进行安全评估。

2. 会撰写应急处置情况报告。

【操作要求】

1. 应急处置过程信息完整，记录准确，措施得力。

2. 文面清洁，格式规范。

【操作准备】

模拟视频，报告纸，笔、尺子。

【操作步骤】

1. 保安员观看视频资料。
2. 保安员对现场实施初步评估，掌握事件的基本信息（事件发生的时间、地点、经过、结果及原因）。
3. 现场应急处置措施（秩序维护、紧急疏散、救护伤员等）。
4. 现场应急处置的效果（经验及总结）。
5. 下一步安保整改措施。

【操作考核】

根据操作情况进行评分。
1. 报告要素完整性。
2. 报告结合案例的针对性。
3. 报告整改措施的操作性。
4. 报告语句条理性及格式规范性。
否定项说明：若学员发生下列情况，则应及时终止实训，学员该实训成绩记为零分：
（1）抄袭报告。
（2）复制报告。

操作项目二　银行大厅柜台前持械抢劫演练

【操作目标】

1. 能编制演练方案。
2. 会组织实施模拟演练。

【操作要求】

1. 应急处置过程完整，协调得当，指挥得力。
2. 分工明确，任务合理，角色意识较强。

【操作准备】

银行模拟场所，喊话器，橡胶棍，橡胶匕首，模拟纸币。

【操作步骤】

1. 教官设计案情，指导学员学习和研讨，明确角色任务和安全意识。

2. 教官布置模拟现场，现场讲解并提问。

3. 确定演练开始时间，演练正式开始（报警、秩序维护、紧急疏散、救护伤员、现场谈话等）。

4. 演练结束并评价。

【操作考核】

根据操作情况进行评分。

1. 现场指挥的协调性和合理性。
2. 现场措施的合理性、对应性和及时性。
3. 组织性和纪律性。
4. 演练方案的完整性和合理性。

思考题：

1. 结合保安工作实际，谈谈高级保安员的应急处置职责。
2. 试画出歹徒威胁索要现金事件应急处置流程图。
3. 以学校学生应急疏散为例，设计出应急演练方案。

第七章　现场急救

【本章知识要点】

了解现场急救的任务和辐射防护要点，熟悉关节扭伤、车祸伤、中风及心脏病突发的现场急救，掌握肢体截断伤、脊柱骨折、猝死等意外伤害的现场急救要领。

【本章技能要点】

会利用现场急救止血术、包扎术、固定术和搬运术等技术，对肢体截断伤、脊柱骨折等进行正确的急救，能用复苏术对猝死、心脏病等意外伤害进行正确的现场急救处理。

第一单元　理论知识

第一节　现场急救概述

一、现场急救的目的

现场急救，也叫现场抢救或入院前急救，它是指一些意外伤害、急重病人在未到达医院前得到的及时、有效的急救措施。现场急救的目的是挽救生命、减少伤残和痛苦，为进一步救治奠定良好的基础。及时、合理的急救，不仅能使伤员转危为安、减少痛苦、减少失血，而且能改善病情、防止和减少并发症，为后续医院治疗赢得宝贵时间。

二、现场急救的任务

施救人员进入意外伤害现场后，立即开展施救工作，现场急救主要完成以下几项任务：

（一）镇定有序的指挥

一旦灾祸突然降临，不要惊慌失措，要镇定指挥。如果现场参与施救的人员较多，要分工明确：专业医务人员负责对伤病员进行必要的急救处理，现场没有医务人员的可以请有经验的人员进行处理；1 人迅速利用手机、电话拨打 120、110 进行求救，呼叫医务人员前来现场；对于犯罪现场、交通意外现场还要有指挥人员进行现场警戒和交通指挥，防止现场被破坏、交通堵塞和发生再次交通意外；对于伤员的位置和物品散落的区域进行标示和记录（如拍照、画图），对重要物件进行保护；对于目击者开展访问等。

（二）迅速排除致命和致伤因素

现场有继续发生危害可能的，应设法迅速排除各种致命和致伤因素，防止发生次生伤害，危及现场人员生命安全。如搬开压在身上的重物，迅速撤离中毒现场；如果是意外触电，应立即切断电源；伤病员意识模糊或意识丧失的，及时清除伤病员口鼻内的泥沙、呕吐物、血块或其他异物，保持呼吸道通畅等。

（三）检查伤员的生命体征

接近伤员首先检查伤病员意识、呼吸、心跳（脉搏）、瞳孔情况。有意识丧失、舌根后坠者，应将舌头拉出或用针线穿刺固定在口外，防止窒息。

（四）心肺复苏

如呼吸、心跳停止，应立刻进行心肺复苏，以保证生命重要器官的供血、供氧，防止组织细胞坏死，为进一步救治赢得宝贵时间。

（五）实施止血术、包扎术

有创伤出血者，按照出血部位和出血量选择合适的止血方法，如直接压迫止血术、指压动脉止血术或止血带止血术等。然后，就地取材，利用手边能找到的干净毛巾、衣服、手帕等织物迅速包扎，也可采用加压包扎。

（六）保护膨出脏器

如有腹腔脏器脱出或颅脑组织膨出，切忌直接将脱出脏器还纳回腹腔、颅腔，因为直接还纳不但会将污染物带进腹腔、颅腔，更危险的是由于非专业的操作可能损伤脏器，尤其是脆弱的脑组织，严重者危及生命。正确的做法是先用干净的盆、碗扣住膨出组织，并用布带绑住盆、碗固定在躯干或头部，现场没有盆、碗的，用干净毛巾、软布料等简单包裹加以保护。

（七）实施固定术

有骨折或关节脱位者，用小夹板、木板等临时固定。

（八）迅速而正确地转运

按不同的伤情和病情，按轻重缓急选择适当的工具进行转运。运送途中随时注意伤病员情况变化。

总之，现场急救要在保证维持伤病员生命的前提下，抓主要问题，分清主次，遵守“先抢后救、先重后轻、先急后缓、先伤后病”的“四先四后”原则，有条不紊地进行，切忌忙乱，以免延误和丧失有利时机。

第二节　现场急救技术

现场急救最常用的是急救五项基本技术①，是指止血术、包扎术、固定术、搬运术和心肺复苏术五项。遇紧急情况伤病员人数多，或者一名伤病员同时有几种损伤需要处理时，根据伤病情的危急程度，按照“四先四后”的原则开展紧急施救，即参照以下顺序来进行急救：若有呼吸、心跳停止的，先行心肺复苏术；紧接着对出血者实施止血术，对

① 急救基本技术的归类还有不同意见，在有些教材中提出急救四项基本技术的概念，即止血、包扎、固定、搬运。

伤口进行包扎术；然后对有骨折或关节脱位的实施固定术；最后将伤病员搬运（搬运术）到救护车或者直接送到附近医院做进一步治疗。

一、肢体截断伤的现场急救技术

在日常生活和各种操作中，肢体损伤非常常见，尤其是手的外伤最为多发，快速、有效的急救处理，能够减轻痛苦、减少出血、减少伤残以及缩短后续治疗的时间。

（一）肢体截断伤判断

肢体外伤按照致伤器具分为钝器伤和锐器伤两大类。钝器伤常见于被重物压伤和被硬物打伤，皮肤大多没有裂开，常呈现皮下淤青或血肿，此时要立即用冷毛巾或冷水袋外敷15～20分钟左右，以达到快速止血、防止血肿增大和减轻疼痛的效果。

锐器伤常见有刺伤和刀伤（包块砍伤、割伤）。当肢体被刺时，首先应该查看是否有刺入物遗留伤口，若刺入物较小，不在心脏、大血管附近，可以及时拔出或设法挑出。当肢体上有刀伤时，会引起出血甚至肢体完全断裂，要用外伤急救技能紧急处理，否则容易造成残疾、失血性休克甚至危及生命。下面介绍锐器伤中比较严重且急需处理的肢体截断伤的现场急救。

（二）现场急救方法

发生肢体截断伤即断指（肢）事件后，现场急救的操作步骤如下：

1. 立即止血、包扎伤口。截断肢体后动脉损伤会出现大出血，应立即抬高肢体超过心脏水平，用指压动脉止血术用力压迫截断肢体近心端的供血动脉以减少出血，然后换用止血带止血术止血。在上止血带的部位敷好衬垫，用橡皮止血带或布类止血带缠绕以止血，并于伤者明显部位标示时间（运送医院途中注意观察末梢供血情况，每隔0.5～1小时松开1次，以免远端缺血坏死）。

2. 正确保存断指（肢）。随意丢弃断指（肢）会造成永久残疾，正确地保存断指（肢），能在有条件的医院进行再植手术，有望恢复断指（肢）功能。正确保存断指（肢）的方法是：先用无菌敷料或干净的软布包裹断指（肢），然后放入不透气的塑料袋内密封，再将密封袋装进有碎冰块的大盒子中冷藏（见图7－1）。千万不要在断指（肢）上面涂擦消毒液或把断指（肢）侵入酒精、消毒水、盐水等中转运，这样容易引起细胞坏死影响再植成活率。

图7－1　断腕的保存

3. 及时转运，越快越好。争取在6～8小时内送到医院进行再植手术，这样手术的成功率比较高。

二、关节扭伤的现场急救技术

（一）关节扭伤判断

关节过猛的扭转、撕裂附着在关节外面的关节囊、韧带及肌腱，就是关节扭伤。扭伤最常见于踝关节、腕关节及下腰部。发生在下腰部的扭伤，就是平常说的闪腰、岔气。关节扭伤表现为局部疼痛、肿胀、皮肤青紫及关节活动受限甚至不能转动。

（二）现场急救方法

1. 一旦发生关节扭伤，应立即休息，停止运动。如继续活动，会增加局部出血和损伤，导致关节肿痛加重，影响后期恢复。施予不恰当的推拿和按摩，可能会加重出血，引发炎症反应。

2. 冰敷或冷敷。可直接用塑料袋装冰块或用冰袋放置疼痛处，遇冷血管收缩，可以减少皮下出血并可有效止痛。冰敷可每隔2小时做15分钟，至肿胀不再继续增加为止。

3. 冰敷后用弹性绷带压迫包扎，防止出血、肿胀继续增加。

4. 选用合适的方式搬运，送医院进一步诊治。如损伤在下肢关节，尽可能采取背负、抱持或者双人搬运术进行搬运；腰部扭伤则选用担架搬运；怀疑有骨折或脱节脱位的还需选用硬担架。

踝关节习惯性扭伤者（同一关节短时间内多次扭伤的），可于踝部胶布固定、绷带包扎于矫枉过正位（见图7－2）。日常也可在鞋底外侧后半段垫高半公分（即在外侧钉一片胶皮或塑料），以保护韧带、防止再度发生踝关节扭伤。

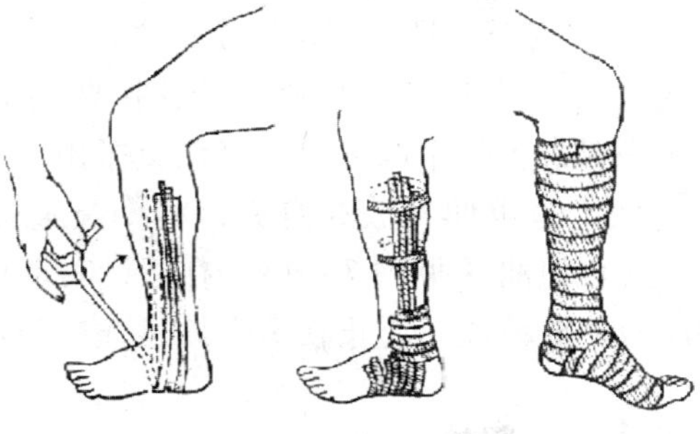

图7－2 踝部固定于矫枉过正位

三、脊柱骨折的现场急救技术

脊柱骨折常见于人体背部中央受到外力冲击造成颈、胸、腰部脊柱骨折。由于受伤时外力作用方向、大小不同，脊柱骨折的严重程度不同，从损伤椎体外形上分为压缩性骨折、粉碎性骨折和完全性骨折等类型（见图7－3）。

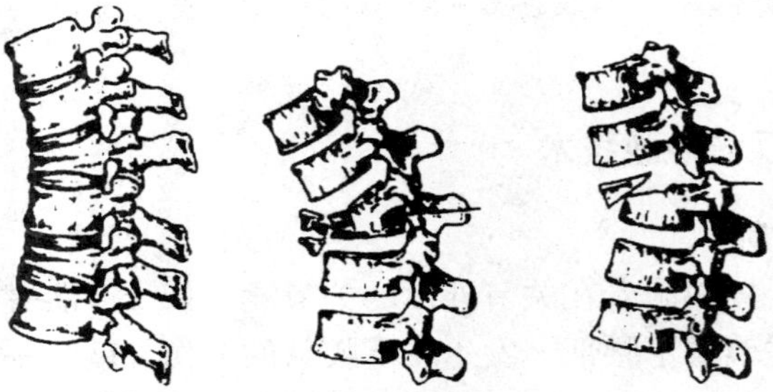

(1)压缩性骨折 (2)粉碎性骨折 (3)完全性骨折

图 7－3 脊柱骨折

（一）脊柱骨折的判断

脊柱骨折需要根据伤者的受伤史结合伤后的症状、体征判断。

1. 脊柱骨折常有以下受伤史：

（1）从高空摔下，臀或四肢先着地者。

（2）重物从高空直接砸压在头或肩部者。

（3）暴力直接冲击在脊柱上者。

（4）正处于弓背、弯腰时受到挤压力者。

2. 脊柱骨折后典型症状、体征有：

（1）骨折相应部位感觉疼痛、局部压痛或有隆起、畸形。

（2）如有脊髓损伤，伤员会出现受伤处水平以下脊髓所支配的肢体有麻木、活动无力或不能活动，即截瘫，后果严重。

（二）现场急救方法

1. 怀疑伤员脊柱骨折时，应按脊柱骨折固定法予以固定。

2. 如伤者仍被瓦砾、土方等压住时，不要硬拉暴露在外面的肢体，以防加重脊髓和骨折部位的损伤。应将压在伤者身上的东西去除后将伤员搬出。

3. 使伤员两下肢伸直，两上肢也伸直放在身旁，将伤员整体平抬至铲式担架、硬板床或门板等硬担架上，身体禁止扭曲（见图 7－4）。在搬运时动作要轻柔，放置在木板上后，用布带固定伤员或身体两侧放沙袋，防止伤员在搬运途中滑落（见图 7－5）。

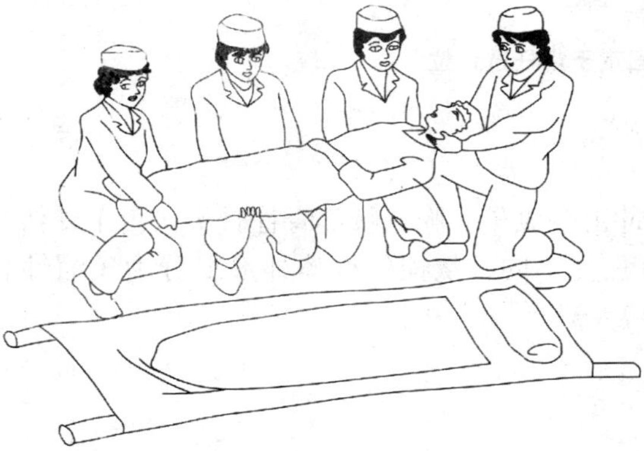

图 7－4 上担架

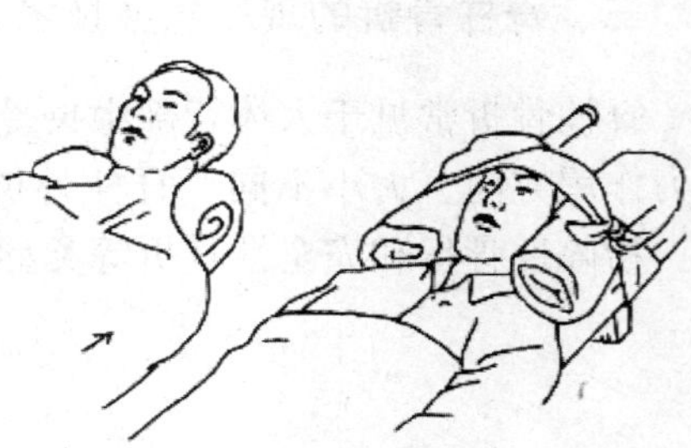

图 7－5 颈椎骨折固定、搬运术

4. 如伤者处于暗处时间较久，应用眼罩或布包住患者的眼睛再抬出，防止突然强光刺激损害眼睛。如有伤口出血应先止血再包扎伤口。

5. 急送医院，途中随时观察病情变化。如出现心跳呼吸骤停，应立即予以心肺复苏术施救。

第三节　常见意外事故的紧急救助

一、车祸现场的紧急救助

交通事故损伤是指交通事故对车内乘员、骑车人或行人造成的肢体和内脏器官的损坏与伤害，轻者挫伤、挫裂伤，重者骨折、关节脱位、内脏损伤，甚至发生死亡的事件。

尽管交通事故的致伤机制十分复杂，表现在伤员身上的损伤情况和形态也非常复杂，但是，交通事故损伤的类型和特点仍然是比较明显。参与交通事故现场救护的人员需要迅速、正确地判明伤情，尤其是对处于生命危险中的伤者实施正确的急救，可以控制伤情、减少伤亡。

（一）现场判断

1. 车祸现场常见的损伤有以下几种：

（1）撞击伤。撞击伤也叫冲击伤，主要是由高速行驶的车辆直接冲撞人体所造成。由于机动车速度快、惯性大，一旦被撞即会给人体造成严重损伤。撞击伤直接损伤被撞击的部位和体内脏器，多表现为挫伤或挫裂伤，严重的可致骨折或大出血，危及生命安全。

（2）减速伤。高速行驶的车辆突然减速（紧急刹车）或两车相撞所致的伤害。因强大的惯性及推力，致使车内人员严重受伤称为减速伤。常见有颅脑损伤、颈椎损伤、心脏损伤、鼻部损伤以及方向盘撞击胸部损伤、下颌骨骨折等。减速伤通常看不到有明显的活动性体外出血，极易在抢救过程中被忽略和遗漏，在转运过程中伤情突然加重甚至造成残疾或死亡。

（3）碾挫伤。碾挫伤即伤员被车轮推挤、碾轧或者是压榨下造成的损伤。多出现大面积软组织挫裂伤或出现粉碎性、开放性骨折，脏器破碎。严重的压榨伤如人的躯干被碾压，可造成重要脏器破裂，死亡率极高。如人的头部若被碾压一般可当即死亡，往往来不及抢救。

（4）跌扑伤。伤员被车身刚倒或猛烈摔跌所致伤害。常见有钝挫伤、玻璃刺伤，严重者有颅脑外伤。

（5）挤压伤。事故发生后，车载货物压埋肢体，可能引起挤压综合征或创伤性窒息。常因急性肾衰竭或呼吸衰竭而死亡。

（6）烧伤。由于交通事故而引起汽油及易爆品燃烧而造成人体不同程度的烧伤。

2. 交通事故所致伤害有以下特点：

（1）伤员受强大暴力作用，伤情严重。

（2）伤情复杂，常在同一伤员体内外发生多处创伤及复合伤。如脑外伤合并胸腹部创伤。

（3）隐蔽性伤害较多，常见的隐蔽伤有颈椎脱位或骨折、内脏器官破裂、颅脑损伤等。

(4) 死亡多见，致残率高。

(二) 现场施救方法

1. 呼叫救援。一旦发生道路交通事故，立即利用现场附近的电话、手机等通信工具拨打 122 向公安交通管理部门报告，拨打 120 向本市急救中心呼救求援。呼救和报案时要尽量使用普通话，报告情况要准确，语言要简洁明了，告知发生意外和你所在的具体地点、伤病员情况、目前采取的措施（也可询问应该采取的措施）并留下现场施救者电话和姓名等信息，方便联系。呼救后立即组织现场人员、利用手边现有材料开展现场急救。

2. 伤情分类。首先要对车祸现场伤员进行伤情分类，按照国际公认的标准，灾害现场的伤情分类分为四个等级：即轻伤、中度伤、重伤与死亡。简单来说，轻伤是指人体仅有局部组织的擦伤或皮下血肿等轻微的损伤。中度伤是指人体有骨折、内脏损伤、大面积或特殊部位烧（烫）伤、严重的挤压伤等单一或多项同时存在的损伤。重伤是指伤病员有大出血（包括内出血）或重度脑外伤等引起昏迷、休克、呼吸心搏骤停等。

根据上述三类伤情，现场施救人员要全力以赴，争分夺秒，分清轻、重、缓、急，以“四先四后”的急救原则，开展现场急救。

3. 现场急救

(1) 颅脑损伤的现场急救。交通事故中，颅脑损伤的发生率很高，当人的头部受到外力碰撞或摔打时，颅内脑组织会发生剧烈震荡，使脑组织及脑血管受到严重损害。车祸中常见的颅脑损伤主要有脑震荡、脑挫伤、脑干损伤、颅内出血及血肿等。伤员可出现剧烈头痛、意识丧失、喷射性呕吐、昏迷等症状，死亡率高。

现场急救：首先要保持伤员头部稳定，避免一切不必要的搬动，开放性颅脑损伤可以用厚敷料或干净的布料、棉垫包扎伤口。如遇脑组织膨出应注意保护膨出的脑组织：先用无菌敷料覆盖后，再用干净碗、盆扣住，然后用三角巾或宽布带进行包扎固定。对耳、鼻流出的清水样液体（脑脊液）禁止冲洗、堵塞。如果伤员出现呼吸和心跳停止时，应马上进行现场心肺复苏术，待伤员恢复自主呼吸和心跳，才可停止复苏。同时迅速将伤员送往附近医院，在送医院途中，要随时观察伤员的生命体征。

(2) 胸部损伤的现场急救。胸部软组织严重擦伤、挫伤、撕裂或撕脱创伤后，由于疼痛，伤者呼吸受限，气管、支气管内的分泌物难以排出，可引起气道梗塞、不同程度的缺氧。救护时应避免群众围观，保证新鲜空气流通，做好气道清理、止血、包扎和固定。

①肋骨骨折的现场急救。发生肋骨骨折时应用多头带、宽胶布或绷带固定胸壁。方法是先于胸部骨折处垫些棉花或干净布类，在伤员呼气状态下用宽绷带围绕胸部紧紧包扎，以达到固定胸壁的目的。

②开放性气胸的现场急救。开放性气胸是指胸部受伤后，伤口直接通入胸腔，胸腔与外界大气自由交通，伤者常在伤后迅速出现严重呼吸困难、惶恐不安、脉搏细弱、紫绀和休克。检查时可见胸壁有明显创口通入胸腔，并可听到因空气随呼吸经伤口自由出入胸腔而发出的“嘶嘶”声音。急救时应即刻封闭伤口，可用多层清洁布块或厚纱布垫，在伤员深呼气末敷盖创口并包扎固定，变开放性气胸为闭合性气胸。如有大块凡林纱布或无菌塑料布则更为合用，现场急救可以用保鲜膜或干净塑料袋。要求封闭敷料够厚以避免漏气，但不能往创口内填塞，选用材料宜大、范围应超过创缘 5 厘米以上，包扎固定牢靠。

在伤员转送途中要密切注意敷料有无松动及滑脱，不能随便更换，并时刻警惕张力性气胸的发生。

（3）四肢损伤的现场急救

①肢体挤压伤的现场急救。人体四肢的皮肤肌肉在碾压、挫挤、擦刮等外力作用下，发生挫裂伤时，四肢粗大的肌肉受到损伤，破裂的肌肉释放出大量的肌红蛋白，这种肌红蛋白进入人体血液循环后，对肾脏有极大的损害，可造成肾衰竭而死亡。

现场救护时，要及时对损伤的肢体进行包扎固定，避免出血过多。大面积的肌肉损伤时，可进行局部冷敷，禁止对伤肢进行按摩或不必要的活动。

②肢体截断伤的现场急救。交通事故中严重撞车、翻车碾压等，有时造成伤员肢体的完全或不完全断离。在现场急救时，首先要进行止血，可用止血带止血法，同时要保护和保存好断肢。急救具体操作见本章第二节中的肢体截断伤的现场急救技术。

（4）呼吸心搏骤停的现场急救。车祸中伤势严重的伤员可引起心跳、呼吸骤停，现场应立即进行心肺复苏术。按照复苏术操作 C—A—B 的顺序进行，即先胸外按压 30 次—开放气道—人工呼吸 2 次的顺序，持续进行直到伤者的心跳、呼吸恢复或者专业医务人员赶来救治。在不中断抢救的情况下，用急救车辆或能使伤员平卧的车辆迅速送医院进一步治疗。

（5）脊柱骨折的现场急救技术。交通事故发生时，伤员受到外力或重物冲击头部、肩部或者胸背部，使脊柱骤然前屈而致伤或由突然刹车而引起的颈部减速伤，都可造成脊柱骨折或脱位，严重者可致脊髓损伤。当脊柱出现骨折或脱位时，局部出现疼痛，按压受伤的椎体时疼痛剧烈，用手叩击受伤椎体也会出现疼痛，脊柱活动受限，如脖子或腰部不能活动。局部软组织肿胀，受伤的颈椎、胸椎或腰椎会出现后凸、侧凸或下凹等改变。如果伴有脊髓受损时可造成上、下肢瘫痪。现场急救措施详见本章第二节中的脊柱骨折的现场急救技术。

二、猝死现场的紧急救助

1979 年国际心脏病学会、美国心脏学会以及 1970 年世界卫生组织定义猝死为：急性症状发生后即刻或者 24 小时内发生的意外死亡。目前大多数学者倾向于将猝死的时间限定在发病 1 小时内，世界卫生组织定为发病后 6 小时内死亡者为猝死。通俗地说，猝死是平时身体“健康”或病情基本稳定的患者，发生非预料中的突然死亡。

（一）现场判断

1. 发生猝死的特点有三个：

（1）死亡急骤。

（2）死亡出人意料。

（3）自然死亡或非暴力死亡。

2. 发生猝死的原因很多，常见的有：

（1）心肌梗死：急性心肌梗可以迅速出现休克、昏迷，以致猝死。冠心病是老年猝死的最常见原因。

（2）脑出血：高血压病患者易患脑出血，出血积存在颅内，无法排出，压迫脑组织而致猝死。

（3）肺栓塞：淤血形成血栓，栓塞在肺动脉而猝死。

（4）急性坏死性胰腺炎：暴饮暴食、酗酒是常见的发病原因。造成胰脏出血坏死，胰液外溢，发生自体消化所致。

（5）哮喘：哮喘病人在某些刺激物的侵袭下，突发呼吸道强力收缩，进而不幸丧命。

（6）过敏：青霉素、普鲁卡因易引起药物过敏，造成病人过敏性休克死亡。

（7）猝死症候群：此病多见于年轻人（17～40 岁），死前各项检查均正常，有过度疲劳、熬夜史。

（8）毒品、某些药品过量，也易造成猝死。

3. 患者的临床表现：主要是心跳、呼吸骤停，可依次出现下列症状和体征：

（1）意识突然丧失，或伴抽搐。

（2）心音消失；脉搏触不到，血压测不出。

（3）呼吸断续，呈叹息样，随后停止。

（4）瞳孔散大。

（二）施救方法

猝死的发生常常没有预兆，或者因为平时体健，出现症状被忽视，一旦发生，现场人员拨打 120 进行求救的同时应立即予以急救，刻不容缓，防止时间延误而引起死亡事件发生。

现场施救的关键是立即开展心肺复苏术。将患者放置到地上或硬板床上，呈仰卧位。施救者按照复苏术操作 C—A—B 的顺序进行，即先胸外按压 30 次—开放气道—人工呼吸 2 次的顺序，持续进行直到伤者的心跳、呼吸恢复或者专业医务人员赶来救治，在不中断抢救的情况下，用急救车辆或能使伤员平卧的车辆迅速送医院进一步治疗。

施救过程中患者如有呕吐，应将呕吐物及时清除，防止气道堵塞。搬运和翻转时尽量采用整体平抬搬运和整体翻转，防止颅内出血的加重。

猝死防治更应注重预防，关注日常健康，尤其是老年人、工作压力大的中年人和生活无规律的年轻人，每年应进行一次全面健康检查，观察原有疾病的变化和有无新疾病的发生，对这些先天和后天的疾病，应积极治疗，并避免情绪激动、劳累过度等诱因。出现身体不适或不明症状时，应尽快到医院检查、治疗。

三、中风的紧急救助

中风也叫脑卒中。中风是中医学对急性脑血管疾病的统称。分为两种类型：缺血性中风和出血性中风（即西医中称为脑血栓或者脑出血）。本病具有发病率高、死亡率高、致残率高、复发率高以及并发症多的特点，所以医学界把它同冠心病、癌症并列为威胁人类健康的三大疾病之一。

（一）现场判断

1. 中风的先兆症状包括：

（1）有高血压、动脉硬化病史的人突然出现头痛、头晕、眼前发黑或头痛固定在一侧伴有对侧肢体的麻木、无力，常预示出血性脑血管病的发生。

（2）反复发作的说话不清、视物模糊、一侧肢体麻木无力，是颈内动脉系统短暂性脑缺血的典型表现，此时预防脑血栓形成就刻不容缓了。

(3) 中老年人突然视物旋转、耳鸣、呕吐、取物不准，四肢麻木无力且反复发作，是椎基底动脉供血不足的表现，预示该系统将要发生严重的缺血性脑血管病。

(4) 心脏病有心律失常时，如风湿性心脏病出现房颤时，左心房内的栓子极易脱落进入脑动脉而发生脑栓塞。

(5) 其他症状：如出血原因不明的舌痛、鼻出血、哈欠不断、咳呛、说话吐字不清、缘由不明的跌跤、嗜睡以及精神状况异常，也应引起重视。

2. 中风症状：猝然昏倒，不省人事，伴发口角歪斜、语言不利而出现半身不遂。

(二) 施救方法

中风患者发病后抢救是否及时、处理是否得当，对患者的预后至关重要。现场急救中风病人时的施救要点有：

1. 发现病人后切忌慌乱紧张，应保持镇静，让病人就地平卧，尽快拨打120呼救。

2. 中风分为出血性中风和缺血性中风，在诊断未明确时，不要用药，因为不同类型的中风用药各异。

3. 松开病人衣领，取出假牙。呕吐病人应将头部偏向一侧，以免呕吐物堵塞气管而窒息；如果有抽搐发作，可用筷子或小木条裹上纱布垫在上下牙间，以防咬破舌头。

4. 掌握正确搬运病人的方法，在人员和担架准备好之前切忌随意搬动。搬运最好采用铲式担架或多人平抬搬运术，避免震动病人头部。在送医院途中，可用双手轻轻固定患者头部，避免头部受颠簸。

四、心脏病人的紧急救助

心脏病是心脏疾病的总称，包括风湿性心脏病、先天性心脏病、高血压性心脏病、冠心病、心肌炎等各种心脏病。心脏病急性发作比较常见而危险的有心绞痛、心肌梗死。下面介绍这两种疾病的紧急救助。

(一) 现场判断

心绞痛是指由于冠状动脉（心肌的供血动脉）供血不足、心肌暂时缺血与缺氧所引起的以心前区疼痛为主要临床表现的一组综合征。其特点为阵发性的前胸压榨性疼痛感觉，可伴有气急、冷汗、面色苍白等症状。疼痛主要位于胸骨后部，可放射至心前区与左上肢，达无名指和小指。可伴有濒死的恐惧感觉，往往迫使病人立即停止活动，疼痛历时1~5分钟，很少超过15分钟。本病多见于男性，多数病人在40岁以上，劳累、情绪激动，饱食、受寒、阴雨天气，急性循环衰竭等为常见的诱因。

急性心肌梗死是冠状动脉急性、持续性缺血缺氧所引起的心肌坏死。临床上多有剧烈而持久的胸骨后疼痛，休息及硝酸酯类药物不能完全缓解，伴有血清心肌酶活性增高及进行性心电图变化，可并发心律失常、休克或心力衰竭，常可危及生命。

(二) 施救方法

发现上述症状和体征的病人，应立即开展现场急救。

1. 立即平卧，避免不必要的搬动。解松病人的领带、皮带、纽扣等，以利于呼吸畅通。避免围观，保持空气流通。

2. 安抚病人，使其精神稳定下来。

3. 取硝酸甘油或速效救心丸舌下含服，一般很快起效。如果是心绞痛发作，5分钟之内可缓解。如果是心肌梗死，则效果较差，需要送医院紧急治疗。

4. 如发生心跳呼吸骤停，可先用拳头有节奏地用力叩击胸骨中下段，连续叩击 2～3 次，拳头抬起时离胸部 20～30 厘米，叩击后，心脏受到刺激，有时能恢复自主搏动。如叩击后心跳未恢复，应立即开展心肺复苏术。按照复苏术操作 C—A—B 的顺序进行，即先胸外按压 30 次—开放气道—人工呼吸 2 次的顺序，持续进行直到伤者的心跳、呼吸恢复或者专业医务人员赶来救治，在不中断抢救的情况下，用急救车辆或能使伤员平卧的车辆迅速送医院进一步治疗。

五、核辐射、放射性现场的紧急防护

核辐射也称放射性辐射。它是原子核从一种结构或一种能量状态转变为另一种结构或另一种能量状态时，释放出的微观粒子流。如 x 射线、γ 射线（又称伽马射线）、中子等。放射性污染是指人体、物料、环境出现超过国家标准的放射性物质或射线的现象。

人们在长期的实践和应用中发现，少量的辐射不会危及人类的健康，过量的放射性射线照射对人体会产生伤害，使人致病、致癌、致死。受照射时间越长，受到的辐射剂量就越大，危害也越大。

（一）现场判断

放射性物质可通过呼吸、皮肤伤口及消化道吸收进入体内，引起内辐射，辐射可穿透一定距离被机体吸收，使人员受到外照射伤害。此病常见于接受过量射线的工作人员、公众及核武器爆炸的罹难者。

内外照射形成放射病的症状有：疲劳、头昏、失眠、皮肤发红、溃疡、出血、脱发、呕吐、腹泻等。有时还会增加癌症、畸变、遗传性病变发生率，影响几代人的健康。一般讲，身体接受的辐射能量越多，其放射病症状越严重，致癌、致畸风险越大。

（二）辐射防护

辐射防护是研究保护人类（系指全人类、其中的部分或个体成员以及他们的后代）免受或少受辐射危害的应用学科，有时亦指用于保护人类免受或尽量少受辐射危害的要求、措施、手段和方法。

1. 外照射的防护方法主要有：

（1）尽可能减少受照射的时间。

（2）增大与辐射源间的距离，因为受照剂量与离开源的距离的平方成反比。

（3）采用屏蔽物屏蔽。避免直接接触被污染的物品，以防皮肤表面的污染和辐射危害；在人与辐射源之间加一层足够厚的屏蔽物，可以降低外照射剂量。屏蔽的主要材料有铅、钢筋混凝土、水等，我们住的楼房对外部照射来说是很好的屏蔽体。如果看到核爆炸闪光后，应立即背向爆心卧倒，之后彻底淋浴消除放射性物质。

2. 控制内照射主要依据以下原则：

（1）防止或减少放射性物质进入体内；防止吸入被污染的空气和食入被污染的食物；防止伤口被污染。

（2）对于放射性核素可能进入体内的途径要予以防范。

（3）通过药物或其他手段使已经进入人体的放射性物质排出体外。

总之，一旦出现核电站辐射泄漏事故，最重要的是要保持镇定，千万不要惊慌。要尽量获取来源可靠的事件信息，及时了解政府部门的决定、通知。应通过各种手段（电视、广播、网络、电话等）保持与当地政府的信息沟通，切记不可轻信谣言或小道信息。然后按照当地政府的通知，迅速采取必要的自我防护措施。方法如下：

①选用就近的建筑物进行隐蔽，减少直接的外照射和污染空气的吸入。关闭门窗和通风设备（包括空调、风扇等）。当污染空气经过以后，迅速打开门窗和通风装置。

②根据当地政府的安排，有组织、有秩序地撤离现场，避免无秩序撤离可能带来的严重负面作用。

③当得知此类事件发生时，应尽量避免处在辐射烟云的下风向区域，并迅速进入建筑物内隐蔽。

④用口罩、湿毛巾、布块等材料捂住口鼻，进行呼吸道防护。

⑤若怀疑身体表面有放射性污染，可用更换受污染衣物和洗澡的方式来减少体表污染。

⑥听从当地主管部门的安排，决定是否食用当地的食品和饮水。

第二单元　操作技能

操作项目一　肢体截断伤的现场急救

【操作目标】

通过实训，让学习者掌握止血术、包扎术和断肢的正确保存，使肢体截断伤者得到及时控制，防止因大出血或断肢保存不当造成进一步的损害，为后续医疗急救奠定良好的基础。

【操作要求】

学员应根据操作规程进行实训，爱护仪器和设备，并在规定的时间内（5 分钟内）完成操作，并保证操作的准确性、有效性。

【操作准备】

器材准备：绷带 2 卷，敷料若干，三角巾 2 条，止血带 1 条，标志带（或布条）1 个，带冰块的保温盒 1 个，塑料袋 2 只，扎线 1 个；学员分组。

【操作步骤】

1. 止血、包扎伤口。立即抬高肢体超过心脏水平，用指压动脉止血术用力压迫截断肢体近心端的供血动脉以减少出血，然后换用止血带止血术止血。在上止血带的部位敷好衬垫，用橡皮止血带或布类止血带缠绕以止血，并用标志带或在伤者明显部位标示时间（运送医院途中注意观察末梢血供情况，每隔 0.5 ~1 小时松开 1 次，以免远端缺血坏死）。

2. 正确保存断指（肢）。先用无菌敷料或干净的软布包裹断指（肢），然后放入不透气的塑料袋内密封，再将密封袋装进有碎冰块的大盒子中冷藏。

3. 用正确方法搬运伤员，及时转运，越快越好，争取在 6～8 小时内送到医院进行再植手术。

【操作考核】

根据学员操作情况进行评分。

1. 止血、包扎伤口正确。

2. 正确保存断指（肢）。

3. 用正确方法搬运伤员。

4. 操作完成后将物品复位，整理整齐。

如出现以下情况，应根据情况扣除相应分数：

（1）如学员在规定时间内没有完成操作，根据实际操作完成的情况扣除 10～20 分。

（2）如学员不按规定操作，损坏实训设施，除赔偿损失外，记为不合格，情节恶劣的取消当次考核资格。

操作项目二　脊柱骨折搬运术

【操作目标】

通过实训，让学习者掌握搬运术操作要领，使脊柱骨折伤者得到及时控制，防止剧烈疼痛或搬运不当造成进一步的损害，为后续医疗急救奠定良好的基础。

【操作要求】

学员应根据操作规程进行实训，爱护仪器和设备，并在规定的时间内（3 分钟内）完成操作，并保证操作的准确性、有效性。

【操作准备】

器材准备：铲式担架，大绷带 2 卷，三角巾 2 条，颈托 1 副或沙袋 2 个或毯子 2 条，指导老师根据参加实训的学员和器材的数量，对学员进行分组。

【操作步骤】

1. 要点陈述：

（1）怀疑伤员脊柱骨折时，应按脊柱骨折固定法予以固定。

（2）如伤者仍被瓦砾、土方等压住时，不要硬拉暴露在外面的肢体，以防加重脊髓和骨折部位的损伤。应将压在伤者身上的东西去除后将伤员搬出。

2. 操作：

（1）使伤员两下肢伸直，两上肢也伸直放在身旁，将伤员整体平抬至铲式担架、硬板床或门板等硬担架上，身体禁止扭曲。在搬运时动作要轻柔，放置在木板上后，用布带固定伤员或身体两侧放沙袋，防止伤员在搬运途中滑落。

（2）如伤者处于暗处时间较久，应用眼罩或布包住患者的眼睛再抬出，防止突然强光刺激损害眼睛。如有伤口出血应先止血再包扎伤口。

（3）送往医院途中随时观察病情变化。如出现心跳呼吸骤停，应立即予以心肺复苏术施救。

【操作考核】

根据学员操作情况进行评分。

1. 要点陈述正确完整。

2. 操作准确。

（1）摆放伤员姿势正确，抬起伤员正确，选用担架正确，放置到担架上之后伤员固定正确。

（2）眼睛有保护，伤情有处理（止血、包扎、固定）。

（3）快速转送，途中观察病情，对变化的处理（复苏）。

3. 操作完成后将物品复位，整理整齐。

如出现以下情况，应根据情况扣除相应分数：

（1）如在规定时间内没有完成操作，根据实际操作完成的情况扣除 10 ~ 20 分。

（2）如学员不按规定操作，损坏实训设施，除赔偿损失外，记为不合格，情节恶劣的取消当次考核资格。

思考题：

1. 小区发生意外伤害事件，作为第一批赶到现场的保安，现场急救主要完成哪些施救任务？

2. 因小区饮食店内发生持刀砍伤人事件，导致现场一名保安制止斗殴时左手食指截断，请问应该如何对其进行现场急救？

3. 小区内有一居民不慎从 2 楼坠落，导致双下肢不能活动且毫无知觉，请问如何对伤员进行现场急救？

4. 某单位开会时，甲乙两人因意见不合发生争执，其中甲（男，50 岁）突发左胸前疼痛、气急、面色苍白，随即瘫软在椅子上，考虑是突发心脏疾病，请问在场的人如何对甲进行现场急救？

第八章　计算机与网络

【本章知识要点】

掌握计算机的基本操作，掌握 Word 字处理的基本知识，掌握 Excel 2010 电子表格的基本知识，熟悉网络应用的基本知识。

【本章技能要求】

能熟练地操作鼠标和键盘，会简单使用 Windows 7 操作系统，能使用 Word 进行简单的文本编辑，熟练使用 IE 浏览器进行网页浏览，会在网上下载图片和文本，能利用 QQ 和邮件进行网上交流，会简单使用常用软件。

第一单元　理论知识

第一节　常用软件

一、Word 字处理软件

Word 是日常使用非常普遍的文本编辑软件，它内容丰富，使用方便，功能强大，因此，熟练掌握 Word 的操作很有必要。

（一）启动 Word 2010 文档

Word 2010 是 Microsoft 公司推出的 Office 2010 组件之一。

1. 启动。启动 Word 2010 的方法有多种，常用以下两种：

（1）选择【开始】⟶【所有程序】⟶【Microsoft Office】⟶【Microsoft Word 2010】命令，打开 Word 2010 窗口。

（2）双击桌面上已创建的“Microsoft Word 2010”快捷方式图标，即可打开 Word 2010 应用程序。

2. 关闭。退出 Word 2010 的方法也有多种。选择“文件”选项卡中的“退出”命令可以退出 Word 2010。也可以单击 Word 2010 窗口右侧上角的按钮退出。按【ALT + F4】键也可以退出 Word 2010。

退出 Word 2010 时，如果没有保存信息，系统会提示你保存。

（二）美化 Word 文档

在文档中输入文本后，应对文本字符及段落格式进行设置，以便让文档效果更美观漂亮，符合要求后再进行打印。

1. 设置字体格式。选定要设置字体格式的文本，再通过“字体”格式组或“字体”对话框来设置段落格式。

（1）使用“字体”格式组来设置字体格式。选定要设置的文本，再在“字体”格式组中单击对应按钮进行字体格式设置。“字体”格式组（见图 8－1）中各按钮及下拉列表框的功能如下：

“字体”下拉列表框：用来调整文字的外观，如宋体、黑体等字体。不同的字体，其外观也不同。

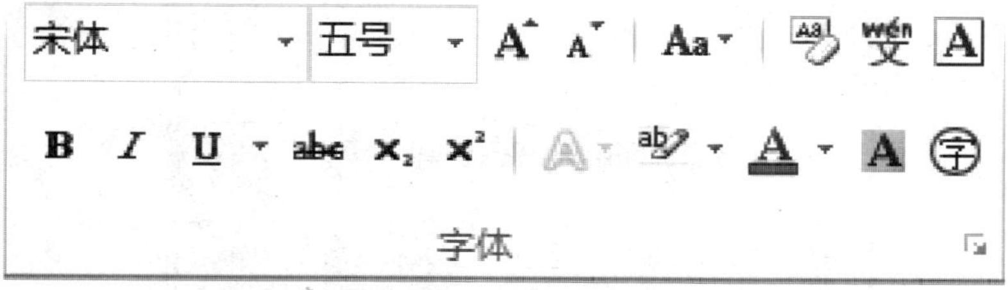

图 8－1　“字体”格式组

“字号”下拉列表框：用来调整文字的大小，默认为五号，其度量单位有“字号”和“磅”两种，其中字号越大文字越小，最大的字号为“初号”。当用“磅”作度量单位时，磅值越大文字越大。

字形：**B**和*I*用来调整文字的一些特殊外观，如加粗点击**B**、倾斜点击*I*。

文字效果 U abc X_2 X^2 A ab A A 字：用来增加下划线、边框、底纹、上标、下标、阴影删除线、改变字体颜色、文本填充色等。

更改大小写 Aa：更改英文字符的大小写。

调整字体的大小 A A：更改所选字体的字号大小。

清除格式：清除所选内容的格式。

字符边框 A：为文本添加边框。

拼音指南：为文本添加拼音字符。

（2）使用“字体”对话框来设置字体格式。使用“字体”对话框可以设置更多字体选项，单击【字体】格式组右下角的按钮，打开“字体”对话框，在“字体”选项卡中可设置字体格式，如字体、字号、字体颜色、字体效果等，还可以即时预览设置字体后的效果（见图 8－2）。

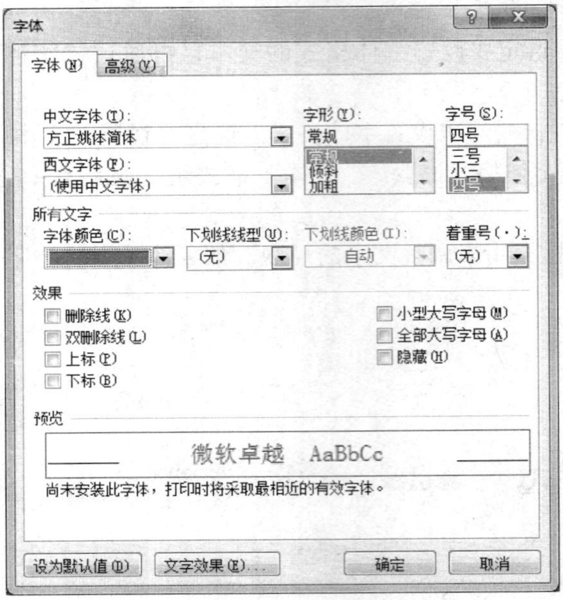

图 8－2　“字体”对话框中的“字体”选项卡

在“字体”对话框中单击【高级】选项卡，可以设置字符间距、缩放大小和字符位置等（见图 8－3）。

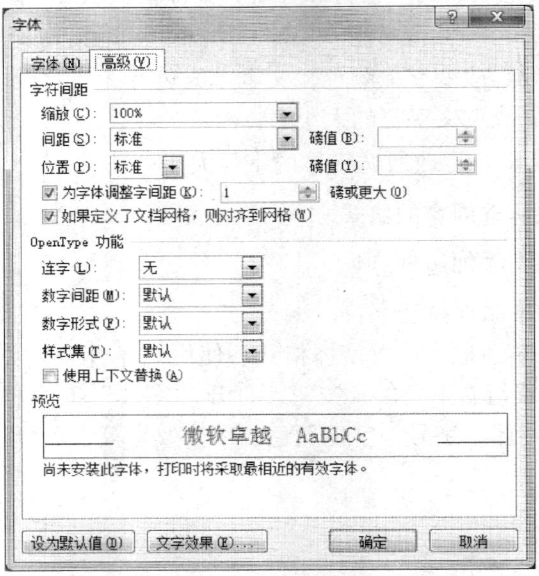

图 8－3　“字体”对话框中的“高级”选项卡

2. 设置段落格式。将鼠标光标定位到要设置段落格式的文本中或选中段落文本，再通过“段落”格式组或“段落”对话框来设置段落格式。

（1）使用“段落”格式组来设置段落格式。选定要设置的段落，再在“段落”格式组中单击对应按钮进行段落格式设置。“段落”格式组（见图8－4）中各按钮及下拉列表框的功能如下：

图8－4　“段落”格式组

对齐方式设置：单击相应按钮来设置段落文本的对齐方式，如左对齐、居中、右对齐、两端对齐、分散对齐。

段间距设置：打开下拉列表框，用来设置段与段之间的距离。

填充色和边框设置：用来设置段落填充色和边框。

列表设置：用来设置段落列表样式。

段落缩进量设置：用来减少或增加段落缩进量。

中文版式设置：单击按钮，然后在打开的列表框中选择相应选项可设置相应的中文版式效果，如纵横混排等。

排序设置：单击按钮，然后在打开的列表框中设置排序规则，就可以按排序规则对段落文本进行排序。

显示/隐藏编辑标记：单击该按钮使其处于选中状态时可显示编辑标记，再次单击则隐藏编辑标记。

（2）使用“段落”对话框来设置段落格式。单击【段落】格式组右下角的按钮，打开“段落”对话框，在“缩进和间距”选项卡中可设置对齐方式、缩进及间距等，还可以即时预览设置段落后的效果（见图8－5）。

图8－5　“段落”对话框

（三）制作Word表格

表格是一种简明、概要的表达方式。其结构严谨，效果直观，往往一张表格可以代替许多说明文字。因此，在文档编辑过程中，常常要用到表格。Word有很强的表格功能。

1. 创建表格。常用创建表格的方法有两种：

在【插入】选项卡中的【表格】功能区，单击【表格】下拉列表（见图 8－6）。

图 8－6　插入表格

方法一：如图 8－7 中，用鼠标在格子区域拖动，再释放鼠标，就可以画出 5×5 表格。

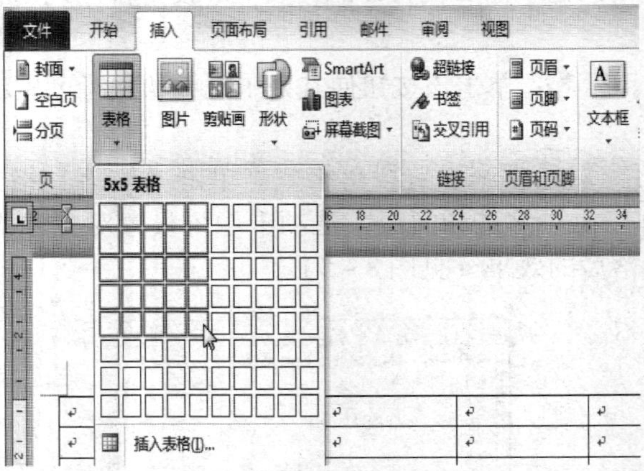

图 8－7　拖动鼠标插入表格

方法二：如图 8－6 所示，单击“插入表格”命令，弹出“插入表格”对话框，输入行数和列数，单击【确定】按钮（见图 8－8），就可插入 4 行 3 列的表格。

2. 编辑表格。编辑表格的操作主要包括输入表格内容、调整表格的大小、拆分和合并单元格、删除或插入行和列等。

将鼠标光标定在要输入内容的单元格内，通过键盘输入文本或数据就可以了。

将鼠标光标移到表格的边框线上，待鼠标光标变为双向箭头时，拖动鼠标便可调整表格的行高和列宽。

在制表时，有时候需要将多个单元格合并为一个单元格，或将一个单元格拆分为多个单元格。具体操作步骤如下：

（1）合并单元格：选中要合并的所有单元格，单击鼠标右键，在弹出的快捷菜单中

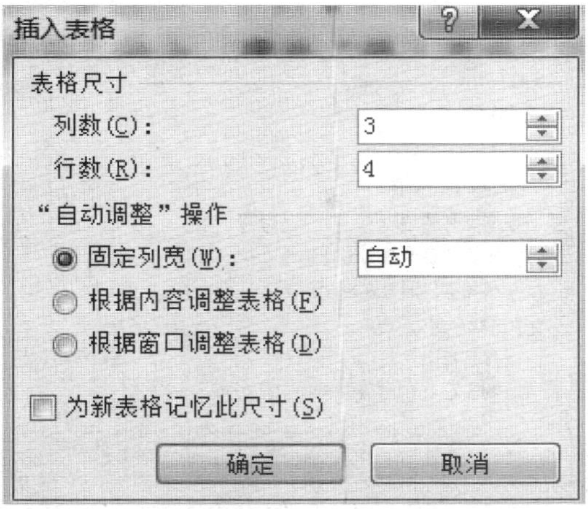

图 8－8　确定行、列数插入表格

选择【合并单元格】命令，被选中的单元格就合并成一个单元格了。

（2）拆分单元格：将光标定位在要进行拆分的单元格上，单击鼠标右键，在弹出的快捷菜单中选择【拆分单元格】命令，弹出“拆分单元格”对话框，选择拆分成的行和列的数目，单击【确定】按钮。

选定相应单元格或确定单元格位置，再通过“表格工具”来实现单元格的合并和拆分，既能插入行或列，也可以对表格内的文本调整对齐方式（见图 8－9）。

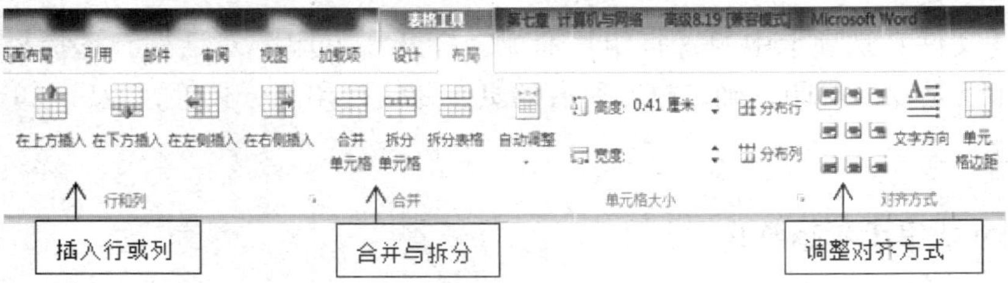

图 8－9　编辑表格功能组

3. 文字转换为表格。Word 不仅可以将表格转换成文字，也可以将文字转换为表格，可以指定逗号、制表符、段落标记或其他字符作为转换时分隔文本的字符，方法步骤如下：

（1）选定要转换成表格的文本。

（2）在【插入】选项卡，单击【表格】下拉列表按钮，如图 8－6 所示，再单击【文本转换为表格】命令，弹出“将文字转换成表格”对话框，根据文本选择确定“文字分隔位置”。

（3）再单击【确定】，完成转换（见图 8－10）。

也可以在“数据”功能组中，单击“转换为文本”按钮，将表格转换为文本。

（四）打印 Word 文档

1. 页面设置。在打印文档之前，一般要进行页面设置，设置打印纸张的大小、打印的方向、页边距等。

单击【页面布局】选项卡，再单击【页面设置】功能区右下角的启动按钮，打开

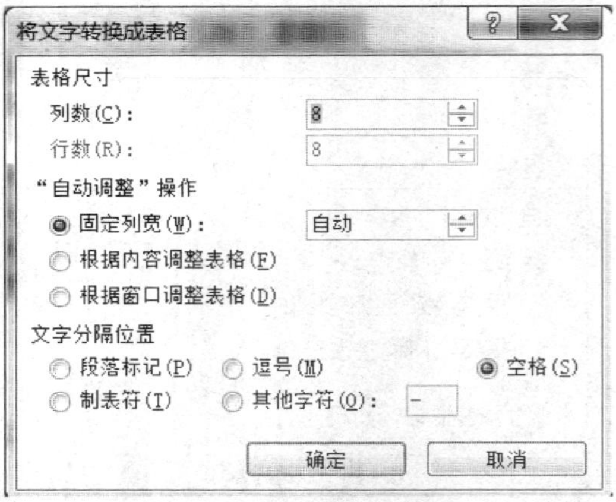

图 8-10 “将文字转换成表格”对话框

“页面设置”对话框，在弹出的对话框中，单击【页边距】标签，就可看到系统预设的上、下、左、右边距值，也可以根据自己需要设置页边距，在“纸张方向”中选择打印方向，如“纵向”。

2. 打印预览。打印预览是 Word 的一种视图模式，文档的打印预览与文档打印的实际效果一致。因此，页面设置完毕后，在打印前还应该预览一下打印的效果。

3. 打印。打印预览无误后，可进行打印参数设置，在预览窗口的左侧，可设置打印参数，具体步骤如下：

单击【文件】选项卡中的【打印】命令，打开“打印”对话框，选择打印份数、设置单面打印还是双面打印、确定打印所有的页，还是打印部分页等，最后，单击打印图标打印进行打印。

二、Excel 电子表格软件

（一）启动和熟悉 Excel 2010

1. Excel 2010 的启动。启动 Excel 2010 的方法主要有以下两种：

（1）单击【开始】图标 ⟶【所有程序】⟶【Microsoft Office】⟶【Microsoft Office Excel 2010】命令。

（2）双击桌面上的 Excel 2010 快捷图标，启动 Excel 2010。

2. Excel 2010 的窗口组成。启动 Excel 之后，在默认的情况下，新建了一个文件名为“工作簿 1”的文件，一个工作簿即为一个 Excel 文件。工作簿是在 Excel 环境中用来存储并处理工作数据的文件。一个工作簿中可由一个或多个工作表组成。在系统默认的情况下，新建的一个工作簿中由名为 Sheet1、Sheet2、Sheet3 这 3 个工作表组成。Sheet1、Sheet2、Sheet3 称为工作表标签。用户可根据具体工作的需要添加或删除工作表。但一个工作簿最多包含 255 张工作表。工作簿以 . xlsx 为扩展名（见图 8-11）。

（1）功能区。有文件、开始、插入、页面布局、公式、数据、审阅、视图和加载项等 9 个选项卡，每个选项卡有对应的功能区（见图 8-11）。

（2）编辑栏。编辑栏通常在功能区下方，用来显示活动单元格的数据或公式。

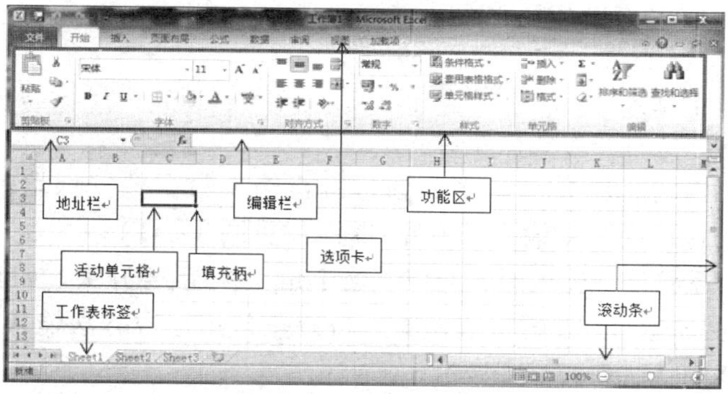

图 8－11 Excel 2010 界面

编辑栏的左侧称为名称框，用来显示活动单元格地址，编辑栏的右侧称为编辑区，用来显示活动单元格的数据或公式。

当在单元格中输入内容时，除了在单元格中显示内容外，还在编辑栏右侧的编辑区中显示。若需要编辑活动单元格的数据或公式，在编辑栏的右侧上单击即可进行修改。

当用户在编辑输入公式时，名称框自动显示为函数选择框。单击函数选择框下拉按钮可以选择所需的函数名。

（3）工作表区。Excel 2010 窗口的中央为工作表区。它由行号、列标、单元格、网格线、滚动条和工作表标签元素组成。工作表是由 65536 行和 256 列所构成的一张表格。

行号和列标。行号是由上向下按 1～65536 进行编号，列标则由左到右采用字母 A，B，C，…，Z，AA，AB，…，HZ，IA，…，IV 进行编号。

单元格、单元格地址和活动单元格。行和列交叉的区域称为单元格。在单元格中可以存储字符、数值、变量、公式、图像和声音等信息。一张工作表由 65536×256 个单元格组成。每一个单元格都有行号和列标，因此用列标和行号标识某个单元格，如 A2 表示 A 列第 2 行的单元格。注意：列标在前、行号在后。这种表示方法称为单元格地址或单元格引用。

在工作表中单击某个单元格，则该单元格的边框将被加粗，表示该单元格已被选中，等待编辑或输入数据，如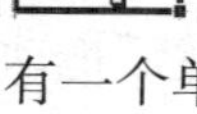。我们称此单元格为活动单元格或当前单元格。任何时刻工作表中总有一个且只有一个单元格是活动单元格。

活动单元格的右下方有一个小黑点，称为填充柄。当用户将鼠标指针指向填充柄时，鼠标指针呈黑十字形状，拖动填充柄可以将单元格内容复制到相邻单元格。

工作表标签。工作表区的底部显示工作表的名称，称为工作表标签。默认情况下，包含 3 个工作表标签 Sheet1、Sheet2、Sheet3。用户可以根据需要添加或删除工作表。

单击工作表标签可以方便地切换工作表，将要处理的工作表显示在窗口中。

3. Excel 2010 的关闭。关闭 Excel 文件的方法主要有：

（1）单击【文件】⟶【退出】命令。

（2）双击 Excel 窗口左上角的控制菜单图标。

（3）单击 Excel 窗口右上角的关闭按钮。

（二）Excel 2010 的基本操作

1. 数据输入

（1）文本数据的输入。文本可以是数字、空格和其他各类字符的组合。输入文本时，文本在单元格中的默认对齐方式是左对齐。

当前活动单元格地址是 C3，这时，通过键盘输入数据“安保培训”，再按【Enter】键确认，数据“安保培训”就输入了地址 C3 内（见图 8 – 11）。

若将数字作为字符格式输入时，应以英文半角“′”引号开头，如′0620。

（2）数值型数据输入。数值型数据输入可以按常用记数方法输入如：整数、小数格式。数值在单元格中默认为右对齐显示。

输入正数时可以省略“＋”。输入负数时，要先输入“－”或“（）”。如要输入“－4. 56”可以输入“（4. 56）”表示。

输入分数时先输入：0 和一个空格后，再输入分数值。例如：输入“0 3/4”表示 3/4。

（3）输入日期。输入日期可以按“年－月－日”或“年/月/日”格式输入。即用“/”或“－”作为分隔符。当前日期的输入可按快捷键 Ctrl＋；。

如果在输入过程中输入了错误的数据，确认输入之前，按【Esc】键，可取消输入的内容。也可用退格键【Backspce】删除错误的数据，输入正确的数据。

若在数据输入后发现某一单元格数据的错误，可直接双击该单元格后进行修改，也可以单击该单元格后在编辑栏中对该单元格的内容进行修改。编辑修改完成后按回车键或单击编辑栏中的【✓】按钮确认。

2. Excel 自动填充。在 Excel 工作表中，自动填充可以复制相邻单元格中的数据。若要在同一行或同一列输入相同数据或有规律的一组数据，可以使用 Excel 提供的“自动填充”功能进行填充。

填充的一般操作方法为：用鼠标指针指向含有初值的单元格，将鼠标指针移到右下角的“填充柄”，当鼠标指针形状变成实心的十字（＋）时，拖动鼠标至需要填充数据的目标单元格。

Excel 已定义了一些常用数据序列，例如，“星期一、星期二、……、星期日”序列，在工作表中就可以利用自动填充功能输入该序列。

操作方法如下：在某一单元格中输入“星期一”，然后拖动该单元格的填充柄，拖动鼠标至需要该序列的目标单元格（见图 8 – 12 的 C 列）。

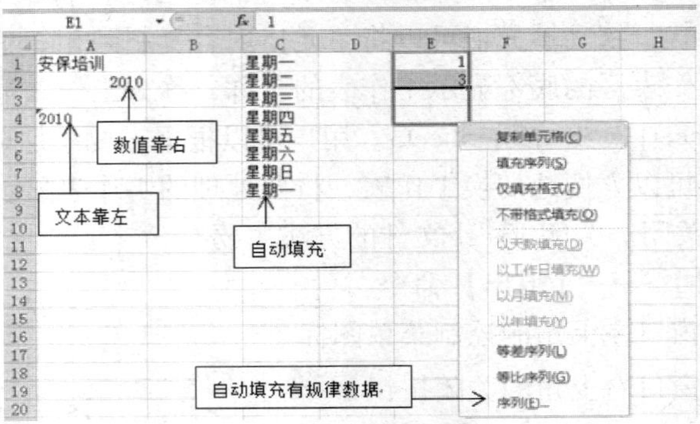

图 8 – 12　数据输入

3. 填充等比或等差序列。如图 8－12 所示，在 E1 中填入初始数据，将鼠标指针移到右下角的“填充柄”，当鼠标指针形状变成实心的十字时，按住鼠标右键，拖动鼠标至需要填充数据的目标单元格，释放鼠标即弹出快捷菜单，单击【序列】命令，弹出“序列”对话框，根据需要选择【类型】和【步长】，再单击【确定】（见图 8－13）。

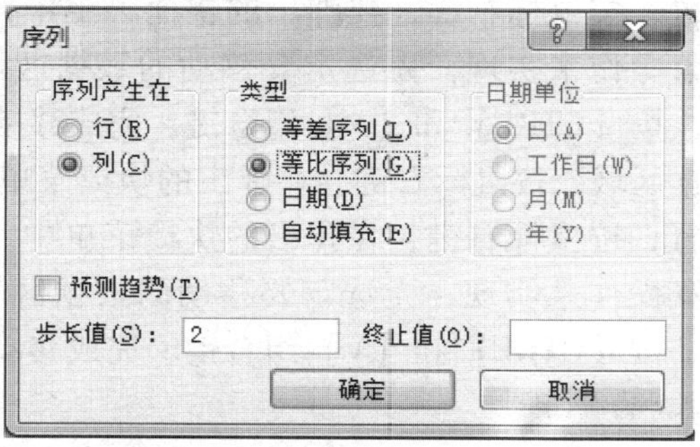

图 8－13　“序列”对话框

4. 表格基本编辑

（1）插入单元格、行或列。在【开始】选项卡中，单击“单元格”功能区中的【插入】下拉列表按钮，选择【插入单元格】|【插入工作表行】|【插入工作表列】命令，完成插入单元格或工作表行和工作表列（见图 8－14）。

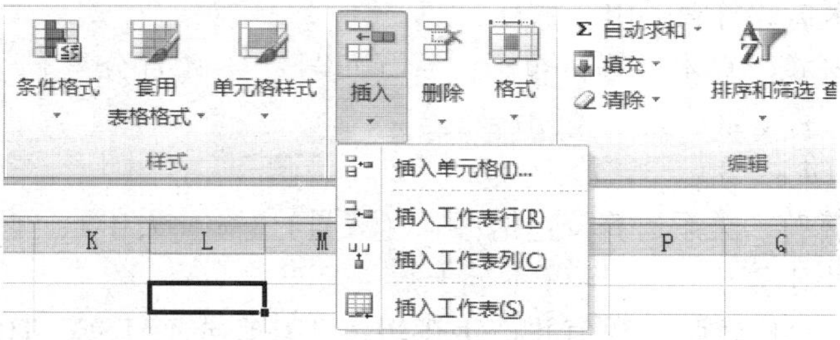

图 8－14　插入和删除

（2）删除单元格、行或列。删除单元格、行或列的操作，类似于插入单元格、行或列的操作。在【开始】选项卡中，单击“单元格”功能区中的【删除】下拉列表按钮，选择对应命令即可。

（3）清除。选定要清除数据的区域，单击鼠标右键，在弹出的快捷菜单中选择清除命令即可完成。

注意清除和删除的差别，单击快捷菜单中的清除命令时，清除的是内容、格式、批注等，单击快捷菜单中的删除命令时，连同单元格一起删除。

（4）撤销、恢复操作。同 Word 一样，Excel 提供了撤销、恢复操作这一功能，避免因误操作而受损失。

如果只撤销前一步操作，只需单击左上角的【撤销】按钮，或按快捷键 CTRL＋Z。如果要撤销多步操作，单击【撤销】按钮右端的下拉箭头▼，在随后显示的列表中选择要撤销的操作。如果要恢复已撤销的操作，可单击左上角的【恢复】按钮。

由于某种原因不能恢复或撤销，则“撤销”或“恢复”按钮呈灰色显示。

(5) 移动和复制操作。同 Word 一样，移动和复制是 Excel 在编辑工作表中的重要操作，其基本操作方法与 Word 类似。

先选定要移动的数据区域，按鼠标右键，在弹出的快捷菜单中，选择【剪切】命令，再将鼠标移动至目标位置，按鼠标右键，在弹出的快捷菜单中，选择【粘贴】命令，完成移动。也可以通过键盘操作来实现，先选定要移动的数据区域，按【CTRL】和【X】组合键，再在目标位置，按【CTRL】和【V】组合键，完成移动。

先选定要移动的数据区域，按鼠标右键，在弹出的快捷菜单中，选择【复制】命令，再将鼠标移动至目标位置，按鼠标右键，在弹出的快捷菜单中，选择【粘贴】命令，完成移动。也可以通过键盘操作来实现，先选定要移动的数据区域，按【CTRL】和【C】组合键，再在目标位置，按【CTRL】和【V】组合键，完成移动。

(三) 简单公式和函数的使用

在 Excel 中，通过公式和函数可以分析计算工作表中已有的数据。Excel 还提供各种类型的函数，丰富了 Excel 的数据计算功能。

1. 公式的使用。公式是对单元格中数据进行计算的等式。在 Excel 中，公式的输入由“=”开头。其基本语法为：“表达式”。其中，表达式由常量、单元格引用、函数和运算符等组成。

公式中的数据要由运算符进行计算。在 Excel 中运算符包含 4 种类型：算术运算符、关系运算符、文本运算符和引用运算符。

(1) 算术运算符。算术运算符包括：-（负号）、%（百分号）、^（乘方）、*（乘号）、/（除号）、+（加号）、-（减号）。

如公式：=（4+2^3）/3，值为 4。

(2) 关系运算符。关系运算符包括：=（等号）、>（大于）、<（小于）、>=（大于等于）、<=（小于等于）、< >（不等于）。

关系运算符可以比较两个数值并产生逻辑值 TRUE 或 FALSE。TRUE 表示条件成立，FALSE 表示条件不成立。

(3) 文本运算符。文本运算符“&”表示将两个文本值连接或串接起来。文本运算符可以将一个或多个文本链接组合成为一个新的文本。

例如，A1 单元格输入“浙江”，A2 单元格输入“杭州”，若在 A3 单元格输入公式“A1&A2”，则在 A3 单元格显示：“浙江杭州”。

(4) 引用运算符。在 Excel 中，引用是指公式或函数中标识所要使用的单元格数据的位置。通过引用，用户可以在公式或函数中使用工作表中不同部分的数据，甚至是另一个工作簿或工作表中的数据。

引用运算符可以将单元格区域合并进行计算。引用运算符包括有：:（冒号），（逗号）（空格）!（感叹号）。

:（冒号）区域运算符，表示对冒号左右两个单元格引用为对角的矩形区域内所有的单元格进行引用。例如，B1：C3 表示对 B1，B2，B3，C1，C2，C3 共 6 个单元格进行引用。

，（逗号）称为合并或联合运算符。表示将多个引用合并为一个引用，例如，A1：

A3，D1: D3 表示对 A1，A2，A3，D1，D2，D3 共 6 个单元格进行引用。这里 A1: A3 和 D1 : D3 分别是两个引用。

（空格）交叉运算符，表示引用两个区域交叉（重叠）部分单元格中的数据。例如，A1: D5　C3: F7 是 A1: D5 区域和 C3: F7 区域的交叉重叠部分，即是对 C3: D5 区域的引用。

!（感叹号）称作三维引用符，可以引用另一张工作表中的单元格数据。其表示形式是：工作表名! 单元格引用区域。

（5）运算符的运算顺序。如果公式中同时用到了多个运算符，Excel 将按下面的顺序进行运算。

公式中运算符的顺序从高到低依次为: :（冒号），（逗号）　（空格）－（负号）%（百分号）^（乘幂）*和/（乘和除）+和－（加和减）&（连接符）比较运算符。

如果公式中包含了相同优先级的运算符，例如，公式中同时包含了乘法和除法运算符，Excel 将从左到右进行计算。

如果要修改计算的顺序，应把公式需要首先计算的部分括在圆括号内。

2. 常用函数的使用。Excel 函数是一种预设的公式，使用函数可以方便用户对工作表中的数据计算。Excel 提供了各种类型的函数，主要有数学和三角函数、统计函数、日期与时间函数、财务函数、数据库函数、逻辑函数、查询和引用函数、文本函数等。

函数的一般形式：函数名（参数 1，参数 2，……）。

其中，函数名表示该函数的功能。参数是函数中用来执行操作或计算的元素。参数的类型和个数与具体的函数有关。若有多个参数则以逗号隔开。

（1）求和函数 SUM。格式：SUM（number1，number2，…）。功能：求出所有参数的数值和。说明：number1，number2，…为需要求和的数值或引用单元格（区域），参数不超过 30 个。若区域中包括了非数值的数据，则不把它包含在计算内。

（2）求平均函数 AVERAGE。格式：AVERAGE（number1，number2，…）。功能：求出所有参数的算术平均值。说明：number1，number2，…为需要求平均值的数值或引用单元格（区域），参数不超过 30 个。若区域中包括了非数值的数据，则 AVERAGE 不计算把它包含在内。

例如，在 B8 单元格中输入公式"＝AVERAGE（B7：D7，F7：H7，7，8）"，确认后，即可求出 B7 至 D7 区域、F7 至 H7 区域中的数值和 7、8 的平均值。

（3）求最大 MAX 和最小 MIN 函数。格式：MAX（number1，number2，…）。功能：MAX 求出一组数中的最大值。说明：number1，number2，…为需要求最大值的数值或引用单元格（区域）。MIN（number1，number2，…）求出一组数中的最小值。

（4）条件函数 IF 函数。格式：IF（LOGICAL_ TEST，VALUE_ IF_ TRUE，VALUE_ IF_ FALSE）。功能：若 LOGICAL_ TEST 结果为真，则执行 VALUE_ IF_ TRUE 的结果，否则执行 VALUE_ IF_ FALSE 的结果。说明：LOGICAL_ TEST 表示计算结果为 TRUE 或 FALSE 的任意值或表达式。

例如，若 B 列是英语课的成绩，在 C2 单元格输入公式"＝IF（B2＞60，"合格"，"不合格"）"。执行的情况是：如果单元格 B2 的值大于 60，则执行第 2 个参数即在单元格 C2 中显示合格字样，否则执行第 3 个参数即在单元格 C2 中显示不合格字样。

（四）排序和汇总

1. 排序。在 Excel 的数据清单中，可以对某些字段按其数据大小进行排序。先把鼠标光标定在需要排序的这列，选择【数据】选项卡，在【排序和筛选】功能区中，要按升序排就单击【升序】按钮，要按降序排就单击【降序】按钮。

也可以单击【排序和筛选】功能区中的【排序】按钮，这时弹出“排序”对话框，确定排序关键字、排序依据和排序次序后，单击【确定】按钮完成所要求的排序（见图 8－15）。

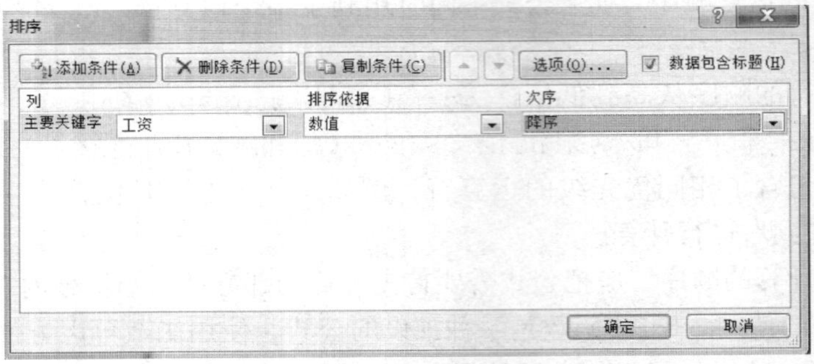

图 8－15　排序

2. 分类汇总。分类汇总是按照某一字段的内容进行分类，然后对每一类统计出相应的统计数据。Excel 提供了对数据的分类汇总功能，可以进行求和、均值、方差及最大和最小值等统计汇总。

在对数据清单分类汇总之前，必须先对数据清单中要分类汇总的字段进行排序。

选择【数据】选项卡，单击【分级显示】功能区中的【分类汇总】按钮，弹出“分类汇总”对话框（见图 8－16），“分类字段”下拉列表中选择“性别”，“汇总方式”下拉列表中选择“平均值”，“选定汇总项”中选择“调整后的工资”，再单击【确定】按钮，结果汇总出了男、女职工调整后工资的平均值。

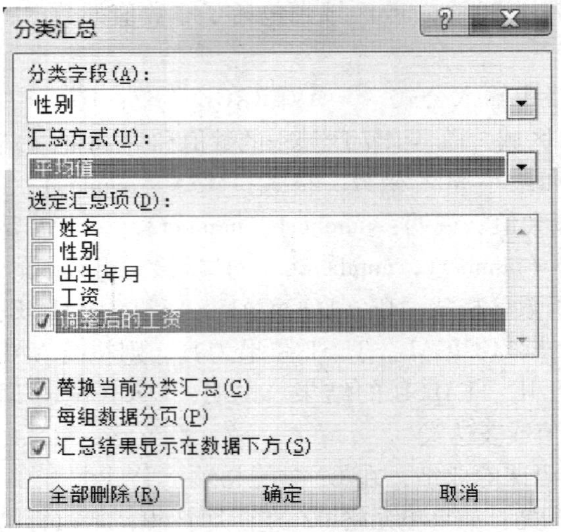

图 8－16　分类汇总

第二节 网络应用

随着计算机的普及，上网浏览网页信息成为计算机重要的应用之一，通过网络我们可以浏览信息、下载资料、进行电子商务等。

一、上网

（一）打开和浏览网页

确认计算机已经连接上 Internet 后，启动 IE 浏览器程序即可开始上网浏览网页。

在地址栏中输入要浏览网站的网址，按【Enter】键，打开该网站的主页，当鼠标指针移动到网页中的某对象上时，如果鼠标指针自动变成状，表示该对象采用了“超链接”的格式。“超链接”格式的对象可以是文本、图像或动画，单击该超链接，便可进入“超链接”格式所指向的网页，即打开对应的网页，我们就可以浏览该网页的信息了。

（二）将网页添加到收藏夹

浏览网页时，如果对某个网站比较感兴趣，或是要经常打开这个网站，我们可以将这个网站收藏起来，以便下次快速方便地打开和查看该网站的内容。具体操作步骤如下：

1. 在 IE 浏览器中打开需要添加到收藏夹的网页，单击【收藏夹(A)】按钮。

2. 在下拉的菜单中选择【添加到收藏夹（A）】命令，弹出“添加收藏”对话框（见图 8－17）。

3. 在“名称”文本框中输入网页名称，单击【添加(A)】按钮，将该网站添加到收藏夹中。也可以先打开要收藏的网站，再打开“添加收藏”对话框，就直接单击【添加(A)】按钮。

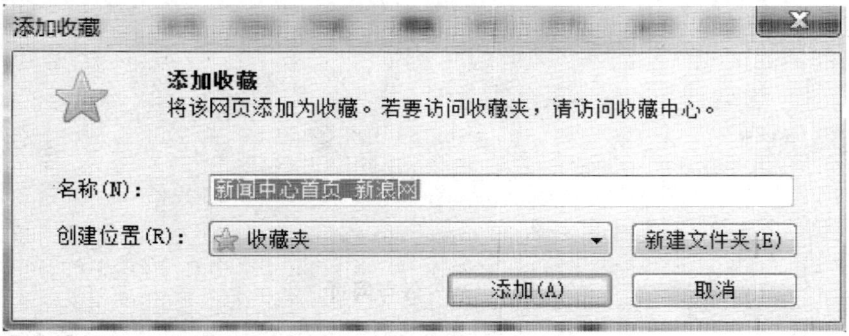

图 8－17 添加到收藏夹

4. 完成添加后，在“收藏夹”下拉列表中可以看到刚才收藏的“新闻中心首页_新浪网”，下次要打开该网站时，只需单击【收藏夹(A)】按钮，再单击保存的“新闻中心首页_新浪网”超链接即可打开该网页（见图 8－18）。

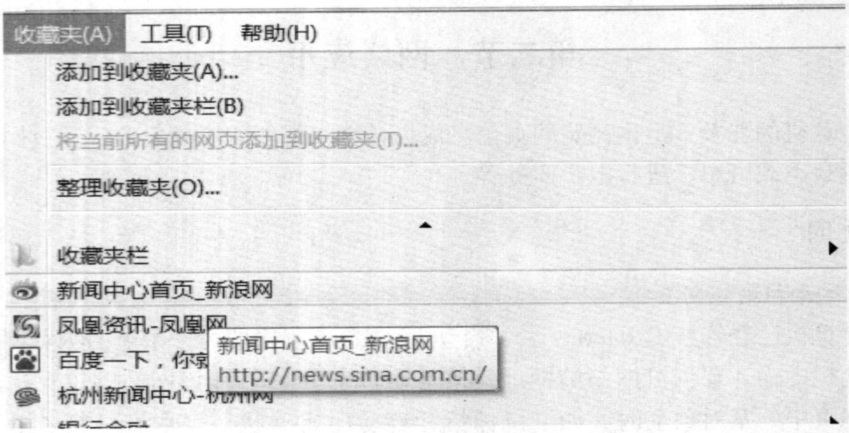

图 8－18　使用收藏夹打开网站

（三）保存网页

保存网页是指将网页直接保存在你的计算机中，具体操作步骤如下：

1. 在 IE 浏览器中打开需要保存的网页，单击【文件】菜单中的【另存为】命令。

2. 打开“保存网页”的对话框，在对话框的上侧，选择保存路径，在“文件名”文本框中输入文件名，在“保存类型”下拉列表框中有多项保存类型供选择，在这里选择“网页，全部”选项，单击【保存】按钮（见图 8－19）。

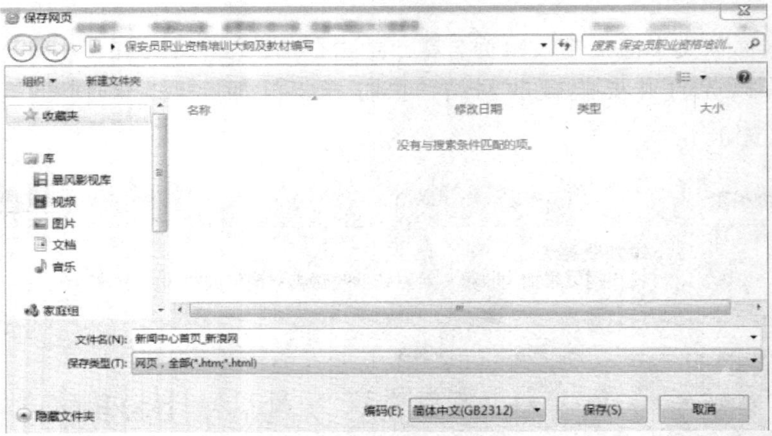

图 8－19　保存网页

这样保存的网页，它包含一个页面文件和一个文件夹，只能作为资料保存和查阅，并不能更新网页内容，如要读取最新网页信息，还需要进入网站浏览。有些网页对保存权限做了限制，一般用户采用上述方法不能保存这些网页。

（四）保存网页上的信息

1. 保存网页上的图片。网页上有很多有用的图片，有时需要保存到自己的计算机中，其方法：在需要保存的图片上单击鼠标右键，在弹出的快捷菜单中选择【图片另存为】命令，打开【保存图片】对话框，在对话框的左上侧选择图片存放位置，在“文件名”文本输入框中输入文件名，再选择保存类型，单击【保存】按钮，完成图片的保存。

2. 保存网页上的文字。保存网页上的文字，我们可以借助 Word 2010 等应用程序来完成，具体操作如下：

（1）在 IE 浏览器中打开需要保存的网页，拖动鼠标选中网页中需要保存的文字，单击鼠标右键，在弹出的快捷菜单中选择【复制】命令进行复制。

（2）接着打开“Word 2010”等文本编辑软件，在文本编辑区的目标位，单击鼠标进行定位，再按“CTRL + V”键粘贴文本，完成网页上文字的保存。

（3）再将复制的文本保存为一般的 Word 文档。

二、网上交流

（一）电子邮件

电子邮件，英文名简称 E－mail，它是一种通过电子邮箱在互联网中的电脑之间收发信息的技术。

1. 接收邮件。步骤如下：

（1）登录电子邮箱，单击【收信】按钮，即可接收邮件并打开收件箱，单击需查看的邮件名称，即打开邮件窗口（见图 8－20）。

图 8－20　接收电子邮件

（2）在打开的窗口查看邮件内容，如果有附件，则单击【查看附件】按钮，然后打开附件或下载附件（见图 8－21）。

图 8－21　查看附件

（3）接收邮件后，如需要回复的，则进行回复邮件。单击【回复】（见图 8－22）。在文本区输入邮件回复内容，如要添加附件，则单击【添加附件】，根据路径，找到对应的文件，再单击【打开】，则可添加附件，然后再单击【发送】按钮，完成邮件的回复。

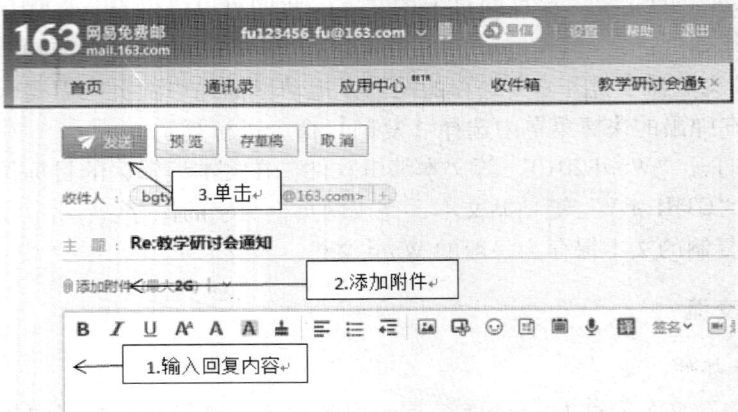

图 8－22　回复邮件

2. 撰写并发送电子邮件。发送邮件正文只能用纯文本，若要发送文档、图片等类型文件，要以附件的形式发送。具体操作步骤如下：(以图 8－23 为例)。

(1) 打开网页邮箱页面（http：//email. 163. com/），输入密码，单击【登录】，进入电子邮箱。

(2) 打开电子邮箱主界面，单击【写信】按钮。

(3) 在“收件人”文本框中输入收件人的邮箱地址，如果同时给多人发送同一内容的邮件，则不同人的邮箱地址间用；（分号）分开。在“主题”文本框中输入邮件的标题，在其下方的文本区中输入邮件的正文。

(4) 如果要添加附件，则单击【添加附件】超链接，在打开的对话框中选择要发送的附件，单击【打开】按钮，将其文件添加到邮件中。

这时返回到邮件编辑窗口，附件开始上传，上传完毕并确认邮件无误后，单击【发送】按钮。

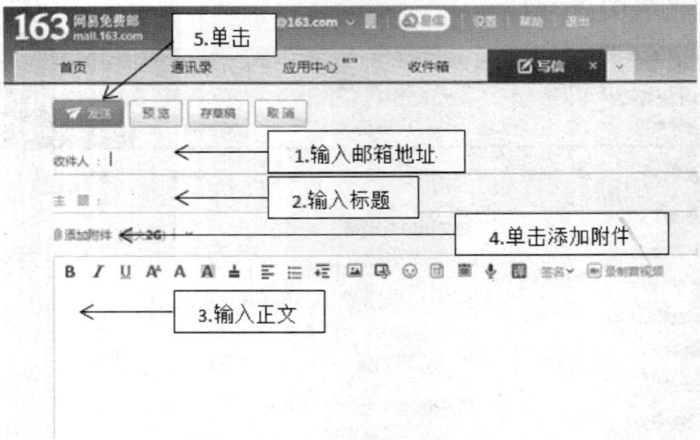

图 8－23　撰写并发送邮件

(5) 邮件发送完成后，将出现提示信息“发送成功”。

(二) 微博

微博，即微型博客（Microblog）的简称，即一句话博客，是一种通过关注机制分享简短实时信息的广播式的社交网络平台。

微博是一个基于用户关系信息分享、传播以及获取的平台。用户可以通过 WEB、WAP 等各种客户端组建个人社区，以 140 字（包括标点符号）的文字更新信息，并实现即时分享。微博作为一种分享和交流平台，其更注重时效性和随意性。微博更能表达出每时每刻的思想和最新动态，而博客则更偏重于梳理自己在一段时间内的所见、所闻、所感。

1. 申请微博。以申请新浪微博为例，介绍如何进行申请，其具体操作步骤如下：

打开新浪微博注册网页（http：//weibo. com/signup/signup. php），设置微博的注册信息，包括昵称、邮箱地址和验证码。单击【立即注册】按钮（见图 8－24）。

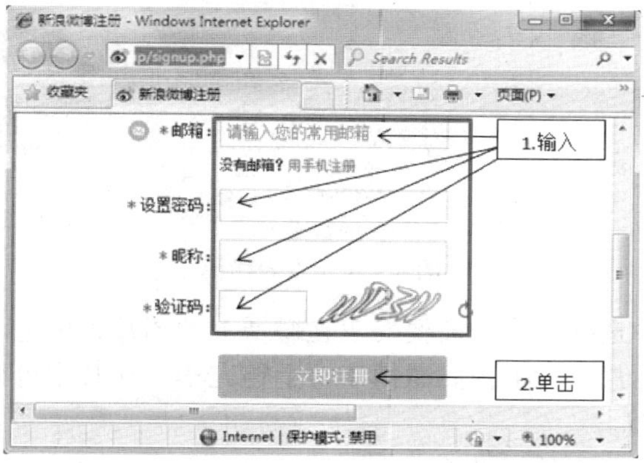

图 8－24　注册微博

在打开的对话框中输入手机号码并免费获取验证码，从手机短信中获取验证码并输入通过验证。

打开完善资料网页，输入所在地、性别等个人信息，单击【下一步】按钮。

打开兴趣推荐网页，单击多项感兴趣的内容，单击【进入微博】按钮。

打开注册的微博主页，完成微博的注册申请操作。

新浪微博有 30 天的体验期，需要激活后才能长期使用。其方法为：单击【激活账号】栏中的【立即激活】按钮，然后打开注册时填写的电子邮箱，接收激活邮件，单击其中的激活链接即可完成（见图 8－25）。

图 8－25　激活账号

2. 发表微博。以使用微博发表一段文字和一张图片为例，介绍其操作步骤如下：

打开申请的微博主页，在文本框中输入要发表的文字内容，单击【图片】超链接，在弹出的列表中单击【添加图片】按钮（见图 8－26）。

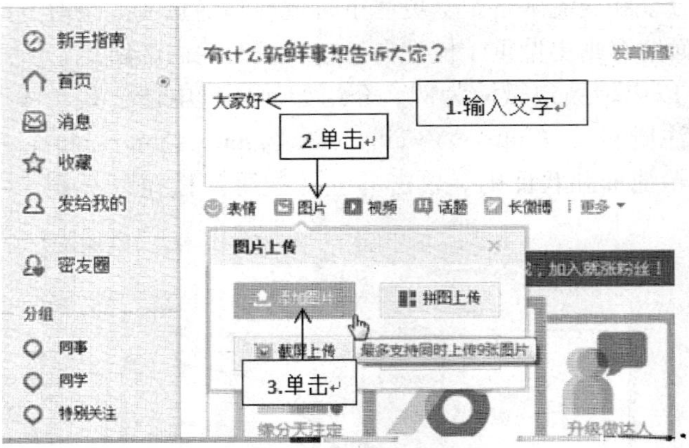

图 8－26　发表微博

在打开的对话框中选择电脑中需要发表在微博上的图片，单击【打开】按钮。

返回微博首页，图片自动上传到微博中，上传完毕，在其中可以看到插入的图片，单击右侧的【发布】按钮。

在微博上即可看到发表的新微博。

3. 转发微博。除了普通回复外，还可以使用转发微博的形式进行回复。转发微博的操作步骤如下：

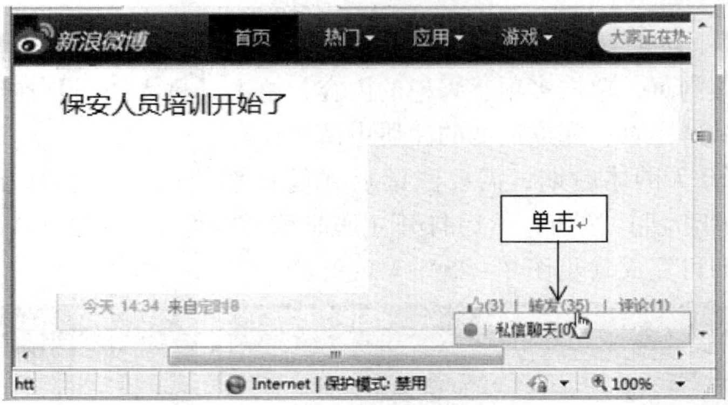

图 8－27　转发微博

打开申请的微博主页，查看各种感兴趣的微博，选择一条微博，单击【转发】按钮（见图 8－27）。

打开该微博主页，在其下面的文本框中输入对该条微博的评论，单击【转发】按钮。

返回自己的微博，即可看到转发的微博和自己的评论。

如果直接对微博进行评论，可单击该条微博下方的【评论】超链接，在弹出的文本框中输入评论内容，然后单击【评论】按钮发表评论。

第二单元　操作技能

操作项目一　制作 Word 表格

【操作目标】

会用 Word 制作表格，并能编辑表格。

【操作要求】

制作 Word 表格（见表 8－1）。

表 8－1　保安人员登记表

<table>
<tr><td>姓名</td><td></td><td>性别</td><td></td><td>民族</td><td></td></tr>
<tr><td>出生年月</td><td></td><td colspan="2">参加工作时间</td><td colspan="2"></td></tr>
<tr><td rowspan="2">工龄</td><td rowspan="2"></td><td colspan="2" rowspan="2">其中</td><td colspan="2">保安工龄</td></tr>
<tr><td colspan="2"></td></tr>
<tr><td>学历</td><td></td><td colspan="2">电话号码</td><td colspan="2"></td></tr>
<tr><td>家庭住址</td><td colspan="5"></td></tr>
<tr><td>家
庭
成
员</td><td colspan="5"></td></tr>
<tr><td colspan="6">近两年年度考核情况</td></tr>
<tr><td>年度</td><td>考核情况</td><td colspan="2">年度</td><td colspan="2">考核情况</td></tr>
<tr><td></td><td></td><td colspan="2"></td><td colspan="2"></td></tr>
<tr><td colspan="6">近五年获奖荣誉</td></tr>
<tr><td colspan="2">时间（何年何月）</td><td colspan="4">荣誉称号（何种荣誉、何种级别）</td></tr>
<tr><td colspan="2"></td><td colspan="4"></td></tr>
<tr><td colspan="2"></td><td colspan="4"></td></tr>
<tr><td colspan="2"></td><td colspan="4"></td></tr>
</table>

【操作准备】

计算机机房提供每人一台计算机，并安装有××拼音输入法，安装有 Office 2010 应用程序包。

【操作步骤】

1. 打开 Word 应用程序，输入“保安人员登记表”并居中，宋体，四号，加粗。

2. 插入 4 列 15 行的表格。

3. 鼠标定位于需要拆分的单元格，按鼠标右键，弹出快捷菜单，选中【拆分单元格】命令，完成单元格的拆分。

4. 光标移至左右单元格之间，这时光标形状变成左右双向箭头，按住鼠标左键来调整单元格的宽度。

5. 选中需要合并的单元格，按鼠标右键，弹出快捷菜单，选中【合并单元格】命令，完成单元格的合并。

6. 依次完成各单元格的合并与拆分，并输入相应文字。

7. 输入“家庭成员”后，选中该文字，选择【页面布局】选项卡，单击【页面设置】功能区中的“文字方向”下拉列表，选择【垂直】命令。

8. 完成表格内所有文字输入后，单击表格左上角的表格选定按钮⊞，选择【表格工具】中的【布局】选项卡，在“对齐方式”功能区中，单击【水平居中】按钮，将表格中的所有文字水平居中。

9. 单击【文件】选项卡中的【另存为】命令，以文件名“保安人员登记表”保存于桌面。

【操作考核】

评分标准为：

1. 正确完成表格框架；

2. 正确完成表格内文字输入及格式排版；

3. 部分完成的酌情给分。

操作项目二　用 Excel 求和、求平均值

【操作目标】

会在 Excel 中输入数据，并能操作一些常用的函数。

【操作要求】

1. 在 Excel 中输入数据（见表 8－2）。

表 8－2　保安培训成绩

保安培训成绩				
学员姓名	性别	理论成绩	实训成绩	总分
赵一刚	男	42	45	
刘品华	男	45	38	
余晓娟	女	48	44	
陈永林	男	47	46	
吴海天	男	40	42	
吴政昆	男	38	36	
平均分				

2. 求和、求平均值。
3. 对总分按从高到低的顺序进行排序。

【操作准备】

计算机机房提供每人一台计算机，并安装有××拼音输入法，安装有 Office 2010 应用程序包。

【操作步骤】

1. 双击桌面上的 Excel 2010 快捷图标，启动 Excel 2010，打开新建文件“工作簿 1”。

2. 在 Sheet1 中，单击单元格 A1 输入“保安培训成绩”；选中 A1－E1 单元格，再单击【对齐方式】功能组中右下角的【合并后居中】按钮，注意操作后的变化。

3. 在 A2 后依次输入“学员姓名”等数据（见表 8－2）。

4. 选中 A2 至 E9 单元格区域，单击【单元格】功能组中的【格式】下拉列表按钮，再单击【列宽】命令，弹出“列宽”对话框，调整列宽为 8.5 后，再单击【确定】按钮。

5. 继续选中 A2 至 E9 单元格区域，单击【对齐方式】功能组中的【居中】按钮。

6. 用鼠标单击 E3 单元格，然后单击【编辑】功能组中的【Σ自动求和】按钮，再按【Enter】键，计算理论成绩和实训成绩的和。

7. 把鼠标移至 E3 单元格右下角的“填充柄”上，按住鼠标左键并拖动鼠标至 E8，完成全部学员的成绩求和。

8. 用鼠标单击 C9 单元格，再单击【编辑】功能组中的【Σ自动求和】下拉按钮，选择【平均值】命令，计算全部学员的理论成绩平均值。

9. 把鼠标移至 C9 单元格右下角的“填充柄”上，按住鼠标左键并拖动鼠标至 D9，计算全部学员的实训成绩平均值。

10. 与上述方法类似，也可以使用【公式】选项卡中的【函数库】功能组中的【Σ自动求和】下拉按钮来做，学员们清除刚才做好的结果，使用【公式】选项卡，再尝试一遍。

11. 将鼠标移至 E3，然后单击【编辑】功能组中的【排序和筛选】下拉按钮，选择【降序】命令，就完成了总分从高分到低分的排序。

【操作考核】

评分标准为：

1. 完成标题“保安培训成绩”合并与居中。
2. 完成表格内容的输入并水平居中。
3. 会使用【编辑】功能组进行自动求和、求平均值。
4. 会使用【公式】功能组进行自动求和、求平均值。
5. 会正确排序。
6. 部分完成的酌情给分。

操作项目三　微博

【操作目标】

会申请注册微博，能发表和转发微博。

【操作要求】

1. 申请新浪免费微博账号。
2. 发表微博。
3. 转发、评论微博。

【操作准备】

计算机机房提供每人一台计算机，并接入互联网。

【操作步骤】

（一）申请微博

1. 打开新浪微博注册网页（http：//weibo. com/signup/signup. php），填写微博的注册信息，包括昵称、邮箱地址和验证码。单击【立即注册】按钮。

2. 在打开的对话框中输入手机号码并免费获取验证码，从手机短信中获取验证码并输入通过验证。

3. 打开完善资料网页，输入所在地、性别等个人信息，单击【下一步】按钮。

4. 打开兴趣推荐网页，单击多项感兴趣的内容，单击【进入微博】按钮。

（二）发表微博

1. 打开申请的微博主页。

2. 单击【首页】选项，在文本框中输入要发表的文字内容。

3. 单击右侧的【发布】按钮。

4. 在微博上即可看到刚才发表的新微博。

5. 如果要上传图片，则单击文本框下的【图片】选项，再单击【添加图片】按钮，在打开的对话框中选择电脑中需要发表在微博上的图片，单击【打开】按钮。

6. 单击【发布】按钮。

（三）转发微博

1. 打开申请的微博主页，查看各种感兴趣的微博，选择一条微博，单击【转发】按钮。

2. 打开该微博主页，在其下面的文本框中输入对该条微博的评论，单击【转发】按钮。

3. 返回自己的微博，即可看到转发的微博和自己的评论。

4. 如果直接对微博进行评论，可单击该条微博下方的【评论】超链接，在弹出的文本框中输入评论内容，然后单击【评论】按钮发表评论。

【操作考核】

评分标准为：

1. 正确申请微博账号。
2. 会发表文本微博。
3. 会发表图片微博。
4. 会转发微博。
5. 会评论微博。
6. 看操作熟练程度酌情加扣分。

思考题：

1. 注销和关闭计算机有什么不同？
2. 窗口和对话框有什么不同？
3. 在 Excel 中如何应用函数？
4. 如何利用杀毒软件查杀计算机病毒？
5. 如何通过搜索引擎查找资料？

第九章　常用公文写作

【本章知识要点】

了解通报、调查报告、简报的基本含义，掌握通报、调查报告、简报的基本写法。

【本章技能要点】

能独立制作通报、调查报告和简报。

第一节　通报

一、通报的概念

通报是上级把有关的人和事告知下级的公文。通报的运用范围很广，各级党政机关和单位都可以使用。通报适用于表彰先进、批评错误、传达重要精神和告知重要情况。

二、通报的分类

根据内容的不同，通报的种类分为三种：

1. 表彰性通报。表彰性通报通过表彰先进集体和先进个人，树立学习榜样，指导和推进工作。

2. 批评性通报。批评性通报通过批评犯错误的集体和个人，以达到防止类似问题重复出现的目的。

3. 传达通报。传达通报用于传达重要精神或情况。其作用与简报相似，但有关内容经由通报传达，显得更重要、更严肃。

三、通报的写法

通报的标题通常有两种写法：第一种是三项式标题，即由发文机关、事由和文种三个部分组成，如《××市××保安服务有限责任公司关于表彰××的通报》；第二种也为三项式标题，即由发文机关，事由和表彰、批评或情况，文种三个部分组成，如《××市××保安服务有限责任公司关于××的批评性通报》《××市××保安服务有限责任公司关于××的情况通报》。

通报正文的内容通常由通报事项、分析概括、处理决定和要求四个部分组成。

通报事项的写作，要通过选取具有典型性的材料，具体叙述时间、地点、人物、事件、原因、结果等六个方面的要素，用简明扼要的语言，抓住实质性问题，准确而集中地揭示通报的主题，给人以直接的感染和教育。

要通过对通报事项的分析议论，概括说明其意义，揭示问题的实质和产生的原因，阐明通报的意义。作者应旗帜鲜明，观点明确，尊重事实，不夸大也不缩小。对关键性的问题、对重要精神或情况，可以重点评论，以引起人们的广泛注意。

通报应实事求是地写明表彰或处分的内容，并指明应当吸取的经验或教训，有的放矢地提出希望与要求。

在通报正文的右下方，写明发文机关单位的全称或规范化简称。

对通报事项中事例的选择，要特别注意真实和典型，掌握好有关政策。通报的行文要及时，要注意抓住教育的良机。

四、通报的要求

1. 通报通常不必写主送机关。
2. 缘由段要充分体现新闻性，按照叙述要素，简要说清事情的来龙去脉。
3. 评点部分要言简意赅，画龙点睛即可。

【例文 1】

××保安服务有限责任公司关于表彰刘××、林××的通报

各部门：

201×年9月17日，公司派驻××市××区玛瑙学校的保安员刘××、林××同志机智英勇、不惧危险，成功制止了一起暴力群殴事件，受到了全校师生和周边群众的高度赞扬。

当日12时50分左右，一名女学生急匆匆地跑到学校门岗值班室，反映校大门对面餐馆有学生和社会青年对峙，极可能演变成群殴事件。当班保安员刘××、林××仔细询问情况后，立即与涉事学生班主任取得联系，并与其一同前往餐馆进行劝解。通过班主任和保安员的劝导，4名涉事学生离开餐馆，刘××、林××返回值班岗亭。

刘、林二人刚回到岗亭，留在对面餐馆的社会青年突然拿着西瓜刀、匕首追砍正离开的4名学生。在扭打过程中，学生夺过西瓜刀砍伤社会青年，霎时鲜血四溅。眼见情况紧急，刘××立刻按响一键式报警器，向110警务中心报告情况。与此同时，林××不顾自身危险，提着辣椒水和警棍冲向打斗现场。此时现场一片混乱，西瓜刀乱舞，血喷得到处都是，眼见刀又要砍在另一名社会青年身上，说时迟那时快，林××挥动警棍挡开砍下来的西瓜刀，同时一脚踹开另一个扑过来的学生，大吼一声“住手，再砍就出人命了。”此刻，报警完毕的刘××提着辣椒水和警棍也赶来支援，和林××一起夺下西瓜刀和匕首，局势被控制住。随后警察赶到，在刘××和林××的帮助下将滋事人员带走，目前案件正由公安机关调查处理。

面对突然发生的暴力群殴事件，刘××、林××两名同志熟练地按照应急处突预案操作，反应迅速、沉着冷静、处置得当，同时不怕危险、冲锋在前，避免了群殴事件的恶性发展。刘××、林××两位同志不顾自身安危、挺身而出、及时制止群殴事件的行为，为公司争得了光彩，赢得了荣誉。为此，公司研究决定，给予刘××、林××两位同志通报表彰。公司号召全体员工以他们二人为榜样，踏踏实实干好本职工作，始终牢记保安队员的社会责任，以更优质的服务为客户单位、为社会服好务，为公司的长足发展作出应有的贡献。

特此通报！

××保安服务有限责任公司

201×年9月25日

点评：这是一篇表彰性通报，正文通常包含四个方面的内容：一是简要报道被表彰对象的优秀事迹；二是用简单的语言评点，揭示蕴涵在优秀事迹中的先进性；三是陈述机关予以何种奖励；四是勉励被表彰对象或号召机关全体工作人员向先进学习。但在实际写作中，前三点必不可少，第四点则可灵活掌握。

【例文2】

××市江南保安服务有限责任公司关于××区土地整治储备中心队员违纪及相关管理人员失职的处理通报

各部门：

201×年8月23日，××区土地整治储备中心执勤区域一侧围墙倒塌，因派驻该岗点的保安员刘××脱岗，导致未能及时发现并报告险情，且分管队长凌××事后未进行及时妥善地处理，造成不良影响。现将有关情况通报如下：

一、事件经过

8月23日9时左右，××区土地整治储备中心执勤区域一侧围墙倒塌，严重影响了行人的通行及安全。值班保安员刘××因脱岗，未能及时发现险情并告知甲方单位，直到当地街道安全巡逻人员发现，甲方单位才知晓此事。9时30分左右，甲方单位事故处理人员到达现场时，刘××仍未到岗。分管大队长凌××接到甲方通知后，到达现场拍照并了解情况，同时约定了到甲方单位进一步沟通勤务管理工作的时间，但凌××因其他工作未能按约定时间及时和甲方沟通，引起了甲方单位对公司极大的意见和不满。

二、存在的问题

1. 纪律意识淡薄。该执勤岗点已多次出现队员违规违纪现象：201×年6人次未按规定着装；201×年2人次脱岗、1人次未按规定着装；201×年1人次在岗睡觉、2人次脱岗。9月16日下午，公司调查人员到该执勤岗点了解情况时，涉事队员刘××仍脱岗，纪律意识十分淡薄。

2. 管理不到位。分管队长凌××疏于对该岗点的管理，思想认识不够，管理不到位；该勤务岗点班长舒××督促检查少，管理不力，未能尽到班长职责。

三、处理结果

1. 凌××作为分管大队长，疏于对该勤务点的管理，负有管理责任；所管辖勤务岗点出现问题，思想上不够重视，未能及时和甲方单位沟通协调，未履行好大队长职责。按公司相关管理规定和考核办法，对凌××扣款500元并令其在部门会议上作书面检讨。

2. 该勤务岗点保安班长舒××，对勤务岗点督促检查少，未能履行好班长职责。按公司管理规定，扣除舒××当月的班长津贴并扣款100元。

3. 保安队员刘××多次脱岗，严重违反《保安队员管理规定》，扣除2天工资并扣款100元。

四、工作要求

1. 队伍勤务管理部要严格按照公司制度和要求，加强对所属各级人员的管理。

2. 各大队须加强对所管辖勤务岗点的管理，及时发现和解决勤务工作中存在的问题。对涉及违纪的保安员加强教育和管理，杜绝此类事件的再次发生。

特此通报！

××保安服务有限责任公司
201×年9月22日

点评： 这是一篇批评性通报，正文通常包含四个方面的内容：一是简要说明被批评事件的简要经过；二是用简单的语言对事实进行评价和分析，揭示存在的问题；三是陈述机关予以何种处理决定；四是提出希望和要求，要求被批评对象或单位能够引以为戒，今后不再犯类似的错误。

第二节　调查报告

一、调查报告的概念及特点

调查报告是作者对某一事件（工作）、问题或社会现象深入细致调查后经过分析研究写成的带有结论性的文书，如调查、情况调查、考察报告、调查综述等。其特点有：

1. 真实性。真实性是调查报告的生命，无论是人物、事件还是情况、数据，都必须真实准确，要用事实说话。

2. 典型性。针对当时工作中迫切要求解决和回答或者群众比较关心的问题，在众多的材料和情况中选择具有代表性、典型性和时代性的问题，要反映事物的本质和规律，反映时代的脉搏。

3. 表达方式以叙述为主，叙述和议论相结合，辅以必要的说明。作者是参加调查的人，往往用第三人称写，对象是人、事、问题、情况，或者经验等。

二、调查报告的作用

1. 调查报告所反映的问题、情况为领导决策提供事实依据。

2. 调查报告具有分析问题、提出对策的作用。

3. 调查报告具有说明情况、澄清事实或揭露问题（本质）的作用。

4. 调查报告具有传播社会典型经验，扶助新生事物的作用。

三、调查报告的种类

（一）按照内容性质分类

1. 反映新情况、新问题、新形势的社会情况调查报告——新生事物的调查报告。

2. 推广典型经验的调查报告——典型经验的调查报告。

3. 揭露某些问题的调查报告，领导正确解决问题的重大依据——揭露问题的调查报告。

4. 人物、事物的调查报告，只要把疑虑和结果写清即可。

5. 事件、事故的调查报告，是保安行业经常性的业务活动。

6. 探究保安实际问题与对策的调研报告。

（二）按照调查对象分类

1. 围绕重大问题进行多方面研究的综合调查报告。

2. 就某一问题（事件、对象）进行调查的专题调查报告。

（三）按照内容及其写法分类

1. 报告式。反映情况，分析问题，提出解决问题的意见，适用于研究社会情况，反映新生事物和揭露某些问题。一般以“简报”和“批示性通知”的形式上报或下发，类似于报告。

2. 总结式。反映基本情况，总结主要做法。适用于推广典型经验或介绍新生事物，一般不以文件形式下发，类似于总结。

四、调查报告的结构及写法

（一）标题

1. 公文标题式，也可以由调查范围或对象与文种组成，如《××大学（关于）校内安全防范的调查》《××市民办学校赞助费的情况调查》。

2. 文章标题式，也即自由式标题。这类标题往往带有副标题，如《北方的一颗启明星——××市××公司调查纪实》，在标题中写出调查的事件或范围。这类标题常用于对社会问题的调查。

（二）正文

1. 导语（前言）。有两种情况：一种情况是简要说明、交代调查者情况，如调查目的、时间、范围以及所要研究和报告的主要内容等，陈述、提问皆可。这种导语常见于“报告式调查报告”之中；另一种情况是概括介绍调查对象的自然情况，常见于“总结式调查报告”之中。

2. 主体。主体主要由两部分内容组成：调查情况与情况分析。在“报告式调查报告”之中，“调查情况”主要是调查得来的主要内容或问题，其容量比较大。内容上可以以自然分布情况或内容性质逻辑关系为序，分条列项地写。“情况分析”或者指出性质，或者分析原因，或者两者都有，这是报告的“研究”部分。

在“总结式调查报告”中，“调查情况”主要指调研所得到的基本情况，多为成绩；“情况分析”是指取得成绩的原因（措施或做法）。

3. 结尾。可以是结论式、问题式、对策式，也可以没有结尾。

（三）尾部

署名、日期。

五、调查报告的写作要求

1. 明确目的，实事求是。围绕目的进行调查与分析，不要只是罗列事实材料而忽视了调查的目的性和针对性。结论要在调查之后产生，不得随意改（捏）造事实。

2. 讲究方法，科学分析。调查过程是认识事物的过程，调查报告的写作正是反映作者的认识轨迹。没有正确的立场、观点和方法作指导，就不能抓住事物的本质，也就不能把握事物的规律。对于保安人员来说，撰写调查报告既要有（鲜明）观点，又要用事实说话；要注意分析的科学性，要突出本质（主要原因或成绩等），忌不分主次或以次充好。

3. 结构严谨，善于表达。不管是何种结构，都要注意文章的系统性，忌老是套用熟知的结构方式。语言准确、简明、生动，但不宜用文学语言。有点有面，用第三人称的方式，以叙述为主，叙述、议论、说明综合运用。

【例文 3】

保安员流失情况调查报告

保安队伍不稳定，人员流失严重，是当前困扰我公司发展的一大因素。做好新形势下的保安队伍稳定工作，是全面推进我公司保安队伍科学化、正规化建设的一个重要前提，也是摆在公司各级保安管理干部面前的一个重要课题。

在服务行业里，保安的流失率是相对比较高的。据调查，××保安公司近三年每年队员平均流失率为 35%。

从整个社会的角度来看，员工的流动有利于实现人力资源的合理配置，从而提高人力资源的使用效率。从公司的角度来看，适当的人员流动，可优化公司内部人员结构，使公司充满生机和活力。合理的人员流动无论是对社会还是对公司来说，都是必须而合理的。但是，如此大的队员频繁流动，已经引起公司高度重视。现在，保安员的大量流失和所造成的保安队伍不稳定现象，已严重影响到了保安公司的队伍建设和正常经营。

理性的员工对于离职跳槽问题会持谨慎态度。对于保安流失原因的分析研究表明，一般情况下，单一因素是不足以促使保安采取离职跳槽行动的，所以导致保安流失的原因常常是多方面的。从调查中我们了解到，导致保安产生辞职念头的主要有以下几个因素：

一、公司工资结构整体较低，不具有“留人”优势

据××市人力资源和社会保障局劳动力市场工资调查资料显示，在五大类职业中，保安员的年工资在 35 个职业中排在“倒数第一位”。公司队员去年的平均工资每月为 1350 余元，而我市物业公司秩序维护员的月平均工资为 1700 余元，××县保安服务公司保安员的月平均工资在 1900 余元，富士康的保安员月平均工资为 2200 余元。公司在对部分辞职保安调查分析中发现，决定保安离开公司的所有影响中，最重要的影响因素就是工资福利水平低。有的保安不顾自身条件，常产生“这山望着那山高”的想法，例如，今年××石化消防公司的成立，就给公司驻××石化保卫大队保安员流失造成了很大的影响，该消防公司招聘消防员的福利待遇平均在每月2400元以上，再加上社会商品物价的不断上涨，不少保安员把从事保安工作作为跳板，打算先干一段时间再说，没有什么目标和计划，也从未把保安工作当做一项事业。有的保安员看到保安工作的条件、环境较差，就有换工作的想法，一旦时机成熟，立即跳槽。对于家庭条件较差的保安员，通过思想教育工作还可以做到向好的方面转化，相对地能够保持稳定。而对于家庭条件较好的保安员来说，稳定工作就难做，他们的思想比较活跃，生活要求标准高，择业图挣钱多，不满足于保安工资待遇现状，做其留队的思想工作作用不大。

二、社保费用连年增长，客户难以接受，纷纷解除合同

为了认真落实《社会保险法》的规定，切实保障保安员的合法权益。从201×年起，××市各保安公司即开始了《社会保险法》正式实施的前期准备工作，各地抓紧落实三项措施：一是对合同期满客户，做好宣传，寻求理解和支持，努力争取继续合作；二是对新定费用收取，做到明细列项、透明协商；三是对合同未满客户，力争由客户补足所增社保费用。

而我公司在200×年年底，就开始全面实行为全员购买社会保险，从落实情况看，多数客户能够理解和支持这项工作，但还是有一部分客户不予接受。对此，人防部都做了耐心细致的解释工作，但许多客户还是与公司解除了用工合同。

据统计，从200×年到201×年3月，因社保费用与公司解除合同的达28家客户，涉及派驻保安员180余名。

三、保安员两极分化，部分队员情绪抵触，辞职现象普遍增加

《社会保险法》的贯彻实施，除客户有抵触外，社保个人缴纳部分使队员感觉拿到手上的工资不增反减。一部分保安员的不理解和不支持，也造成了目前公司在落实社保工作上的困难。据近三年来公司购买社会保险的运行情况来看，从200×年开始，公司保安员普遍有“愿意购买社保”和“不愿意购买社保”两种意见。公司陷入了“两难”，硬性要求购买，部分队员辞职；不予购买，涉及违法。从201×年以来，队员辞职率明显增加。201×年全公司保安员辞职187名，占当年保安总人数（835名）的22%，201×年全公司辞职285名保安员，占全市872名保安队员的32%，201×年1月至3月全公司现已辞职75名保安员，平均每月达25名。按年率计算辞职率将达35%以上。

四、保安职业社会地位偏低

社会上部分群众对保安工作不理解，简单错误地认为保安工作很简单，看看门而已，基本上是不需要什么能力就能干好的工作，从而看轻保安员。于是保安员在工作中普遍得不到应有的理解和尊重，这样就会造成保安员心理上的障碍，自尊心也会受到打击，不自觉的会认为自己低人一等。由于保安工作对学历、技术、经验都没有过高要求，只对年龄、身高、健康、政审等基本条件进行审核，一些群众就觉得保安是没文凭、没技术、没实践经验的人做的。一些保安员也只是在找不到其他工作的情况下来当保安员，等有机会再另择他业。工种歧视直接造成了保安队伍不稳定，流失率高。

五、论资排辈，缺乏激励机制

到公司做保安的人中有不少是比较优秀的，他们有的是退伍军人，有的是从专业学校毕业的。然而，个别大队在管理上比较保守，缺乏相应的激励机制，新人在大队里很难得到破格聘用，他们必须从保安员做起，一年一年地熬，很少见到将新人直接聘用为班长、中队长或者大队长的。保安是身处第一线的服务人员，工作量大，工作辛苦，有时还要遭受少数客户的有意刁难甚至是人格侮辱；在有些中队或者班组里，人际关系复杂紧张，保安普遍有压抑感和无归属感。虽然同是做保安，但事实上工作是有轻重之分的。一些新保安因无法忍受这种压抑的工作环境而选择跳槽。

六、基层队中队（班）长的管理教育欠缺

基层中队（班）长在队伍管理中起着很大作用。一个称职的中队（班）长必定能带出一支出色的队伍。一旦他们管理方法粗暴简单，不注意思想政治工作，对保安员缺乏关心，最容易造成保安员离队。虽说这是个别现象，但是很多保安员在面对中队（班）长时都显得比较怯懦，原因是中队（班）长是他们的直接领导，有缺点、有错误，不敢当面提出来，也不敢得罪，当有矛盾或出现问题时，基本上选择放弃和退出。另外，由于管理者自身素质不高或管理方法欠妥，致使保安感觉没得到应有关心和尊重。再加上个别大队里的论资排辈的做法，使那些劳动强度大、责任大、任务重的一线保安的积极性受挫，使新保安上岗工作的期限越来越短，一旦发了薪水或有发展更好的就业机会，就会选择跳槽。

××市保安服务总公司××分公司
201×年3月7日

点评：这一则关于保安员流失情况的调查报告，内容结合实际，结构清晰规范，数据翔实可信。在简要叙述基本情况后，点明调查的目的及意义，具体重点分析了保安员流失的六方面原因。这则调查报告如果在后半部分再加上保安员流失的对策分析的话，那就算得上一篇十分完美的调查报告了。

第三节　简报

一、简报的概念及特征

简报是单位以“动态”等形式，如简讯、情况反映、工作交流、内部参考，定期或不定期简要报道内部情况、互通信息、交流经验的书面材料。工作简报、会议简报等都是简报的分支。简报是各级机关处理问题、汇报工作、交流经验、沟通信息的一种具有保密性的内部事务文书，主要是以非正式文件方式起到上传下达、互通情况的作用。其特点有：

1. 新，即内容新。工作简报反映的是新问题、新情况、新经验、新特点，特别是要反映那些保安工作中的动态问题、那些倾向性苗头性的事件，以帮助领导同志和广大群众

及时掌握信息、正确分析问题、有效解决问题。

2. 准，即准确、客观、真实，这是简报的生命所在。简报提供的信息具备参考、指导、推动工作的价值，它要求简报选材要准，使用数据材料要准，内容能揭示事物本质，结论要准，要求使用典型的事实说话。

3. 快，即反映情况要及时，具有新闻性和动态性。简报力求迅速地将社会情况、工作情况反映出来，使领导人能及时捕捉信息、掌握情况、指导工作，同时也便于交流经验和相互借鉴，因此简报被誉为工作情况交流的“轻骑兵”。

4. 简，即内容集中，简明扼要。简报善于抓住事物的本质特征，开门见山，一目了然。说理简约，点到为止。

5. 活，即形式、内容、手法、体式、制作等比较灵活。

二、简报的种类

1. 按照内容性质分：保安工作简报、情况简报、会议简报。

2. 按照范围分：综合性简报、专题性简报。

三、简报的结构内容及写法

简报由报头、报体、报尾三部分组成。

（一）报头

报头在第一页1/3处，中间用分隔线分开。要求醒目（简报名称往往用大号套红）、紧扣内容、准确有意义。内容包含密级、编号（保密简报的顺序号，有时可以省略）、简报名称、期数、发文单位、发文日期等。

1. 密级，位于报头左上端，按规定的密级标准填写，如果没有密级，可以标出“内部刊物，注意保密”字样。

2. 简报名称，用套红大号字印刷，在报头中间位置，名称如“保安工作简报”、“情况交流”、“内部参考”、“工作动态”等。

3. 期数，简报的流水号。定期与不定期简报的期数有所不同。定期简报除年度流水号外，还有自创刊以来的总期数。

4. 发文单位，用全称，往往是办公部门或者秘书部门，后面加上“编”字，如“××市保安服务总公司编”、“中共××省第十二次代表大会秘书处编”。

5. 发文日期，与编发单位共用一行，左右对称，不要挤在中间，用阿拉伯数字标示。在编发单位和编发日期下面有一条红色版头分隔线。

（二）报体

报体也称“报核”，是简报的核心部分。通常说的“综合简报”或“专题简报”就是指这部分内容，多文一报的为前者，一文一报的为后者。

专题简报的报体一般由按语、标题、正文和供稿者四部分组成，无按语和供稿者单位的就只写标题和正文两部分。

1. 按语。按语代表单位发言，具有权威性。写在具体内容前面，一般用黑体字，字体比正文稍小，每行两端要比正文内容少一格或两格。内容主要是说明编写简报的原因、目的或意义。

按语要求做到简明扼要、短小精悍、概括性强。

2. 供稿者。提供材料的单位或个人名称，一般用括号写在正文后右下角，如作者就是编印机关，则不必再写供稿者。

3. 标题。大多数标题只用一行（比较长的可以分为两行），特殊需要也可加副标题。可以用陈述式、警句式、新闻式标题。注意简洁、鲜明和语言风格的一致性。

4. 正文

（1）导语。简报正文的开头部分，用一句或一段话简明扼要地揭示主题（做了什么事、结果怎样），醒目有吸引力。

（2）主体。主体是导语内容的具体化，是对导语内容的展开和深化，不能与导语相冲突。它以充足的材料、典型的事例、精确的数据反映情况、介绍经验或指出问题。内容讲究次序和安排，以叙述为主。

（3）结尾。根据内容而定，常见的有：提出值得注意的问题，提出建议或希望；对简报的某些问题进行补充、交代。

（三）报尾

报尾在简报的最后一页末端处，由间隔线、发送范围和印发份数组成。发送范围由报——上级领导姓名、职务或机关名称，送——平级或者不相隶属的有关单位名称，发——下属单位名称等三部分组成。在“发”的右下侧注明本期简报印发的份数。

四、简报应注意的事项

1. 简报内容要紧跟中心工作，要突出重点。

2. 要选好角度，写出特点。

3. 内容要真，材料要新，排版要美，做到简明扼要、迅速及时。

【例文 4】

保安工作简报

第 24 期（总第 145 期）

××县保安服务总公司编　　　　201×年 6 月 7 日

积极响应换新装　打造××保安新形象

根据公安部“2011 式保安员服装工作会议”精神和集团公司《关于做好 2011 式保安员换装工作的通知》（×保发〔201×〕67 号）文件要求，结合××公司实际情况，公司领导高度重视，积极响应，于 5 月 22 日至 5 月 24 日三天时间，基本完成了公司“2011 式保安员服”的更换工作。

此次“2011 式保安员服”的更换，是公司第一次大规模集中发放保安员服装。结合公司前期开展的“加强队伍管理，树立保安良好形象”活动，决定以此次统一换装为契机，严格管理，开拓创新，打造一支纪律严明、作风过硬、服务规范、安全高效的保安队伍，努力提升管理水平和服务质量，以新举措、新形象占领更大的市场份额。为确保此次换装工作高效快捷、顺利有序进行，公司领导及时召开专题会议，研究步骤方案，安排部署工作小组人员，落实具体责任和完成时间节点。成立了招标采购领导小组，由分管装备工作的总经理杨××任组长，分管队伍勤务工作的副总经理胡×任副组长；队伍勤务管理部经理朱××、装备财务部经理袁××、人力资源部副经理李×、装备财务部刘××为成员，具体负责此次服装厂家招标、换装具体安排等各项工作。同时，公司先后签发了《××保安集团××区有限公司2011式保安服及标志标牌采购规定》（××保安〔201×〕23号）和《××保安集团××区有限公司关于2011式保安服换发工作的通知》（××保发〔201×〕25号），明确分工，落实责任。

根据集团公司文件精神，公司于5月8日在网上发布了《××保安集团××区有限公司2011式保安服装及标志标牌采购招标公告》，本着公开、公平、公正的原则，对2011式保安员服装进行了公开招标采购。招标公告发布后，在集团公司推荐的20家服装供应商中，共有5家服装供应商向公司提供了标书及样品。5月11日，公司对"2011式保安员服"进行了招标，通过招标采购领导小组成员的共同审议，以遴选资质好、信誉好、价格优惠、生产能力强、售后服务最优的厂家为目标，最终确定了××服装厂为我公司"2011式保安员服"的服装供应商。

5月22日至5月24日，公司集中进行了"2011式保安员服"的发放。通过前期的充分准备、周密安排，此次的服装发放工作高效快捷、有条不紊地进行，三天时间基本完成了1500余套新服装的发放。5月26日的××演唱会和6月6日开幕的××国际车展安保任务现场，全体参勤队员身着新式保安服亮相，展现出崭新的形象。此次安保任务受到客户单位和公安机关的高度赞扬和一致好评。

目前，夏季新服装的发放工作已基本完成，年底将全面完成冬装的发放工作。保安员换着新式保安服装，佩戴统一标志，是加强队伍正规化、规范化和职业化建设的重要举措，是展示保安队伍良好形象，便于广大人民群众和社会各界识别、监督保安工作的重要载体，能增强社会各界对保安工作的理解和支持，增强广大保安员的职业认同感和自豪感，促进保安服务业持续、健康发展。××保安队伍将在换装后，以崭新的面貌、崭新的姿态，投入到保安工作中，让客户满意、让公司满意，为建设平安××贡献力量。

报：县委，人大，政府，政协，县公安局，卢××书记，张××县长，县委杨××副书记，县政府黄××副县长，县人大刘××副主任，县政府高××副县长，县政协喻××副主席，县公安局文××局长。

送：各乡镇，本公司领导。

发：各保安服务分公司、班组、大队、部门。

（共印200份）

点评：这是一则保安公司换发保安制服的简报，标题简洁鲜明，结构完整规范，内容体现了简报的一文一事和新、准、快的特点。简报以时间为主线，对换发2011式保安服装的背景、招标采购、换发时间等叙述清楚，最后强调了换装的重要意义。若文字上再简练一些，重点再突出一些，则不失为一则完善的简报。

思考题：

1. 通报的概念及写作要求。
2. 评点在批评性、表彰性通报中有什么作月？
3. 调查报告的概念及写作要求。
4. 调查报告写作前的准备要求。
5. 调查报告议论与叙述的关系。
6. 保安行业的简报有哪些种类？
7. 如何制作简报的标题及导语？

第十章　防卫与队列指挥

【本章知识要点】

掌握徒手控制与解脱的基本功及练习方法，增加徒手控制的速度、力量、准确性，掌握攻防基本应用技术与战术。掌握下达队列训练口令的基本方法，形成正确的技术动作，养成良好的动作习惯。培养学员坚决执行命令，动作迅速、准确、协调一致，雷厉风行的作风。

【本章技能要点】

掌握徒手控制与解脱的基本技能及练习方法，能增加徒手控制的速度、力量。能下达单兵和集体队列训练口令，会队列指挥。

第一单元　理论知识

第一节　徒手控制技术

一、徒手控制基础技术

（一）由前控制技术

1. 搓肘别臂

（1）动作要领：我左脚上步于对方右脚外侧，左手呈插掌，掌心朝右，从对方右小臂内侧插入并外拨；右手呈八字掌，由外抓握其右肘关节，左手前伸，右手后拉致其臂内旋，迫使其屈肘并贴近我前胸；我右脚后撤半步的同时，身体拧腰右转，重心移至右脚呈右弓步，左手顺势自上而下扣抓其右大臂，并屈肘夹紧其小臂；右手摁压其肘关节，迫其上体前倾于我右大腿处；以夹肘、别肩将对方控制。

（2）动作要点：两手动作要同时、突然；搓拧、拉压其肘时要快速、连贯；夹肘要紧，控臂要牢。

2. 掐喉跪肋

（1）动作要领：当我由前接近对方右侧时，左脚上步于对方右脚外侧，左手呈八字掌，虎口朝前抓其右手腕向左后方拽拉；右手呈八字掌，虎口朝前，由前扼推对方的咽喉部；重心移至左脚，身体向左后方发力的同时，抬右腿后绊其右腿，将其摔倒；我左手外旋拧其右臂，使其肘窝朝上，控制在我左大腿处，右膝顺势以膝关节为力点向下跪顶其右肋；以掐喉、别肘、跪肋将对方控制。

（2）动作要点：抓腕要准，贴身要近；绊摔时，扼喉、转体、后绊要同时用力；掐喉、别肘、跪肋要连贯、牢固。

3. 折腕缠颈

（1）动作要领：我由正面自然接近对方后，以合理的理由将其右手引出；两手变掌，掌心相对，左手在上，右手在下，快速抓握其右手腕，两拇指顶于其手背；重心下降，右脚向后撤一大步的同时，两手同时向左下方用力折腕并后拉，迫使对方下蹲、前扑倒地；上左脚迅速骑坐其腰部的同时，两手经其颈前向左后用力缠拉其右臂；抽左手由对方左掖下穿过，抓握其左手手指向后用力拧拉至背后，用两大腿内合之力将左臂夹紧，以夹臂、缠颈将对方控制。

（2）动作要点：抓腕动作要突然、准确；下压、后拉要迅速、有力；骑压、缠颈、拧臂要连贯、凶狠。

4. 携手别臂

（1）动作要领：当我由前接近对方右侧时，左脚突然上步，落于对方右脚外侧，同时，左手变掌，虎口朝前，速抓其右手腕并向外拉；我右臂向左上方猛挑其肘关节，迫使其右臂弯曲；以身体经右向后转体、下压的力量，左手前推并折压右腕，右臂回拉扒肩，迫其跪地或趴地，以别臂、折腕将其控制。

（2）动作要点：上步突然，抓腕要准，挑肘要猛，转体要快；别臂、折腕要到位，控制要牢固。

（二）由后擒拿技术

由后擒拿是指从犯罪分子或犯罪嫌疑人的背后自然接近，突然使用动作将其控制、制伏的技术。

1. 抓腕压肘

（1）动作要领：我由对方左后侧贴近其身体左侧时，右脚上步落于对方左脚外侧稍前处；左手呈八字掌，掌心向前拇指在右，抓住其左手腕，右手呈八字掌，掌心朝前，屈肘于胸前；左脚向左后撤步、重心移至左脚并向左后转身的同时，左手猛力向左后下方牵拉其左臂，右手下压其肘关节，同时，右腿绊其左腿，迫使其倒地，以反压肘关节将其制伏。

（2）动作要点：抓腕要突然、准确；转体、拉臂、压肘要迅速、凶狠。

2. 夹肘折腕

（1）动作要领：我从对方左后侧自然贴近时，右脚上步于对方左脚外侧偏后处，右手呈八字掌，掌心向前虎口朝下，速抓握其左小臂下端上抬至同肩高，左手同时拍压其左肘关节，迫使其弯曲；左手迅速扣压其左手背的同时，右手协同左手用力，并将对方左肘紧夹于我右腋下，右肩贴紧其左肩后侧；左脚向后撤一大步的同时，迅速向左后转体并下降重心，以折腕后拉和转体压肩的合力将其摔倒；左手向前推压其左肘，右手后拉其手腕，将其左手拧于背后；以右膝跪顶其右手背，左手按压其左肘将对方控制。

（2）动作要点：抓、扣手腕要快，夹肘要紧；转体压摔要凶狠；压肘、跪顶要牢。

3. 锁喉拧摔

（1）动作要领：我由后自然贴近对方时，上右脚于对方双脚后侧（如对方身材较高，则起右脚由后侧踹其双膝，迫使其重心下降），身体稍向左转，右手变掌，快速从其颈前穿过并后拉的同时，左手握住右手腕协助用力后拉，迫使其向后失去重心；右脚向后撤一大步的同时，两腿弯曲，重心下降，以双手勒颈、下压的力量使其仰卧倒地；双手臂同时用力向右绞拧其颈部，使其向右转身呈俯卧的同时，上左脚迅速骑压对方腰部；右臂勒颈后拉，左手抓握其左手手指前伸、后拉，并以左腿夹住其左臂；双手交换，以同样方法控制其右臂，以双腿夹臂将其制伏。

（2）动作要点：锁喉、后拉要突然、同步，向后撤步要大且重心必须降低；绞颈、骑压要同时；勒颈、控臂要连贯、迅速；夹臂控制要牢固。

4. 顶摔折膝

（1）动作要领：我从对方后侧贴近时，突然下蹲，上右脚于对方右脚外侧，双手变掌抱住其双膝，以右肩向前猛顶其臀部、双手向自己两腿间后拉的合力，致其前仆倒地；乘倒地之时，我双手沿其小腿外侧捋抓其踝部，并往外拉，使其两腿分开、伸直；随即，我左手快速向右前压其左小腿，右手向左前压其右小腿，使其双小腿交叉重叠于臀部，我双手往前摁压其双脚背，将其控制。

（2）动作要点：抱膝、顶摔时要突然、凶狠；捋抓双踝要准，分腿要快；交叉折压要迅速，摁压要用力。

二、小组配合控制技术

（一）由前进攻二人配合

1. 搓肘别臂结合携手别臂

（1）动作要领：1 号队员在左、2 号队员在右，由前或前侧自然接近对方。1 号队员首先攻击，以搓肘别臂迅速控制对方的右臂；2 号队员随即冲上，突然施以携手别臂动作，控制其左手，两位队员同时下压，将其控制；由 1 号队员出铐并上铐，2 号队员协同，共同将其制伏、擒获。

（2）动作要点：接近时一定要自然，不要与我方或对方对视目光；1 号队员动作要突然，2 号队员协同要及时；动作连贯，快速凶狠，以最短的时间将其擒获。

2. 掐喉跪肋结合折膝

（1）动作要领：1 号队员在左、2 号队员在右，由前或前侧自然接近对方。当 1 号队员接近至对方右侧时，突然以掐喉跪肋的动作将其摔倒；2 号队员立即上前，快速抓握其两踝关节后拉并折膝，使其呈俯卧，将其控制住；1 号队员速将其双手拧于背后并上铐，将其擒获。

（2）动作要点：1 号队员攻击要突然，掐喉绊摔要连贯；2 号队员跟进要及时，控制要牢固。

（二）由后进攻二人配合

1. 抓腕推肘左右协同

（1）动作要领：1 号队员在左、2 号队员在右由后或后侧接近对方。由 1 号队员发出攻击信号，两人同时行动：1 号队员左脚上步在前，左脚掌落在对方左脚外侧偏前，右手呈八字掌，掌心向前，虎口朝下，抓握其左手腕后拉、上抬，左手握其左肘前推，将其左手臂拧于背后；2号队员以相反的部位、相同的动作控制其右臂；由2号队员控制，1号队员将其双手铐住。

（2）动作要点：两人行动必须同时、突然；抓腕、推肘要快；控制、上铐要连贯、迅速。

2. 抱膝顶摔配合跪颈别臂

（1）动作要领：1号队员由后自然接近对方，2号队员在右后侧接应。1号队员当位于对方身后时，身体突然下蹲前潜，以抱膝顶摔动作将其摔倒；2号队员立即上前，右膝跪颈，双手将对方右手拧于背后，将其控制；1号队员迅速上步于对方左侧，右膝跪腰，双手将其左手拧至背后，将双手上铐。

（2）动作要点：1号队员的抱膝顶摔要快，折膝别腿要连贯；2号队员的跪压要迅速，别臂要有力；两人的配合要紧密。

3. 掏裆压颈结合控头别臂

（1）动作要领：1号队员在左、2号队员在右，由后自然接近对方。当靠近时，1号队员左脚上步于对方左脚外侧偏前处，身体贴近其左后侧，右手变掌，突然从其两腿间穿过，掏裆向后上提拉，右手同时由后向前下方压颈，致其向前倒地；2号队员立即从右侧包抄，随即双腿屈膝跪下，用双腿内侧夹控其头，双手后别其右臂；1号队员迅速以右膝跪压其后腰，双手后扭别其左臂，配合2号队员上铐控制。

（2）动作要点：1号队员的贴靠要突然，掏裆上提要快，跪压要迅速；2号队员的夹控头部要及时，别臂要有力；两人配合要默契。

（三）前后夹攻二人配合

1. 抱膝顶摔配合控头别臂

（1）动作要领：1号队员在后、2号队员在前，呈前后夹击状自然接近对方。当靠近对方时，1号队员身体迅速下蹲前潜，双手向前往里分抱其双膝，突然施以抱膝顶摔动作，致其向前倒地，双手顺抓其双脚踝，快速完成折膝别腿动作；2号队员立即由前贴近其头部，双膝跪地夹控其头部，双手依次将其右、左臂拧于背后，迅速上铐。

（2）动作要点：1号队员的抱膝顶摔要快，抓握其踝要准，折膝别腿要迅速；2号队员跟进要及时，控头、别臂要迅速；两人配合要密切、连贯。

2. 锁喉拧摔结合折膝

（1）动作要领：1号队员在后、2号队员在前，自然接近对方。当靠近时，1号队员由后突然以锁喉拧摔将对方摔倒，迅速向右绞拧其颈、上步骑压；2号队员立即上前抓握对方两踝关节后拉并折膝，将其控制住；1号队员继续依次将对方双手拧于背后并上铐。

（2）动作要点：1号队员锁喉、后拉、下压、绞颈要突然、连贯；2号队员跟进要快，对方一呈俯卧则立即折膝控制；两人动作过程要清楚、准确，配合默契。

（四）三对一配合

1. 锁喉绊摔结合折膝、别臂

（1）动作要领：1号队员在后、2号队员在左、3号队员在前，呈包围状自然接近对方。1号队员首先由后靠近，右手前插锁喉，左手抓握其左手外翻，以勒颈、顶髋、左转体、右腿后绊之合力将其摔倒后，右膝跪腰，两手将其左手拧于背后；3 号队员立即上前抓握其两踝关节，拉直、折膝并用力控制；2 号队员同时上前，右膝跪颈，双手别拧其右臂于背后，并将其双手铐住。

（2）动作要点：1 号队员锁喉、绊摔要突然、快速；3 号队员抓踝、折膝要凶狠、牢固；2 号队员别臂、上铐要迅速、准确；三人配合要默契，动作要连贯。

2. 抱膝顶摔配合抓控双手

（1）动作要领：1 号队员在后，2 号、3 号队员分别在左右两侧，呈半包围状自然接近对方。当 1 号队员由后靠近时，突然上步下潜，以抱膝顶摔的动作将对方摔倒并立即折膝、控制；2 号队员迅速由左侧上前，右膝跪腰，双手抓其左手拧于背后；3 号队员同时由右侧上前，右膝跪颈，双手将其右手拧于背后，并将其双手上铐。

（2）动作要点：1 号队员的抱膝顶摔要突然、快速；2 号、3 号队员的跪压、控手要及时；控制要牢固，上铐要迅速。

3. 掏裆压颈结合夹头别臂

（1）动作要领：1 号队员在右后、2 号队员在前、3 号队员在左，呈包围状自然接近对方。当 1 号队员靠近其身体右后侧时，左手突然由后掏裆向后上猛提，右脚上一大步的同时，右手卡其后颈部向前猛压将其摔倒，左膝跪腰，双手拧别其右臂于背后；2 号队员迅速上前，两腿跪地夹紧其头部，两手用力下压其双肩，将其控制住；3 号队员同时上前，拧别其左臂于背后，并立即将其双手铐住。

（2）动作要点：1 号队员的掏裆、压颈动作要突然、凶狠；2 号队员夹头、压肩控制要牢固；三人的动作协同要准确、连贯、迅速。

三、解脱技术

（一）腕部被抓时的解脱

1. 缠腕压肘

（1）动作背景：当我与对方面对面站立，对方突然出右手抓我右手腕时。

（2）动作要领：我左手呈八字掌（掌心向下，虎口朝右）向下快速扣压对方右手背的同时，右手呈立掌，掌心向内；以右掌小指一侧为力点，向左下方切压其腕关节；待对方疼痛、下蹲时，右脚向后撤一大步，身体右转下压的同时，右手反抓其右手腕后拉，迫使其肘尖朝上，左肘下压其右肘关节，迫使其倒地；左脚踩压其右肩关节，双手握其右手折腕、上提，将其控制。

（3）动作要点：扣腕要快，切压要准；转身、后拉、压肘要迅猛，踩压肩关节与折腕上提要同步。

2. 别摔拧肘

（1）动作背景：我与对方面对面站立，对方突然出左手直抓我右腕时。

（2）动作要领：我右手呈八字掌，经左向上挑并反抓对方腕关节向下牵拉，左脚上步于对方右脚偏后处，身体左侧贴紧对方的同时，左手臂夹抱其颈向后别摔，致其后仰倒地；我双脚屈膝，重心下降的同时，左手抓住其左肘内拉，迫使其身体右转呈俯卧，以左手压肘、右手折腕、右膝跪腰将对方控制。

（3）动作要点：扣腕与下拉要同时，别摔要快，拉肘、控制要迅速、牢固。

（二）衣领被抓时的解脱

1. 抓腕夹肘

（1）动作背景：我与对方面对面站立，对方突然出右手抓住我衣领前后推搡时。

（2）动作要领：我双手（掌心相对）扣压对方腕关节，使其掌面贴紧我前胸，上体前倾，折压其右手腕关节；右脚后撤步、身体右转，双手牵拉其右臂向后拉直并外旋，使其肘尖朝上；用左臂与左肋夹压其肘，双手顺势抓腕上抬，致其跪地；右手抓拧其右手背上抬，左手用力下压其右肩关节，将其控制。

（3）动作要点：抓腕要准，扣压要紧，撤步夹肘要迅猛、连贯，夹肘下压与抓腕上抬要同时，压肩、折臂要用力。

2. 扣手压肘

（1）动作背景：我与对方面对面站立，对方突然出右手屈肘抓住我衣领前后推搡时。

（2）动作要领：我右手快速扣握对方右手背，低头含胸，右脚向后撤步的同时，身体右转，迫使对方肘部伸直；左臂屈肘向上抬起，左手呈八字掌，掌心向前，抓住对方肘关节下压的同时，起左腿后绊，致其前仆倒地；双手配合旋拧并后别其右臂，以双手折腕、左脚踩压其肩关节将其控制。

（3）动作要点：扣压手背要紧，转身要突然，抓肘下压要迅速，绊摔时不能使其右手松脱，动作过程要快速、凶狠、连贯。

（三）颈部被勒时的解脱

1. 击裆别臂

（1）动作背景：对方从我背后偷袭，以右臂紧勒我颈部，左手配合右臂向后拉时。

（2）动作要领：我身体重心快速下降，下颌内收，右手抓住对方右腕向前拉的同时，左手向后拍击对方裆部；右脚向右移动，左脚向右后撤一大步至对方右脚后侧；身体向左转动并前倾的同时，左臂由后向前猛力下压其右肩关节，右手握住左手腕协同用力，迫使对方跪地或倒地；右膝跪颈，双手协同将其右臂拧控于背后，制伏。

（3）动作要点：收颌与抓腕要同时，击裆要狠，摆脱要迅速，撤步、压肩、别臂要快速、凶狠。

2. 抓发扛腿

（1）动作背景：对方从我左侧以右臂环绕我颈部紧勒，欲将我摔倒时。

（2）动作要领：我迅速下降重心的同时，左脚后撤，左手由后迅速上伸并揪抓对方发头（或衣领）猛向后拉，迫使其身体后仰；右臂由后抱住对方右腿上扛，身体同时发力向左后转，将其摔倒；双手抓住对方右手臂拧于其背后，左腿屈膝以膝关节为力点跪压其颈。

（3）动作要点：抓发（或衣领）要猛、狠，抱膝上扛要快，拧臂、跪颈要迅速、连贯。

（四）腰部被抱时的解脱

1. 击头别臂

（1）动作背景：对方从我背后偷袭，用双手环抱我腰部时。

（2）动作要领：我身体重心快速下降，上体稍前倾，左手抓紧对方右手腕向左拉的同时，左脚上步，脚尖内扣；身体发力右转的同时，抬右肘向后猛击对方头部；右手由外抓住其右肘向上搬拉，左手抓其右手腕向左后猛推，同时经右向后快速转身，左脚落于对方右脚后侧，将其右臂拧别于背后；以右手抓肘、左手折腕和上体下压的合力将其控制。

（3）动作要点：抓腕、击头突然、凶狠，搬肘、推腕、转身要快，上体下压与别臂折腕要连贯、牢固。

2. 扛臂背摔

（1）动作背景：对方从我背后偷袭，用双手锁抱我双臂及腰部时。

（2）动作要领：我身体快速下沉的同时，两臂猛向上扛，致对方双臂向上滑脱；双手分别抓住对方双臂，以髋关节后顶，身体前倾下压，双手向前下用力牵拉其双臂的合力，致其前摔倒地；左脚向左上步，左手接抓其右手腕，右手抓握其右肘向其左侧搬拉，迫使其左转身呈俯卧状；以右手压肘、左手折腕、右膝跪颈将其控制。

（3）动作要点：身体下沉与两臂上扛要突然、有力，背摔要快速、到位，上步、搬肘、控制要迅速、连贯。

（五）头发被抓时的解脱擒拿技术

当头发被抓时可采取踢裆折腕法。

（1）动作背景：对方从我正面突袭，出右手抓住我头发下拉时。

（2）动作要领：我双手迅速扣抓对方右手背下压，上体前倾，头部配合前顶；起右脚（或膝）弹踢（或撞击）对方裆部；右脚迅速回落，身体随之右侧转，双手抓住对方右手向右后下猛拉的同时，用左大臂及肋部夹压其右肘；双腿屈膝，身体重心下降，以夹肘和双手折腕上提之合力，将头发解脱并将其控制。

（3）动作要点：抓腕扣压要准确、牢固，踢裆要狠，转身、后拉、解脱要快，夹肘、折腕、控制要牢固。

第二节　队列指挥

一、队列训练口令

口令，是队列训练和日常列队时指挥员下达的口头命令。根据下达方法的不同，可以分为以下四种：

1. 短促口令。其要领是：只有动令，不论几个字，中间不拖音、不停顿，通常按音节（字数）平均分配时间，有时最后一个字稍长，发音短促有力。如：“停”、“报数”、“放背包”、“验枪完毕”等。

2. 断续口令。其要领是：预令和动令之间有停顿（微歇）。如：“第×名，出列”等。

3. 连续口令。其要领是：预令的拖音与动令相连，有时预令与动令之间有微歇。预令拖音稍长，其长短视队列大小而定；动令短促有力。如：“立——定”、“向右——转”等。有的口令，预令和动令都有拖音。如：“向国旗——敬礼——”等。

4. 复合口令。其要领是：兼有断续口令和连续口令的特点。如：“以××为准，向中看——齐”、“右后转弯，齐步——走”等。

二、单兵队列动作口令

（一）立正、跨立、稍息

1. 立正。立正是站立时的基本姿势，是队列动作的基础。动作要领：听到“立正”的口令，两脚跟靠拢并齐，两脚尖向外分开约60度；两腿挺直，小腹微收，自然挺胸；上体正直，微向前倾；两肩要平，稍向后张；两臂下垂，自然伸直，手指并拢，自然微屈，拇指尖贴于食指第二节，中指贴于裤缝；头要正，颈要直，口要闭，下颌微收，两眼向前平视。

2. 跨立。跨立主要用于训练、执勤等场合，可与立正互换。动作要领：听到“跨立”的口令，左脚向左跨出约一脚之长，两腿挺直，上体保持立正姿势，身体重心落于两脚之间；两手后背，左手握右手腕，拇指根部与外腰带下沿（内腰带上沿）同高；右手手指并拢，自然弯曲，手心向后。

3. 稍息。稍息是队列动作中一种休息和调整姿势的动作，可与立正互换。动作要领：听到“稍息”的口令，左脚顺脚尖方向伸出约全脚的三分之二长度，两腿自然伸直，上体保持立正姿势，身体重心大部分落于右脚。稍息过久，可自行换脚。

（二）停止间转法

停止间转法是原地变换方向的方法。分向右转、向左转、向后转和半面向右（左）转。

1. 向右（左）转。动作要领：听到“向右（左）转”的口令，以右（左）脚跟为轴，右（左）脚跟和左（右）脚掌前部同时用力，使身体协调一致向右（左）转90度，体重落在右（左）脚，左（右）脚取捷径迅速靠拢右（左）脚，成立正姿势。转动和靠脚时，两腿挺直，上体保持立正姿势。

2. 向后转。动作要领：听到“向后转”的口令，按向右转的要领向后转180度。转动时，动作要快，两腿挺直，上体保持立正姿势。

3. 半面向右（左）转。动作要领：听到“半面向右（左）转”的口令，按向右（左）转的要领转45度。转动时，要注意掌握好转动的角度，不要过大或过小。

（三）行进与立定

行进的基本步法分为齐步、正步和跑步，辅助步法分为便步、踏步和移步。

1. 齐步与立定。齐步一般用于队列的整齐行进。动作要领：听到“齐步走”的口令，左脚向正前方迈出约75厘米，按照先脚跟后脚掌的顺序着地，同时身体重心前移，右脚照此法动作；上体正直，微向前倾；手指轻轻握拢，拇指贴于食指第二节；两臂前后自然摆动，向前摆臂时，肘部弯曲，小臂自然向里合，手心向内稍向下，拇指根部对正衣扣线，并与上衣最下方衣扣同高（着夏季作训服时，与第四衣扣同高；着冬季作训服时，与第五衣扣同高），离身体约25厘米；向后摆臂时，手臂自然伸直，手腕前侧距裤缝线约30厘米。行进速度每分钟116~122步。

听到“立定”的口令，左脚再向前大半步着地（约50厘米，脚尖向外约30度），重心落于左脚，两腿挺直，右脚取捷径迅速靠拢左脚，成立正姿势。

齐步行进要求姿态端正，臂腿协调，摆臂自然大方，定型定位，步速、步幅准确。

2. 正步与立定。正步主要用于分列式和其他礼节性场合。动作要领：听到“正步走”

的口令，左脚向正前方踢出约75厘米（腿要绷直，脚尖下压，脚掌与地面平行，离地面约25厘米），适当用力使全脚掌着地，同时身体重心前移，右脚照此法动作；上体正直，微向前倾；手指轻轻握拢，拇指伸直贴于食指第二节；向前摆臂时，肘部弯曲，小臂略成水平，手心向内稍向下，手腕下沿摆到高于最下方衣扣约10厘米处（着夏季作训服时，约与第三衣扣同高；着冬季作训服时，约与第四衣扣同高），离身体约10厘米；向后摆臂时（左手心向右，右手心向左），手腕前侧距裤缝线约30厘米。行进速度每分钟110～116步。

听到“立定”的口令，左脚再向前大半步着地（脚尖向外约30度），重心落于左脚，两腿挺直，右脚取捷径迅速靠拢左脚，成立正姿势。

3. 跑步与立定。跑步主要用于快速行进。动作要领：听到“跑步”的预令时，两手迅速握拳（四指蜷握，拇指贴于食指和中指第二节）提到腰际，约与腰带同高，拳心向内，肘部稍向里合；听到“走”的动令后，上体微向前倾，两腿微弯，同时，左脚利用右脚掌的蹬力向前跃出约85厘米，前脚掌先着地，身体重心前移，右脚照此法动作；上体保持正直，两臂前后自然摆动；向前摆臂时肘部贴于腰际，小臂略平，稍向里合，两拳内侧各距衣扣线约5厘米；向后摆臂时，拳贴于腰际。行进速度每分钟170～180步。

听到“立定”的口令，再跑两步，然后左脚向前大半步（两拳收于腰际，停止摆动）着地，重心落于左脚，右脚靠拢左脚，同时将手放下，呈立正姿势。

4. 踏步与立定。踏步分齐步踏步与跑步踏步两种，主要用于调整步伐，以保持队形的整齐。

动作要领：听到“踏步”的口令，两脚在原地上下起落。抬起时，脚尖自然下垂，离地面约15厘米；落下时，前脚掌先着地。上体保持正直，两臂按照齐步或跑步摆臂的要领前后摆动。

听到“立定”的口令，左脚再踏一步，右脚靠拢左脚，原地呈立正姿势。

踏步是原地的动作，应注意不要来回移动位置；上体要保持正直，不要左右扭动。

（四）步法变换

步法变换，均从左脚开始。

1. 齐步与正步互换。动作要领：听到口令，右脚继续走一步，即换正步或者齐步行进。

2. 齐步换跑步。动作要领：听到预令，两手迅速握拳提到腰际，两臂前后自然摆动；听到动令，即换跑步行进。

3. 跑步换齐步。动作要领：听到口令，继续跑两步，然后换齐步行进。

4. 齐步换踏步。动作要领：听到口令，即换踏步。

5. 踏步换齐步或者跑步。动作要领：听到“前进”的口令，继续踏两步，再换齐步或者跑步行进。

（五）行进间转法

1. 齐步、跑步向右（左）转。动作要领：听到“向右（左）转走”的口令，左（右）脚向前半步（跑步时，继续跑两步，再向前半步），脚尖向右（左）约45度，身体向右（左）转90度时，左（右）脚不转动，出右（左）脚按原步法向新方向行进。

2. 齐步、跑步向后转。动作要领：听到“向后转走”的口令，左脚向右脚前迈出约半步（跑步时，继续跑两步，再向前半步），脚尖向右约45度，以两脚的前脚掌为轴，经右向后转180度，出左脚按照原步法向新的方向行进。

转动时，保持行进时的节奏，两臂自然摆动，不得外张；两腿自然挺直，上体保持正直。

（六）坐下、蹲下、起立

1. 坐下与起立。动作要领：听到“坐下”的口令，左小腿在右小腿后交叉，迅速坐下，手指自然并拢放在两膝上，上体保持正直。

听到“起立”的口令，上体微向前倾，以全身的协力迅速起立，左腿靠拢右腿成立正姿势。

2. 蹲下与起立。动作要领：听到“蹲下”的口令，右腿后退半步，前脚掌着地，臀部坐在右腿跟上（膝盖不着地），两腿分开约60度，手指自然并拢放在两膝上，上体保持正直。

听到“起立”的口令，全身协力迅速起立，呈立正姿势。

（七）脱帽、戴帽、夹帽

1. 脱帽。动作要领：听到“脱帽”的口令，双手迅速抬起捏帽檐或者帽前端两侧，将帽取下，取捷径置于左小臂上，帽徽向前，掌心向上，四指扶帽檐（无檐帽扶前端中央处），小臂略成水平，右手放下。

2. 戴帽。动作要领：听到“戴帽”的口令，双手捏帽檐或帽前端两侧，取捷径将帽迅速戴正。脱、戴帽时，头要保持正直，不得晃动；双手的上抬和下放应从正前方上下运动。

3. 夹帽。动作要领：听到“夹帽”的口令，双手捏帽檐或帽前端两侧，将帽取下，取捷径夹于左腋下，左手握帽墙，帽徽向前，帽顶向左。

（八）敬礼、礼毕

1. 敬礼。敬礼分为举手礼、注目礼。

举手礼动作要领：听到“敬礼”的口令，上体正直，右手取捷径迅速抬起，五指并拢自然伸直，中指微接帽檐右角前约2厘米处（戴无檐帽或不戴军帽时微接太阳穴，与眉同高），手心向下，微向外张（约20度），手腕不得弯曲，右大臂略平，与两肩略成一线，同时注视受礼者。

注目礼动作要领：听到“敬礼”的口令，行注目礼时，面向受礼者呈立正姿势，同时注视受礼者，并目迎目送（右、左转头角度不得超过45度）。

敬礼时，应在距受礼者5~7步外，行举手礼或者注目礼。停止间，应当面向受礼者立正，行举手礼，待受礼者还礼后礼毕；行进间（跑步时换齐步），转头向受礼者行举手礼（手不随头转动），并继续行进，左臂仍自然摆动，待受礼者还礼后礼毕。

2. 礼毕。动作要领：听到“礼毕”口令或者受礼者还礼后，行举手礼者，将手放下；行注目礼者，将头转正，呈立正姿势。

三、集体队列动作口令

集体队列的基本队形，分为横队和纵队。需要时，可分成二列及二列以上横队或者二路及二路以上纵队。队列人员左右之间的间隔约10厘米，前后距离约75厘米。需要时，可以调整队列人员之间的间隔和距离。通常按照身高顺序进行列队。集体队列的动作口令有：

（一）集合、离散

1. 集合。集合是使单个队员或者队、组，按照规范队形聚集起来的一种队列动作。集合时，指挥员应先发出预告或信号，当全体人员听到预告或信号后，应原地面向指挥员呈立正姿势；听到“集合”的口令，迅速跑步到指定位置面向指挥员呈规定队形集合；在指挥员后侧的人员，应当从指挥员右侧绕过进入队列，自行对正、看齐，呈立正姿势。

当听到“成四列横队集合”的口令时，排头人员迅速到指挥员左前方 5～7 步的位置，呈立正姿势；其他人员以排头为基准，依次向左排列，自行看齐。

当听到“二路纵队集合”的口令时，排头人员迅速到指挥员前方适当位置，呈立正姿势；其他人员以排头为基准，依次向后排列，自行对正。

2. 离散。离散是使列队的单个队员或者队、组，各自离开原队列位置的一种队列动作，分为离开和解散。当队列人员听到“解散”的口令时，应迅速离开原列队位置。

（二）整齐、报数

1. 整齐。整齐是使队列人员按照规定的间隔和距离，保持行、列齐整的一种队列动作。整齐分为向右（左）看齐和向中看齐。

（1）向右（左）看齐。动作要领：听到“向右（左）看齐”的口令，排头不动，其他人员迅速向右（左）转头，眼睛看右（左）邻人员腮部；前四名人员能通视排头，自第五名起，以能通视到本人以右（左）第三人为度。后列人员先向前对正，后向右（左）看齐。听到“向前看”的口令，迅速将头转正，恢复立正姿势。

（2）向中看齐。动作要领：当指挥员指定“以×××为准（或者以第×名为准）”时，被呼点者（基准人员）答“到”，同时左手握拳高举，大臂前伸与肩略平，小臂垂直举起，拳心向右；听到“向中看齐”的口令后，其他人员按照向左（右）看齐的要领实施。听到“向前看”的口令后，基准人员迅速将手放下，其他人员迅速将头转正，恢复立正姿势。

纵队看齐时，可以下达“向前对正”的口令。基准人员不动，其他人员迅速向前对正。

2. 报数。动作要领：听到“报数”的口令，横队从右至左（纵队由前向后）依次以短促洪亮的声音转头（纵队向左转头）报数，最后一名不转头。

（三）出列、入列

1. 出列。当听到“×××（或者第×名）”的口令时，被呼点者应当答“到”，听到“出列”的口令后，应当答“是”，并取捷径出列，行进到指挥员右前方适当位置或者指定位置，面向指挥员呈立正姿势。出列时，通常用跑步（5 步以内用齐步）或者按照指挥员指定的步法执行。

横队出列时，如果出列人员在横队的中列，则应向后转，待后列同序号的人员向右后（左后）退一步让出缺口后，出列者从队尾出列，位于“缺口”位置的士兵，待出列者出列后即复原位；位于最后一列的士兵出列，先后退一步，然后从队尾出列。

纵队出列时，位于左路的人员，取捷径出列。如果出列者在纵队的中路，则应向左转，待左路同序号的人员向左后退一步让出缺口后，从左侧出列，位于“缺口”位置的人员，待出列者出列后即复原位；位于右路的人员出列，先右跨一步，然后从队尾出列。

2. 入列。听到“入列”的口令后，被呼点者应答“是”，然后，按照出列的相反程序入列。

（四）行进、停止

1. 行进。横队行进以右翼为基准，纵队行进以先头为基准。当听到指挥员下达“×步走”的口令时，基准人员向正前方前进，其他人员向基准人员标齐，保持规定的间隔、距离行进。行进中，需要时可用“一、二、一”的口令和用“一、二、三、四”的呼号或者唱队列歌曲来调整步伐，以保持步伐整齐和士气振奋。

2. 停止。当听到指挥员下达“立定”的口令时，全体人员按照立定的要领实施。停止后，听到“稍息”的口令，先自行对正、看齐，再稍息。

（五）方向变换

方向变换是改变队列方向的一种队列动作，通常分为横队方向变换和纵队方向变换。

1. 横队方向变换

（1）停止间方向变换。停止间方向变换分为左（右）转弯和左（右）后转弯，还可以向后转。

当听到“左（右）转弯，齐（跑）步走”的口令，轴翼人员（基准人员）踏步，并逐渐向左（右）转动；外翼第一名人员用大步行进并同相邻人员标齐，逐步变换方向；其他人员用余光向外取齐（愈接近轴翼者，其步幅愈小），并保持规定的间隔和排面整齐，转到90度或者180度时踏步并取齐，听到“立定”或“前进”的口令，按照动作要领立定或者前进。

（2）行进间方向变换。横队在行进过程中，听到“左（右）转弯走”的口令后，按停止间左（右）转弯走的动作变换方向，到位后踏步。听到“前进”的口令，继续前进。听到“向后转走”口令，按单兵队列动作向后转走的动作要领进行。全体人员动作要整齐一致。

2. 纵队方向变换

（1）停止间方向变换。当听到“左（右）转弯齐（跑）步走”或“左（右）后转弯齐（跑）步走”的口令时，基准人员按单兵行进间转法的要领转90度或用小步边行进边变换180度，其他人员行进至基准人员转弯的位置转变方向，而后踏步。听到“立定”的口令后立定。停止间还可以下“向后转”的口令变换方向，全体人员按单兵停止间转法的动作要领向后转。

（2）行进间方向变换。一路纵队在行进过程中，听到“左（右）转弯走”的口令，基准人员按单兵行进间转法的动作要领向左（右）转90度，而后按照原步法向新方向继续行进，其他人员行进至基准人员转弯的位置转变方向，继续行进。听到“左（右）后转弯走”的口令，基准人员用小步边行进边变换方向，转到180度后照直前进，其他人员依次行进至基准人员转弯的位置转向新方向跟进。

第二单元　操作技能

操作项目一　徒手防卫与控制

【操作目标】

使学生掌握徒手防卫与控制的基本功及练习方法，增加徒手击打的速度、力量、准确性；提高人体的柔韧性、灵活性和抗击打能力，达到击打快速有力、身体灵活多变及强抗击力的训练要求。使学生掌握踢、打、摔、拿基本技术，形成正确的技术动作，养成良好的动作习惯，为实战练习及应用技术打好基础。使学生基本掌握各项攻防应用技术与战术，通过各种实战教学训练形式和手段，提高学生实战应用能力。技术上达到“快、准、狠、巧”，招法上做到“一招制敌”，战术上做到随机应变，机智灵活。

【操作要求】

着装统一整齐、纪律严明、练习积极、团结合作、勇敢顽强，加强自我保护，有事及时报告。

【操作准备】

教官准备：训练教案、训练器材、室内场地、室外场地准备，人员分组、课外预习。
学员准备：训练教材，作训服，鞋。

【操作步骤】

1. 身体准备活动训练；
2. 讲解示范实训内容；
3. 体会练习、分解练习、完整练习等分组训练（单个与集体训练）；
4. 纠正点评；
5. 加难练习、对抗练习、条件实战等分组训练（单个与集体训练）；
6. 小结讲评。

【操作考核】

控制技术（一对一控制、二对一控制），解脱技术（抓、抱解脱）。考评标准如下：

内容 分值	控制技术	解脱技术	战术意识	实效性	精神面貌
90～100分	技术正确、快速有力协调，控制时机好，距离感强，步法灵活，出击节奏快。	能熟练准确地根据对方进攻方法，运用方法进行各种解脱。动作反应快，协调，时机恰当，部位正确。	能根据对手的特长、弱点，结合自己的技术、体力等情况，有针对性地熟练运用各种战术。	解脱技术动作熟练合理。	意志力强，始终表现出较强的战斗力、速度耐力、力量等，身体素质好。
80～89分	技术正确，速度较快，有力协调，控制时机、距离感较好；步法较灵敏，出击节奏快。	能熟练而准确地根据对方进攻方法和部位，运用方法进行各种解脱，动作反应快，解脱时机恰当，部位较正确。	能根据对手的特长、弱点，结合自己的技术、体力情况，有针对性地、较熟练地运用战术。	采用解脱技术较好。	意志力较强，身体素质较好，整体战斗力较好。
70～79分	技术较正确，有力协调，控制时机、距离感一般，步法灵活性一般。	能较迅速地运用各种解脱技术，但技术不够全面，防守一般。	能够根据对手的各种情况，结合自己的特点运用战术较好。	采用解脱技术较合理。	整体战斗力、意志力尚好。身体素质尚好。
60～69分	技术一般，力度尚好，控制时机、部位和距离感稍差，步法不够灵敏。	各种解脱方法掌握不够全面，技术不够熟练，解脱意识和时机稍差。	根据对手的各种情况，不能结合自己的特点运用战术。	不能很好地运用已学的解脱技术。	意志力、战斗力一般，身体素质一般。
59分以下	技术不正确，控制时机、部位和距离感差，步法不协调。	各种解脱方法掌握差，技术不熟练，解脱意识和时机差。	不能根据对手的情况，采用适合自己的战术。	解脱技术动作差。	战斗力、意志力、身体素质差。

操作项目二　队列指挥

【操作目标】

培养学员的队列指挥能力。

【操作要求】

着装统一整齐、纪律严明、练习积极、团结合作，有事及时报告。

【操作准备】

教官准备：训练教案、室外场地准备。
学员准备：训练教材，制式服装，鞋。

【操作步骤】

1. 讲解示范实训内容；
2. 分组训练；
3. 纠正点评；
4. 分组训练；
5. 小结讲评。

【操作考评】

单人队列动作指挥，集体队列动作指挥。考评标准如下：

内容及分值（100分）	队列纪律管理（20分）					队列指挥内容（80分）							
	警容严整、精神饱满4分	队列整齐、迅速4分	番号洪亮4分	观摩认真没有讲话4分	没有迟到早退4分	整齐报数10分	立正、稍息10分	停止间转法10分	跨立、立正10分	停止间敬礼、礼毕10分	行进间敬礼、礼毕10分	齐步与立定10分	跑步与立定10分
扣分标准	1. 每个动作、每人次违规扣1分； 2. 集体违规扣单个内容全部分值。					1. 每叫错一个口令扣10分； 2. 整套队列指挥每缺一项扣20分； 3. 队员单个动作做错扣1分。							
得分													
总得分													

第三编

保 安 勤 务

第十一章　武装守押

【本章知识要点】

了解武装押运的基本概念、特点和任务；熟悉武装押运的操作规程；掌握武装守押安全风险分析方法、勤务实施方案编制方法和要求。

【本章技能要求】

能对武装押运任务进行实地勘查和安全风险分析；能编制武装押运勤务实施方案；能监督指导保安员开展武装押运勤务；能对武装守护任务进行安全风险分析；能编制武装守护勤务实施方案。

第一单元　理论知识

第一节　武装押运

一、武装押运实地勘察和安全风险分析

（一）押运路线勘察

1. 金融押运路线勘察。运钞车每天都需要到网点接送现钞或加钞，如果在路线上选择更优的方案，将有利于用最少的押运员、最短的时间去完成任务，降低运营成本，提高服务效益，保障押运安全。因此，对押运路线的实地勘察显得极为重要。押运路线的勘察主要包括以下内容：

（1）求最短路线。一般一辆运钞车早晚接送现钞为4～5个营业网点，要先去金库提取箱（包），然后押送到指定的营业网点，傍晚营业结束后接回箱（包）送回金库。这也是世界上著名的“货郎担问题”。即押运车线路怎么定，才能使路线最短，花费的时间最少。

（2）运钞车所经路线周边环境。包括商业网点，人流量大小，行车速度，周边单位进出口情况等。

（3）营业网点周围情况。包括停车位置，款箱（包）交接通道，网点道路单向交通情况，离公安、消防机关距离等。

（4）营业网点安保情况。包括网点保安力量，监控、报警、消防灭火设施、设备等。

2. 重要物资长途押运路线勘察。重要物资由于体积大、安全要求高，运输难度较高。为了降低押运风险，因此，在押运前要对设定的运输路线进行实地勘察，做好以下几方面的工作：

（1）勘察人员组成。实地勘察人员一般应由公司副总以上领导带队，由押运大队领导、车组长及押运队员组成。勘察前应掌握押运标的物的外包装尺寸、装车后的重量等基本数据以及初步设定的押运路线及备用路线。

（2）要配备必要的照相、测量设备。

（3）勘察路线时，要注意留心观察沿途各种情况，包括车辆要通过的桥梁、隧道的高度、承重等资料，交叉路口、山坡、转弯地段，途经山区沿途的自然灾害，如滑坡等情况；了解在押运期间沿途道路施工、改造、封道情况。

（4）途经地的社会治安状况，沿途的加油站、途经地公安机关、派出所等单位名称、地址、电话等都应清楚。

（二）押运安全风险分析

从武装押运的实际情况来看，武装押运并不能杜绝押运车被劫案件的发生，武装押运在押运过程中仍存在一些安全风险。

1. 武装押运的主要风险

（1）防暴枪支被盗、被抢的风险。《专职守护押运人员枪支使用管理条例》第十一条规定："依法配备守护、押运公务用枪的单位应当设立专门的枪支保管库（室）或者使用专用保险柜，将配备的枪支、弹药集中统一保管。枪支与弹药必须分开存放，实行双人双锁，并且24小时有人值班。存放枪支、弹药的库（室）门窗必须坚固并安装防盗报警设施。"可见，枪支弹药的管理十分重要且很复杂。保安押运公司是持枪单位，枪支弹药存放点本身的安保级别要高于金库，需要安装完善的技防设备，增加警卫人员昼夜守护。如果枪支保管制度出现漏洞，就可能引发被盗、抢的风险。

持枪押运员安全意识淡薄也会引发枪支被盗、抢的风险。首先，多年押运工作中没有出现问题，会使押运员放松警惕，使配枪成为一种没有战斗力的虚设，这就有可能成为犯罪分子容易得手的重要原因。其次，犯罪分子的犯罪目的不仅仅是抢钱，还包括抢枪。枪支本身的性能、特点决定了其极具危害性，一旦被犯罪分子利用，造成的危害后果是难以想象的。

（2）防卫过当的风险。《专职守护押运人员枪支使用管理条例》第六条规定："专职守护、押运人员执行守护、押运任务时，遇有下列紧急情形之一，不使用枪支不足以制止暴力犯罪行为的，可以使用枪支：（一）守护目标、押运物品受到暴力袭击或者有受到暴力袭击的紧迫危险的；（二）专职守护、押运人员受到暴力袭击危及生命安全或者所携带的枪支弹药受到抢夺、抢劫的。"第七条规定："专职守护、押运人员在存放大量易燃、易爆、剧毒、放射性等危险物品的场所，不得使用枪支；但是，不使用枪支制止犯罪行为将会直接导致严重危害后果发生的除外。"第八条规定"专职守护、押运人员遇有下列情形之一的，应当立即停止使用枪支：（一）有关行为人停止实施暴力犯罪行为的；（二）有关行为人失去继续实施暴力犯罪行为能力的。"上述规定涉及可以实施正当防卫的必要条件。但押运员在实际工作中遇到的情况是极其复杂的，一般押运员没有经过专门的法律知识的学习，对"暴力袭击"、"紧迫危险"的"度"难以把握或者把握不准。因此，押运员在决定是否使用枪支进行防卫时，将面临两大风险：一是在押运物品受到暴力袭击或者有受到袭击的紧迫危险的情况下，押运员没有实行正当防卫，致使所押运的现钞、贵重物品被抢，从而使国家和人民利益受到严重损失，押运员将因失职而面临承担法律责任的风险；二是押运员因假想防卫、防卫过当而造成无辜人员伤亡或者财产损失，也将面临承担相应法律责任的风险。

（3）防暴枪被滥用的风险。在我国，有的银行与押运公司在运钞方式上存在“押运员与款箱（包）不分、服务通道与安保通道不分”的情况。在这种情况下，难免在交接款箱（包）的过程中，营业网点工作人员、押运员与顾客产生矛盾，可能引发社会公众与安保人员发生矛盾而使用防暴枪的风险；另外，由于多数保安押运公司未对押运员进行较长时间的系统培训，押运员缺乏必要的职业道德素质和应对紧急情况的心理素质，也可能引发防暴枪被滥用的风险。

（4）押运物品被抢的风险。从整个武装押运的过程来说，其流程存在一些安全隐患，如有的运钞车不符合安全标准；银行营业网点在交、接款过程中没有专用通道或资金接口；现金提款箱是老式的铁皮箱，技术含量低，缺乏 GPS 定位；防范措施不周密，等等。例如，2003 年沈阳市商业银行储蓄所发生的抢劫案，歹徒选择在运钞车开门装送现钞时，引爆炸药，开枪打死押运车司机，造成 3 人死亡，5 人受伤，220 万元待运现钞被抢；2007 年发生在河南省洛阳市嵩县某信用社的持刀抢劫案，当 2 名营业员从运钞车上取下提款箱，走进营业厅大门时，一名男子突然闯入，用尖刀刺伤 1 名营业员，抢走其手中的款箱后立即逃窜。这两个案件都发生在押运车接、送款箱的过程中，主要原因是没有专用通道及防范措施不周密。

（5）押运的危险物品发生事故的风险。危险物品本身具有燃烧、爆炸、腐蚀、毒害、放射性等特性，在押运过程中稍有不慎，就有可能发生火灾、爆炸、腐蚀、毒害、放射射线等严重危及人民群众生命财产安全和客户单位损失的事故的风险。

2. 武装押运风险防范

（1）建立健全武装押运指挥调控系统。保安押运公司应该建立现代化的押运指挥调度控制系统，该系统的主要构成要素包括：训练有素的指挥调度人员，误差极小的电子地图，押运车上电话监听、无线报警定位监控联网、远程监控等系统。该系统要与公安机关 110 指挥中心联网，以提高整体协同作战能力和押运员的防范能力，增加犯罪分子的作案成本，增强武装押运的威慑力量。

（2）完善接送款环节的工作流程。银行营业网点在交、接款过程中没有专用通道或资金接口是最大隐患。银行应在各营业网点设置交接款的专用通道。这个专用通道可以建在地下室，也可以在各营业网点开一个只允许运钞车进出的专用通道，同时辅以防弹、监控、封闭等防范设施，这样有助于将损失降到最低限度。

（3）增强押运车的防护功能。武装押运时押运车的工作性能，是增强防卫能力，确保安全的关键。押运车应具备以下条件：防弹、防砸性能；车外装有监视装置；车上有 GPS 定位装置；车内装有防劫持设施、逃生装置、通信及紧急情况报警装置等。押运公司应不断改进押运员的自身防护装备，保障押运员的人身安全，以科技手段消除押运工作的安全隐患。

（4）制订处置突发事件预案。保安押运公司要根据当前押运案件的特点，有针对性地制订预案，并加强演练以提高处置突发事件的能力。应制订：押运车途中遇到道路上有障碍物或有人设卡、拦车等异常情况时的处置预案；押运途中发现有可疑车辆和人员尾随跟踪时的处置预案；押运车在网点发现可疑车辆和人员时的处置预案；押运途中车辆发生机械故障时的处置预案；押运途中遭遇恶劣天气的处置预案；押运车辆在途中遭遇犯罪分子持枪抢劫时的处置预案等。一旦发生突发事件，指挥员要按预案要求迅速组织押运人员勇敢、沉着、机智、灵活地处置。

（5）最大限度转移押运安全风险。除搭建高科技安全平台、规范武装押运操作流程外，保安押运企业还要做好安全风险的转移工作。即在洽谈签订“武装押运服务合同”时，应对客户单位要求提供武装押运服务的合法性进行调查了解，对违法的武装押运不应提供服务；要对押运物品的交接区域、交接方式、交接人员信息等细节在服务合同中予以明确，对押运车到达网点门口保安员的配合、交接区监控设备的配备等要与客户单位进行约定，防止界定不清引发安全纠纷；另外，可购买相关的商业保险，一旦发生人员伤亡和经济损失，可获得相应的保险赔偿，从而降低风险。

二、武装押运勤务实施方案编制

押运勤务组织实施的好坏，直接关系到押运任务的完成。而这种组织实施工作又与组织者敏锐的观察、分析、判断能力，严密的逻辑思维能力，丰富的社会生活经验和工作经验是分不开的。在组织实施押运勤务时，要根据押运勤务的特点，对押运过程中可能发生的各种问题和出现的困难，进行全面深入细致地分析，制订出周密而切实可行的实施方案，并认真组织实施。

（一）押运方案编制

押运小组接到押运任务后，应了解发货单位名称，物资种类（金银、货币在押运中通称为物资）、代号，运载工具，有无业务人员护送，到达目的地所经路线，出发及到达的时间要求，收货单位的名称、地址、代号，对押运的要求和需要特别注意的问题。这些问题了解清楚后，押运车长要据此分析研究，制订押运勤务实施方案。实施方案的核心内容应包括：

1. 组织指挥。凡用车辆长途运送现钞、金银等贵重物品的，应成立临时指挥小组，由保安押运公司的大队长（分队长）负责组织指挥工作。大额护送时，须加派护卫车，两车之间应有通信器材联络。通信联络还应包括押运员相互间的联络方式，向单位报告的方式要求等。

2. 选派队员。根据押运任务的大小、路途远近和运载工具等情况，确定押运人数和队员。选派思想作风、品行好、组织纪律性强，业务素质、身体素质好，能独立处理问题和处置各种紧急情况的队员。

3. 明确任务。指挥员要对被派遣执行押运任务的队员进行思想动员，交代任务，明确纪律。具体要向队员交代押运方法、押运的要求、注意事项、安全措施以及遇有紧急意外事件的联络处置方法，与发货单位业务护送人员及驾驶员的协作配合，等等。使押运员明确任务，统一思想，严肃纪律。

4. 出发前准备。押运员凭执行任务通知单及工作证件，按有关规定领取枪支、弹药、枪证、持枪证、通信器材、防卫器械等相关装备，并办理登记手续；驾驶员及时进行车辆例保，排除可能出现的故障，确保车辆性能良好，油量充足，报警、灭火器材处于良好工作状态；一切准备工作就绪后装箱发车。

5. 押运路线。押运路线，包括备用路线都是由押运公司和客户单位按照安全、省时的原则制订的，押运车辆必须严格按照事先确定的路线行车，不得随意变换，以利于争取沿途公安机关及联防单位的协助，保证安全。如临时遇有紧急情况须变换押运路线的，必须请示公司调度或指挥室，经批准后方可变更。

6. 应急预案

（1）如途中遇有武装暴徒袭击押运车时，临时指挥小组负责人应立即向公安机关报警，并及时用对讲机向各车下达准备战斗的命令。要先向歹徒鸣枪警告，鸣枪警告无效，即可自卫还击。如押运车被迫停车，必须严密警戒。同时，要及时向公司报告。

（2）押运车途中发生故障，要根据当时当地的地形、环境等实际情况做好押运车的警戒部署工作，劝阻围观群众。司机要抓紧抢修车辆，排除故障。如短时间修不好，可联系附近的公安机关，请求帮助。并向公司报告情况。

图 11－1　押运车故障时班长下车示意

图 11－2　押运车故障时现场警戒

（3）押运车如果发生交通事故，要组织随车人员保护好现场，做好押运车的警戒工作，严防歹徒乘机抢劫，要派人与附近单位联系，求得援助，同时设法把发生的情况向公司报告，向公安交管部门报警。

7. 实施应急预防的要求

（1）全体队员要服从命令，听从指挥，切实加强组织纪律性，团结一致，同心协力确保押运物资的安全。

（2）要时刻提高警惕，一旦遇到歹徒抢劫，能够立即有组织、有秩序地防守，做到攻得上、守得住，头脑清醒、沉着机智、勇敢顽强，既能保障押运车的安全又能保全自己；既不误伤群众，又能准确地打击歹徒。

（3）一旦发生情况要设法及时向公司请示报告，把发生的问题、时间、地点、歹徒人数、特征、使用的武器（凶器）、逃跑方向等报告清楚。

（4）押运途中就餐时，每辆车上必须留两人警戒，轮流就餐，以防歹徒乘机抢劫。

8. 押运物品交接手续。财物抵达目的地后，保安员要观察周围动态。办理交接手续时，禁止无关人员接近财物。接交财物应由发货部门和保安员与收货部门共同清点财物的数量、检查财物包装等情况。认定无误后，由收货部门在收货单据上签名、盖章。

交接时应注意：

（1）办理押运物品清点、核对、交接手续一定要认真仔细，不得马虎草率，必须逐项、逐件清点、核对、交接清楚。这既是职业特点和工作程序的要求，也是一种责任。

（2）押运员要全程监督卸货过程。

（3）办理交接手续的押运人员必须当场与托运方当事人在“交接清单”上亲笔签名，绝不允许代签或事后补签，谁签字、谁负责。

（二）押运勤务实施的要求

武装押运服务的内容主要是现钞、贵重物品、危险物品的护送，其目的就是保障标的物的安全。保安押运公司有条件、有能力保障所押运的物资在运输途中的安全；要求提供押运服务的客户也正是基于相信保安押运公司有保障安全的能力，才委托保安押运公司运输的。因此，保安武装押运勤务的要求主要有以下几个方面：

1. 确保安全。这是开展押运勤务的根本所在，是武装押运的第一要求。要确保押运物资的安全，必须对押运业务的每个阶段作出严格、具体的要求。

（1）做好押运出发前的准备工作。押运小组接到押运任务后，应及时、详细了解押运任务，包括物资种类、性能、数量，运载工具，所经路线，出发及到达的时间要求，收货单位的名称、地址、联系方式等。押运车长要据此分析研究，制订押运勤务实施方案和应急预案，并准备好途中所需日常生活用品、照明设备、保安器材。

（2）做好押运途中警戒工作。押运员对押运途中出现的各种紧急情况都要遵循确保押运物品安全的原则，充分行使国家法律赋予公民的防卫权利，予以及时、果断地处置。押运过程中保安警戒哨位要选择便于观察控制又有利进攻、防守的位置。长途押运中遇有因加油、加水，发生车辆故障、交通受阻、交通事故等需停车时，须有应急警戒方（预）案。

（3）做好押运目的地交接工作。当押运的物品到达目的地后，押运员要及时与收货人取得联系，办理交接手续时，禁止无关人员接近财物。交接押运物品要严格按照押运勤务实施方案执行。

押运员要把安全牢记在心，思想上时刻警惕，行动上严格要求，保安押运任务才能顺利完成。

2. 优质服务。提高服务质量，讲究服务信誉，以优质服务求生存、图发展，是服务行业最高的行为准则。保安押运服务业要打开市场，创造经济效益，提高服务水准，保安押运员应做到：

（1）树立较强的敬业意识。只有从内心深处认同保安押运这份职业，才能在平时的工作生活中从小事做起，并不断探索新的工作思路和方法。

（2）及时了解客户单位工作人员的基本情况。通常在有些情况下，如果能在很短时间内叫出对方的姓名、职务等，就能迅速拉近相互间的距离。

（3）主动协助客户方做一些力所能及的事情。比如在勤务间隙维护秩序、清场等，让客户感到你把客户单位当成自己工作的场所。

（4）在勤务中遇到特殊情况时要提前告知客户方工作人员。实际押运勤务中影响晚点的因素很多，如果把原因说清楚，解释工作做到前面了，客户感到你很重视他们，将心比心，他们会理解的。

（5）切勿当面否定客户提出的要求。遇到客户提出自己能力范围内解决不了的问题，要及时向上级反映，不管结果如何，要在第一时间将信息反馈给客户，不要让客户产生误会，认为是你在为难他们。

（6）适当给予感情投资。比如节假日给客户发祝福之类的短信，以拉家常的形式向客户讲一些公司开展的活动，并热情邀请他们参加，营造轻松和谐的工作氛围。

3. 科学高效。保安押运公司要提高押运的效率，必须提高押运人员的素质，以科学管理、高效服务求效益。武装押运的是现钞、有价证券、贵重物品和危险物品，对押运员进行科学的管理和严格的纪律要求显得尤为必要。因此，要选派思想、作风、品行好，组织纪律性强，业务素质、身体素质好，能独立处理问题和处置各种紧急情况的人员从事押运工作。平时对他们经常进行政治、业务技能培训，使押运员增强荣誉感归属感、责任意识和敬业精神，不论是何种押运任务，都能快捷、安全、高效地完成，以高效服务赢得客户。

三、武装押运过程中安全检查和防范

目前，我国保安押运公司开展的业务多为武装押运。武装押运一般适用于押运现金、贵重物品、危险物品等，其服务的主要对象为金融系统等。

武装押运，其目的是为了确保押运物资安全地抵达目的地。安全是武装押运的生命线，是保安押运公司一切工作的中心和重点，我们不能本末倒置，即使经济效益再好，没有安全，一切成绩将毫无意义。押运安全事关保安押运企业的生存和发展，做好押运安全工作，最主要是未雨绸缪、防患于未然，要从押运过程中可能出现的问题入手，做好安全检查和防范工作。

（一）金融押运安全检查和防范

1. 隐患排查。从近几年押运业发生的事故来看，多数发生在内部，所以加强内部安全隐患排查，是防止安全事故的有效措施之一。

（1）增强忧患意识，克服麻痹思想，树立“安全第一，预防为主”的方针，走访客户征求意见，查找客户单位与押运公司存在安全问题的根源，要针对存在的不足及客户单位的意见和建议采取切实可行的措施。

（2）提高安全防范意识，经常性地开展自查自纠工作和安全大检查，及时排查各类安全隐患，并进行整改，不断完善各项安全防范工作，确保押运工作持续、安全、有序开展。可通过督察、隐患排查、走访等发现押运队伍或勤务工作中存在的问题或倾向性苗头，找出产生问题的原因，加以分析并制订相应的措施；总结经验、吸取教训、优化措施，并进行标准化处理以巩固成果。

2. 检查押运操作规程

（1）对操作规程标准化的检查。武装押运操作规程包括准备阶段、运行阶段、出库装车阶段、到达营业网点送款阶段、到达营业网点接款阶段、入库阶段、结束阶段、应急措施等各个环节，要经常抽查各押运车组押运员操作规程、业务员操作规程、驾驶员操作规程、押运车长操作规程的制定情况，严格勤务操作。

（2）强化勤务操作过程的检查。在制定规范化操作规程后，要在实际操作中进行检查和监督，可通过押运车辆 GPS 可视监控系统检查相关记录、定点查看相关操作等方式，对押运员落实押运操作规程情况进行控制，对不符合操作规程的行为在每日点评时进行通报。同时，对操作规程落实情况进行评比，奖优罚劣，不断提高押运员的专业技能和水平。

3. 检查押运车辆及枪支弹药

（1）对押运车辆进行检查，按使用年限进行分类，押运车辆达到报废期限的，按公安机关相关要求、程序进行报废处理，确保车辆的使用安全。对押运车辆的保养、维护，相关记录进行检查，确保押运车辆性能处于良好状态。

（2）对押运的枪支、弹药进行检查，待报废的枪支、弹药，按公安机关相关要求、程序进行报废处理，确保枪支弹药使用安全。按照《枪支（弹药）库室风险等级划分与安全防范要求》设立专门的武器库，并配备相应设备。

4. 检查其他硬件设施。要确保押运安全，对硬件设备的保障是不可缺少的。保安押运公司应严格按照标准建立指挥监控中心、值班室、枪弹库、验枪区等。每辆押运车都应按要求装有 GPS 定位、可视监控系统及报警装置。同时，建立指挥监控系统，通过指挥监控中心可实时对每辆运行中的押运车辆进行监控等，进一步保障押运安全。

（二）长途押运安全检查和防范

1. 行驶途中的安全检查和防范措施

（1）押运车辆在行驶时，车长应坐在副驾驶位置，随时观察前方及两旁情况，注意车载技防设备的显示屏，保持通信畅通。遇到堵车、车辆交会、上坡、转弯减速时，押运员要提高警惕，防止有人爬车、跳车。车辆在行驶中遇到紧急制动、爬坡、急转弯时，要注意押运物品有无移动、散落，必要时可停车检查。

（2）押运车辆在行驶过程中，如发现有长时间跟随车辆，应注意可疑车辆的牌号、车型，必要时为了验证是否是跟踪车辆，可临时停车休息一下，如仍跟随，可报告公司或直接报告所在路段的公安交警对跟随车辆进行盘查。

（3）注意检查押运路线是否正确。行驶途中，应观察沿途的路标，所经过的城市、乡镇、村庄，标志性建筑等，如果发现运行路线错误，应设法纠正，并进行记录。行驶途中，如果发生堵车或遇到危险路段，如滑坡、洪水冲坏前方路段等，应立即向指挥部报告请示改变路线绕过堵塞或危险路段；行驶途中，要尽量与运送危险物品的车辆保持一定的安全距离。

2. 途中临时休息时的安全检查和防范措施。长途押运时途中休息是保证押运安全的措施之一。驾驶员只有在押运途中保持良好的精神状态，才能保证安全驾驶车辆。

（1）临时休息地点的选择应考虑周边治安环境及地理位置。车辆停放处要有利于对押运物品的守护，一旦发生突发事件，能够迅速疏散押运车辆。如果在高速公路途中休息，应选择人员、车辆较少，有保安值勤的服务区，车辆停放要远离载有危险物品的车辆及油库、加油站等危险场所。

（2）途中临时休息时，押运员应检查所押运物品是否稳固、捆绑是否松动、物品是否移动等。押运车辆停放处是否与运输易燃易爆等危险物品的车辆保持了足够的安全距离。

（3）押运危险物品的车辆停放时应与其他车辆保持一定的安全距离，劝阻其他车辆不要靠近。

（4）临时休息时，押运员要轮流进行现场看护，保持通信畅通，其他人员也不能远离押运车辆。

3. 住宿时的安全检查和防范措施

长途押运途中需要住宿休息的，原则上应在《押运方案》中确定的住宿地点休息，应选择周边治安环境较好、封闭并有专人值班的地方。如果押运的是危险物品，应选择周边人口密度较小，无大型工厂、仓库、加油站的地方住宿。

（1）车长应对住宿地的周边环境进行检查，停放车辆的位置要便于观察、看护车辆；押运员要对所押运的物品进行检查；驾驶员要对运输车辆进行检查。

（2）要安排人员对押运车辆进行看护。夜间看护人员要按规定时间对押运物品的安全进行检查并做好记录。车长要不定时对看护工作进行抽查，要合理安排看护人员的班次，保证押运人员精力充沛。

【实例】

某押运公司突发事件应急预案

一、工作原则

1. 快速反应、及时到位；
2. 确保重点、减少损失；
3. 因事施策、区别对待；
4. 控制局势、争取外援；
5. 独立处置、沉着冷静；
6. 依法操作、讲究政策。

二、组织机构及职责

（一）组织机构

成立××押运有限公司押运突发事件应急领导小组。

组　长：×××

副组长：××

成　员：各部门负责人、各大队大队长

领导小组办公室设在安全押运部，×××兼任主任。

（二）押运突发事件应急领导小组职责

1. 负责编制、修订押运突发事件应急预案；

2. 组织、指挥和协调相关应急处置、调动应急响应的人力、物力和后勤保障；

3. 采取应急行动，对事件作出判断，下达指令。由各大队积极组织车组人员进行自救，及时恢复正常的工作秩序，必要时请求有关部门援助；

4. 对押运突发事件作出调查、评估、报告和通报，必要时协助有关部门调查、取证；

5. 根据事件的发展趋势，及时调整应急处置措施，确保押运突发事件善后工作；

6. 组建各大队应急处置队伍，定期组织应急处置队伍的培训和演练。

三、押运车组各岗位职责

押运人员在押运期间，必须保持高度的警惕，防范突发事件的发生，分工负责、共同处理、协助做好应急事件处置。

1. 车长职责：车长是突发事件应急处置现场的第一责任人，负责现场指挥作战，组织人员按预案要求从容应对，保护车上人员、标的物的安全；

2. 押运员职责：在车长的指挥下，按预案要求，直接负责保护车组人员和标的物的安全；

3. 业务员职责：在车长的指挥下，按预案要求，保护标的物的安全，并藏匿钞仓门钥匙；

4. 驾驶员职责：保持车辆始终处于发动状态，在车长的指挥下，做好报警求助等各项工作，随时做好撤离现场的准备。

四、各类突发事件的应急处置

（一）运钞车在网点交接时发现有可疑车辆和人员的应急处置

1. 在办理交接时，车长将发现的可疑情况立即告知车组人员，加强警戒，观察可疑动态动静，并加快交接速度，尽最大努力将标的物放入服务网点或装上车锁闭钞箱门；

2. 发现可疑情况立即报告大队值班领导并说明所在详细地址、车牌号与颜色、人员及衣冠特征等；

3. 大队部立即做好记录并通知相关押运线路加强防范预防，发现相似可疑情况须立即汇报，对多次出现相似可疑情况要派人前往现场进行调查并视情报警，请警方参与进一步调查核实；

4. 如果押运车到达后，车长下车时发现服务交接点有可疑情况，应视情决定让队员下车、留车观察或撤离现场；如交接已经开始，则迅速通知银行保安协助加强警戒，如果还未交接则立即关闭钞箱门锁，待车组人员都上运钞车后迅速撤离现场。

（二）装卸时遇歹徒持枪或者器械抢劫时的应急处置

1. 车组人员应立即停止装卸作业，迅速关闭运钞车钞箱门、服务网点门，并负责保护好标的物的安全；

2. 驾驶员应立即做好驾车驶离现场的准备，并负责迅速用 GPS 和电话向 110 报警，同时报告大队值班领导；

3. 押运人员应立即使用自卫枪械和通过呼话示警，示警无效立即进行正当防卫，并掩护业务员及时登车，驾驶员在确定人员全部登车后迅速驾车驶离现场；

4. 在无法撤离现场时，押运员应迅速依托运钞车或其他有利地形，按规定实施正当防卫；业务员应立即锁好运钞车钞箱门，藏匿钞箱门钥匙。保护自身人员安全和标的物安全，尽可能拖延时间等待支援；

5. 大队（公司）接到报警后，迅速组织人员和车辆赶赴现场支援，抢救伤员、保护现场，协助公安机关侦查破案。

（三）押运途中发生道路堵塞、交通管制时的应急处置

1. 车长立即提醒车组人员提高警惕、做好应急防范准备，并将发生道路堵塞、交通管制或道路及其两侧出现治安、交通秩序混乱的情况报告大队部，大队部随即与业务单位取得联系，向服务单位说明可能会影响延误的情况；

2. 如果出现的情况不是十分严重，迅速与维护现场秩序的交警取得联系，在确保安全的前提下，让交警给予优先考虑通行，驾驶员要谨慎驾驶，防止意外事故发生；

3. 如出现的情况比较严重，或交警不同意通过交通管制路段时，车长在报告大队部的同时，应视情决定采取绕道行驶或撤离的办法，并征得同意后迅速离开现场。

（四）押运途中发现路障时的应急处置

1. 车长应观察四周环境与动态，作出判断，指挥车辆停靠路边安全地带（车辆不准熄火，驾驶员要做好迅速通过、调头、绕道准备），车组成员立即做好防抢劫报警准备工作；

2. 能迅速排除的路障，车组成员下车前必须先穿戴防护装备后指派一名押运员迅速清除，其他人员在车旁负责观察周围动态和警戒；

3. 难以排除路障且运钞车辆又不能绕道、掉头时，应立即报告大队值班领导或打 110 请求公安机关援助。

（五）押运途中遇有犯罪分子袭击时的应急处置

1. 当有歹徒拦截车辆时，车长提出口头警告或利用车载灭火器对准小窗射击洞向外（歹徒）喷射及鸣枪警告，驾驶员锁闭中控门加速强行通过，同时迅速报警，并向大队值班领导报告；

2. 当歹徒持枪（凶器）拦车并设置路障，运钞车不能冲过时，车长应对空鸣枪警告，迅速报警，同时做好战斗准备；驾驶员应设法将运钞车辆调头、迅速驶离现场；

3. 当前后都有路障运钞车不能通过、调头时，押运人员以车辆或地形物为依托，进行正当防卫，并立即向 110、大队（公司）值班领导报警，全车人员共同对付歹徒，尽最大努力保护自身安全和钞箱钥匙。

（六）押运途中发生故障时的应急处置

1. 当运钞车在途中发生故障时，应及时向大队值班领导报告情况；

2. 押运人员迅速下车、车长负责对车前方和两侧的安全护卫警戒，押运员负责对车后放置安全警示三角牌，并在车辆后部进行警戒，驾驶员应尽快修复后启程；

3. 车辆无法迅速修复时，应及时向大队值班领导汇报，请求援助，尽量减少运钞车在外滞留时间；

4. 援助车辆到达后，押运员应对两车交换点加强警戒，业务员应迅速将标的物搬离故障车辆、锁闭钞箱门，车组人员继续完成押运任务。

（七）押运途中遇醉酒者或精神病患者拦截运钞车时的应急处置

1. 车长立即将发生情况基本内容报告大队部，大队部视情立即派人前往现场协助处理；

2. 车长应视情报警，请求附近的交警、巡警协助处理，押运人员要尽量回避与醉酒者或精神病患者发生争吵、冲突，要寻找一切机会迅速离开现场；

3. 驾驶员锁闭中控门，其他成员应保持高度警惕，坚守岗位，应付可能发生的情况，确保标的物的绝对安全，并将处置情况报告大队部。

（八）押运途中发现可疑车辆跟踪时的应急处置

1. 车长立即将可疑车辆的车牌号、车型、颜色等情况报告大队部，并督促车组人员严密监视，加强防范，掌握实时动态；

2. 驾驶员改变行驶速度或方向，观察可疑车辆的跟踪速度。如发现再次跟踪，立即报警或请求附近交警、巡警协助核查。

（九）遇大雾天气、能见度较低时的应急处置

1. 押运大队内勤要坚持每天收看天气预报并提前予以公布。当早晨出现大雾天气、能见度较低时，立即通知全体押运人员做好提前出发和改变押运路线的准备工作，并通知银行协商决定提前或推迟出发的时间；

2. 全体押运人员按临时通知时间做好出发准备，按原计划通过高速公路行驶的车辆立即改道临时通知的备用线路行驶，加强安全预防意识确保押运任务安全完成；

3. 当押运车辆离开城区后突然发现大雾天气、能见度较低时，车长立即报告大队部，经过公司许可后选择改道路线，减速、安全行驶。大队部立即加强与业务单位联系，说明情况。

（十）遇台风天气时的应急处置

1. 押运大队内勤要坚持每天收看天气预报并提前予以公布；

2. 当早上遇到台风天气时，大队部立即联系银行调度中心协商决定是否推迟押运时间，并由银行调度中心通知下属网点推迟开门时间；

3. 当下午遇到台风天气时，大队部立即会同银行协商决定是否提前停止营业和提前接回款箱，并视情决定对边远地区网点可否将款箱统一放在各支行日间库作临时存放；

4. 各岗位人员要保持通信畅通，大队要加强值班备勤力量，努力保障一线押运车组顺利安全完成任务；

5. 当押运途中遇突发事件时，如车辆抛锚、交通事故、交通堵塞等情况，及时按相关预案处置。

（十一）遇高速公路事故时的应急处置

1. 车辆遇高速公路封道时的应急处置。大队部要对当日天气情况提前予以公布，并及时与高速公路收费站进行联系，获取是否进行封道和封道大体时间等情况，当得知因天气、交通事故或其他情况造成封道时，要及时通知一线押运车长改变运行线路，同时与银行所属网点取得联系，告知推迟原因及估计时间。

2. 遇高速公路交通事故的应急处置。车辆在高速路行驶中，发现前面有交通事故，后面有车辆被堵进退不得时，要及时与大队部取得联系，并向110报警救援。同时全体作业人员提高警惕，一般情况下，不准下车，留在车上关注，并及时采用通信系统与外界取得联系，随时做好防范准备。如运钞车自身遇车辆事故时，方式与车辆故障处置相同。驾驶员一般情况下不得下车，车长迅速报告当地122和大队部值班领导，等待增援。车长可以跟碰擦的车辆驾驶员说明情况，等候交警处理。

第二节　武装守护

一、武装守护安全风险分析

（一）武装守护风险分析

1. 金库被盗、抢的风险。金库守护多由保安押运公司派出武装守押人员值守。一般建立24小时双人值守制度。但金库被盗、抢案件仍时有发生。例如，2007年4月，河北省邯郸市农业银行金库发生一起特大盗窃案，被盗现金人民币近5100万元；2007年10月，河南省卫辉市邮政局储蓄金库大门被砸开，库内270多万元现金、一支防暴枪和55发子弹被盗走。金库被盗、抢案件多是熟悉金库安保情况的内部人员利用安保的薄弱环节内外勾结作案。

2. 守护危险物品仓库发生安全事故的风险。危险物品仓库是贮存易燃、易爆等化学危险物品的场所，由于危险物品具有易燃、易爆、毒害、腐蚀、放射性等危险性质，在生产、运输、装卸、储存、使用等过程中，易造成人身伤亡和财产损失，在守护过程中稍有不慎即容易发生安全事故。同时，危险物品仓库也是违法犯罪分子实施破坏、盗窃的目标。

3. 发展水平不平衡。北京、上海、广东、江苏、浙江等发达地区的金融守押企业规模相对较大，建立了金库中心，管理水平较高，但内地还有不少守押企业规模较小，抗风险能力较差，缺乏竞争力，经营管理方式相对落后，管理粗放，缺乏应急预案，应变能力不足，风险较大。

（二）武装守护风险防范

1. 守押一体化。武装守押行业应向守押一体化方向发展。目前，国内只有少数保安押运公司接管了银行的整体守押业务，多数还是守押分离。对此，国内已经出现一些探索和改革，如上海、浙江的一些保安押运公司已经提出了一些较好的思路，在保安押运公司建立金库，实现业务结构多元化，实现资源利用最大化，即以一个金库和一辆运钞车承接一个区域内各银行营业网点的货币押运、尾箱交接，尾箱与货币处理、保管等各个环节的安全保障业务。

2. 提高风险意识。目前，保安押运服务公司的风险意识和危机意识不强，要加强保安押运公司的应急管理建设，制订应急预案，增强危机管理的能力；要增加保险意识，积极投保意外险，增强保安押运公司的抗风险能力，积极化解武装守护带来的经济风险。

3. 重视武装守押人员的业务培训。保安押运公司守押人员队伍更新比较快，守押人员流失问题较严重，主要原因是收入不高，福利不好，对守押人员的职业规划没有顾及，没有帮助守押人员实现职业提升等。如果不能帮助守押人员实现职业诉求，一些守押人员就有可能被别有用心的人利用和拉拢，反过来成为武装守押行业和社会安全的隐患，危害武装守押业务的开展及社会安全。

二、武装守护勤务方案编制

（一）武装守护勤务方案的主要内容

武装守护勤务方案是保安押运公司为客户单位提供守护服务时所制订的具体工作计划。虽然不同的安全守护方案的内容不完全一致，但总的来说，一般包括以下几个方面内容：标题、前言、主体、结尾等。

1. 守护方案的标题。方案标题一般采用公文式标题写作方法，如××银行金库安全守护方案。

2. 前言部分。制订本方案的目的、依据、意义。

3. 主体部分。守护方案的最重要部分，主要由以下几个方面组成：

（1）目标要求。简要阐述某项目标守护工作的重要性、必要性，阐明该项守护工作的指导思想、目标要求及指导原则。

（2）组织架构。要根据守护目标的对象及地理位置、范围大小、周围环境、内部建筑构造等，确定保安守护力量，选派守护保安员。只有组织架构清晰明了，才能责任到人，确保安全。

（3）物资保障。为了保障守护目标的安全，武装守护人员在执行守护勤务时，需要一定的防护设备，包括保安着装、安保器材、防暴枪支、通信工具（包括信息网络联系方式）、照明设备、警戒器材、报警设备、守护区域监控设备、与公安机关的报警联动装置等。

（4）守护任务。这是武装守护工作的核心内容，包括：守护的方法；守护的责任范围；守护的岗位布置；守护的形式；守护人员组成及分工；守护应注意的事项。

（5）应急处置。针对守护目标可能发生的突发事件，制订处置预案。例如，金库守护，要制订火灾事故的紧急处置预案、金库被盗抢的紧急处置预案等；危险物品仓库守护，要制订火灾、爆炸、射线辐射、毒害等事故的应急处置预案、危险物品被盗抢、破坏事故的紧急处置预案等。

4. 结尾部分。结尾部分通常是强调该守护方案的要求及实施该方案预期达到的效果，以呼应前文。

（二）武装守护勤务方案编制要求

1. 调查了解守护目标的基本情况。要根据守护目标的特征、范围、周边环境以及其他可能危害目标安全的情况等编制勤务方案。包括：守护的是什么，有什么特点，守护区域的范围、建筑特点、周边环境、社会治安情况，人员、车辆、物资进出情况，客户单位的规章制度，出入守护区的证件种类等，在此基础上制订切实可行的守护勤务方案。

2. 守护方案要突出重点，以点带面。要突出守护的方法、步骤、要求，避免空洞无物。

3. 要有预见性。武装守护的目的是保障安全，因此，在制订守护勤务方案时，要防患于未然，根据守护的目标类型，预先想到可能发生的突发事件，对突发事件要有处置预案。

4. 要易于操作。编制武装守护勤务方案的目的是指导保安员如何工作，也是对客户单位负责，方案编制完成后，在条件允许的情况下，可以先进行实地演练，发现方案中的漏洞和不足，加以修正，使之具有可操作性。

三、武装守护勤务组织与实施

保安武装守护勤务组织实施的好坏，直接关系到守护任务的完成好坏。而这种组织实施工作又与组织者敏锐的观察、分析、判断能力，严密的逻辑思维能力，丰富的社会生活经验和工作经验是分不开的。在组织实施守护勤务时，要根据守护勤务的特点，对守护过程中可能发生的各种问题和出现的困难，进行全面深入细致地分析，制订出周密而切实可行的实施方案，并认真组织实施。

1. 了解守护情况，编制守护方案。要根据守护的目标种类，如金库、危险物品仓库等的特征、范围、周边环境以及其他可能危害目标安全的情况等编制勤务方案。

2. 确定守护人数，选派守护队员。选派思想作风好、品行好、组织纪律性强，业务素质好、身体素质好，能独立处理问题和处置各种紧急情况的队员。守护区域大、任务重，人数较多的，要编成守护班（组），指定负责人。

3. 严明守护纪律。守护队要对被派遣执行守护任务的队员进行思想动员，交代任务，明确纪律。守护负责人（中队长）要向队员交代守护方法、要求、注意事项、安全措施以及遇有紧急意外事件时的联络方法及处置方式，与发货单位业务护送人员及驾驶员的协作配合，等等。使守护队员明确任务，统一思想，严肃纪律。

4. 做好守护的各项准备工作。执行守护任务的保安员凭执行任务通知单及工作证件，按规定领取枪支、弹药、枪证、持枪证、通信器材、防卫器械等相关装备。一要检查枪支、弹药、警械是否处于良好状态，不准携带有问题的武器、警械执行守护任务；二要组织在验枪区验枪；三要带齐枪证、持枪证、守护队员的工作证、身份证等证件，以备检查时使用。执行守护任务时，武器必须随身携带，防止被盗、被抢、丢失、走火等案（事）件的发生。

5. 根据守护区域实际情况，确定守护岗位

（1）固定岗位。固定岗位一般在守护区域的主要出入口、重要地段及便于控制的地方设置。其职责是：严格检查进出守护区域的人员及车辆，维护秩序，保卫目标的安全。

（2）移动岗位。移动岗位在较大守护区域内对一些地形地貌复杂地段、易出问题的部位设置，派出一定数量的守护员，采取游动巡逻的方式看护目标部位。其职责是：反复巡查，消除守护区域内的安全隐患，保卫目标的安全。

（3）瞭望岗位。瞭望岗位是指对较大的、地形地貌复杂的守护区域，移动岗位难以控制目标部位，选择一个或几个便于观察的制高点而设置的固定监视岗位。其职责是：观

察守护区域内及周围的情况，发现可疑人员和可疑情况立即向客户单位或值班室报告，并采取相应措施保障目标安全。

第二单元　操作技能

操作项目一　武装押运方案制订

【操作目标】

通过实训操作，学员能编制简单的武装押运方案。

【操作要求】

每个学员根据教员布置的实训案例，制订武装押运方案，在规定时间内完成，不得抄袭他人。

【操作准备】

实训场地：教室。教官准备一至两个押运案例（金融、危险物品押运案例）。

【操作步骤】

1. 教官公布案例；
2. 学员按要求编制押运方案；
3. 在规定时间内提交。

【操作考核】

根据每个学员提交的押运方案，由教师打分。如发现有抄袭者，抄袭者和被抄袭者都为零分。

操作项目二　武装守护方案制订

【操作目标】

通过实训操作，学员能编制简单的武装守护方案。

【操作要求】

每个学员根据教师布置的实训案例，制订武装守护方案，在规定时间内完成，不得抄袭。

【操作准备】

实训场地：教室。教师准备一至两个守护案例（金库守护、危险物品仓库守护案例）。

【操作步骤】

1. 教师公布案例。
2. 学员按要求编制守护方案。
3. 在规定时间内提交。

【操作考评】

根据每个学员提交的守护方案，由教师打分。如发现有抄袭者，抄袭者和被抄袭者都为零分。

思考题：

1. 金融押运路线勘察的内容有哪些？
2. 如何防范武装押运的风险？
3. 押运勤务方案的内容有哪些？
4. 简述金融押运操作规程。

第十二章　随身护卫

【本章知识要点】

了解随身护卫的基本原则和随身护卫的法律依据，熟悉随身护卫的任务准备，掌握随身护卫的管理实施和随身护卫勤务培训等。

【本章技能要求】

能分析安全风险点，会确定安全风险等级和提出安全风险控制措施；能开展大型活动随身护卫模拟演练，并能根据演练结果，修订大型活动随身护卫方案。

第一单元　理论知识

第一节　随身护卫概述

一、随身护卫的基本原则

（一）预防为主、确保安全

在执行随身护卫任务前，护卫人员要做好充分的勤务准备，认真研究勤务中各个环节的风险因素，并采取周密的控制措施，让袭击者无机可乘，把各种危险消除在萌芽状态；在执行随身护卫任务中，要保持高度警惕，认真落实各项安全措施，以确保护卫对象的生命、财产安全。

（二）察明险情、超前制止

在随身护卫任务中，护卫人员要始终保持临战状态，通过多方面搜集的信息和现场观察，判明可能发生的危险和可疑对象，尽早察明可疑对象的企图，分析其危险程度；在此基础上，护卫人员应在危险行为发生之前，果断采取措施，快速掩护护卫对象实施撤离，积极、有效地制止危险行为，控制危险的发生。

（三）快速反应、舍己救护

在随身护卫任务中，各种危险情况都有可能在瞬间发生，要求护卫人员有敏捷的身手、良好的心理素质和快速的反应能力。护卫人员应每时每刻牢记自己承担着保护客户安全的责任，在护卫对象面临生命危险时，护卫人员面对危险应临危不惧，快速果断地运用自身掌握的护卫技能和防卫器材，全力保护护卫对象的生命安全，在危难时刻甚至要用自己的身躯，来保护护卫对象的生命安全。

（四）服从指挥、密切配合

在随身护卫任务中，护卫队员要根据勤务方案的规定，在指挥员的统一指挥下，履行好自己的职责。在发生突发情况时，指挥员必须沉着冷静、判明性质，根据所处的地形、地物特点，果断调整护卫勤务方案，重新分配护卫人员；护卫人员必须严格按照指挥员的指令，在指挥员的统一指挥下，在新岗位上灵活运用护卫队形、护卫战术，主动配合其他队员做好各项应急处置工作，安全、有效地掩护护卫对象快速撤离现场，远离危险，做到行动有序、分工明确，配合密切。

（五）明断性质、合法处置

在随身护卫任务中，当出现突发情况时，护卫人员要根据不同的情况，迅速、准确判断事态，利用所掌握的法律知识，判明事态的性质，在法律许可的范围内采取各种不同的方式进行处置。对围观、尾随护卫对象的行为，要用人墙阻隔、劝导等方式，保护护卫对象的安全；对利用黑社会、雇用打手等暴力手段，威胁护卫对象安全的行为，要保持警惕，随时准备采取护卫措施保证护卫对象的安全；当有暴力袭击等不法行为发生时，应立即采取防卫手段、使用防卫器材制止不法行为，保证护卫对象的生命、财产安全。

二、随身护卫的法律依据

随身护卫人员在执行任务时，特别是在使用徒手、器械防卫的过程中，必须熟知国家法律、法规的有关规定。保安服务公司与客户签订的随身护卫服务合同必须不能违背有关法律规定，随身护卫人员按照保安公司与客户签订的合同要求提供服务。随身护卫人员应特别注意以下几个方面的法律规定：

1. 正当防卫。我国《刑法》第二十条规定：为了使国家、公共利益、本人或者他人的人身、财产和其他权利免受正在进行的不法侵害，而采取的制止不法侵害的行为，对不法侵害人造成损害的，属于正当防卫，不负刑事责任。

2. 紧急避险。我国《刑法》第二十一条规定：为了使国家、公共利益、本人或者他人的人身、财产和其他权利免受正在发生的危险，不得已采取的紧急避险行为，造成损害的，不负刑事责任。

3. 扰乱公共秩序的行为。根据《治安管理处罚法》第二十三条到二十九条之规定，扰乱单位秩序的行为、扰乱公共场所秩序的行为、扰乱公共交通工具上秩序的行为和扰乱大型群众性活动秩序的行为、寻衅滋事的行为，可以进行治安处罚，特别是第二十四条明确规定：有围攻裁判员、运动员或者其他工作人员等扰乱文化、体育等大型群众性活动秩序的，处警告或者二百元以下罚款；情节严重的，处五日以上十日以下拘留，可以并处五百元以下罚款。

4. 侵害他人人身权利的行为。侵害他人人身权利的行为是指非法侵犯公民人身和其他与人身直接有关的权利，尚未构成犯罪，依法应当给予治安管理处罚的行为。根据《治安管理处罚法》第四十条规定，非法限制他人人身自由、非法侵入他人住宅的，处十日以上十五日以下拘留，并处五百元以上一千元以下罚款；情节较轻的，处五日以上十日以下拘留，并处二百元以上五百元以下罚款；第四十三条规定：殴打他人的，或者故意伤害他人身体的，处五日以上十日以下拘留，并处二百元以上五百元以下罚款；情节较轻的，处五日以下拘留或者五百元以下罚款；第四十四条规定：猥亵他人的，或者在公共场所故意裸露身体，情节恶劣的，处五日以上十日以下拘留；……有其他严重情节的，处十日以上十五日以下拘留。

5. 侵害财产权利的行为。根据《治安管理处罚法》第四十九条规定："盗窃、诈骗、哄抢、抢夺、敲诈勒索或者故意损毁公私财物的，处五日以上十日以下拘留，可以并处五百元以下罚款；情节较重的，处十日以上十五日以下拘留，可以并处一千元以下罚款。"

第二节　随身护卫的任务准备

一、护卫项目的风险评估

护卫项目风险评估，是指对任务执行中可能威胁到"要人"安全及可能造成现实危害的各种因素进行调查和估计，从而采取相应措施。"要人"随身护卫项目风险评估机制就是在随身护卫项目风险评估工作中以风险评估的结果来确定风险等级、部署安全防卫措施及应急方式的一种体制。风险评估的过程中有两点需要注意：一是要发现各种潜在的威胁到"要人"的因素，二是这种因素可能对"要人"的安全造成现实的危害，所以这也就是风险评估的前两个主要阶段：首先，通过合适的风险评估方法找到各种潜在的威胁，也就是风险识别阶段；其次，找出这些危险源中会对"要人"的安全造成现实危害的部分，也就是风险评价阶段；最后，就是根据前两个阶段发现的对"要人"安全会造成现实危害的威胁源，制订相应的处置措施和预案。

（一）护卫项目的风险识别

护卫项目风险识别，是指护卫项目承担单位（保安公司）在收集资料和调查研究的基础上，运用各种方法对尚未发生的潜在风险以及客观存在的各种风险进行系统归类和全面识别。护卫项目风险识别不是一次就能够完成的，它应该在整个项目运作过程中定期而有计划地进行。承接随身护卫服务及护卫过程中，对事件、过程、现象、后果进行观察及分析，执行护卫风险行动计划，将风险降到最大限度，确保护卫对象、护卫目标的安全。

风险的构成要素包括风险因素、风险事故和损失。护卫的风险因素是指哪些事项会影响事故的发生，损失的程度及原因或条件。风险因素是导致风险事故发生的潜在原因。根据风险因素的性质可将风险因素分为有形风险因素和无形风险因素；护卫项目的有形风险因素是指该业务的本身足以引起风险事故发生或增加损失概率、增加或加重损失程度的原因。无形风险因素是与人的心理或行为有关的风险因素，包括道德风险因素和心理风险因素。护卫人员的道德风险因素指个人的品德修养、职业道德，有故意促使风险事故的发生，以致引起人身伤亡和财产损失的因素。心理风险因素是指与护卫人员的心理状态有关的各项无形因素，即由于思想麻痹大意、工作过失等原因，而导致风险事故发生的机会或加大损失的严重性。

随身护卫风险依据产生的原因可分为自然风险、人身风险、责任风险、信用风险、经济风险等。

1. 自然风险。由于自然因素、物理现象等其他物质现象，使护卫活动遭受威胁的风险，如自然灾害、各种瘟疫等。自然风险的成因不可控制，但有一定的规律和周期，在护卫过程中应进行分析。

2. 人身风险。护卫的人身风险是指因护卫活动中的各种因素而导致护卫对象或护卫人员的伤残、死亡、丧失劳动能力以及增加医疗费用支出的风险。人身风险所致的损失一般有两种：一种是收入能力损失，另一种是额外费用损失。

3. 责任风险。护卫的责任风险是指在护卫过程中由于护卫人员或保安公司的疏忽，其行为（包括过失行为、不当行为及故意行为）或不行为使护卫目标的财产及护卫对象的人身安全遭受损失的风险。如盗窃、抢劫、玩忽职守及故意破坏等行为将可能对护卫目标的财产造成损失或对护卫对象的人身造成伤害，依照法律、契约（合同）或道义应承担的刑事责任、民事责任和行政责任等风险。如合同一方违约使另一方遭受损失，违约一方依合同要承担经济赔偿责任。

4. 信用风险。随身护卫的信用风险是指在护卫活动中，权利人与义务人之间，由于一方违约或违法致使对方遭受经济损失的风险。

5. 经济风险。经济风险是指在护卫活动中由于受各种市场因素（人力成本、人员数量等）及该业务的事态变化等因素的影响或公司决策失误，对事态预期出现偏差等导致经营失败的风险。比如对护卫任务中的人员的安排及人员、装备的配置等不合理，从而使经营亏损等。

（二）护卫项目的风险评估

护卫项目风险评估是指在护卫风险事件发生之前或之后（但还没有结束），该事件给护卫对象的生活、生命、财产等各个方面造成的影响和损失的可能性进行量化评估的工作。即，护卫风险评估就是量化测评护卫过程中发生的事件或事物带来的影响或损失的可能程度。

随身护卫风险评估的任务包括：识别评估护卫对象面临的各种风险概率和可能带来的负面影响，确定保安公司承受风险的能力，推荐降低、避免风险的对策和措施。随身护卫的风险评估方法：

1. SWOT 分析法，即强弱机危综合分析法。SWOT 由优势（Strengths）、劣势（Weaknesses）、机会（Opportunites）和威胁（Threats）的英文首字母组成。此方法主要是对随身护卫项目中具有的优势、弱点、机会、危机进行综合策略性分析，从中发现威胁、漏洞，并进行风险控制。这种方法比较适用于大型活动的风险评估。

2. 预先危险性分析法（Preliminary Hazard Analysis，缩写 PHA）。预先危险性分析法是在实施护卫任务之前，在设计的开始阶段，对本次随身护卫任务中存在危险类别、危险发生的条件、事故后果等进行概略分析，尽可能评价出潜在的危险性，并提出消除或控制危险发生的措施。

3. 安全检查表方法（Safety Checklist Analysis，缩写 SCA）。安全检查表方法是依据随身护卫的安全标准、规范，对护卫活动中已知的危险类别、存在的漏洞、装备、设施、管理、操作程序等有关的潜在危险性和有害性进行判别检查。这种方法最基础、最简便、应用最广。

（三）护卫项目的风险控制

护卫项目风险控制是指护卫项目管理者采取各种措施和方法，避免或减少风险事件发生的各种可能性，或者减少风险事件发生时造成的损失。护卫项目过程中总会有些事情是不能控制的，风险总是存在的。作为护卫项目管理者会采取各种措施减小风险事件发生的可能性，或者把可能的损失控制在一定的范围内，以避免在风险事件发生时带来难以承担的损失。护卫项目风险控制的基本方法有风险回避、风险转移、损失控制等。

1. 风险回避。护卫项目考虑到影响预定目标达成的诸多风险因素，结合公司自身的风险承受能力，从而作出中止、放弃或调整部分内容、改变部分决策方案和安保内容的风险处理方式，是考虑到风险存在和发生的可能性，主动放弃或拒绝实施可能导致人身或财产损失的方案。

2. 风险转移。风险转移是将护卫目标的风险通过合同、协议的方式将可能面临的损失风险转移给他人或其他组织的处理风险的方式，达到降低成本的目的。通过转移风险的措施减少人身或财产损失发生的机会或降低损失的严重程度，以达到降低自身风险的目的。

3. 损失控制。是指保安公司对随身护卫项目不愿放弃也不愿转移的风险，通过方案的调整等降低其损失发生的概率、缩小其损失发生的程度来达到控制目的的各种控制技术或方法。损失控制的目的在于积极改善风险项目的特性，使其能为服务单位和个人所接受，从而使保安公司不丧失获利机会。

二、随身护卫应急预案编制

（一）随身护卫应急预案编制的基本要求

1. 符合有关法律、法规、规章和标准的规定。
2. 结合本地区、本公司、本部门随身护卫的实际情况。
3. 结合随身护卫任务的危险分析情况。
4. 应急组织和人员的职责分工明确，并有具体的落实措施。
5. 有明确、具体的突发事件预防措施和应急程序以及相应的应急能力。
6. 有明确的应急保障措施，能满足保障应急处理的要求。
7. 预案的基本要素齐全、完整，预案附件提供的信息准确。
8. 预案的内容与相关的应急预案相衔接。

（二）随身护卫应急预案编制的步骤

1. 成立工作小组。成立以保安公司主要负责人为领导的应急预案编制工作组，明确编制任务、职责分工、制订工作计划。
2. 收集资料。收集应急预案编制所需的资料（相关的法律、法规、应急预案、预案案例分析、本单位随身护卫任务所需的各种资料）。
3. 危险源与风险分析。
4. 应急能力的评估。
5. 应急预案编制。
6. 应急预案的评审与发布。

第三节　随身护卫的管理实施

一、随身护卫勤务组织及实施

随身护卫勤务的组织及实施是提高岗位人员的业务及战斗能力的基础，按照勤务方案进行任务的准备并组织实施，以确保随身护卫任务的完成。护卫任务的组织实施方法如下：

（一）合理分工，安全第一

按照公司与客户签订的合同及勤务方案，进行合理的配置与分工，以确保护卫对象的安全为宗旨。

（二）掌握情报，应急指挥

随身护卫部门要建立情报信息系统，收集各种情报进行分析处理，使情报信息更好地服务于护卫任务的指挥，使指挥员作出正确的决策。

（三）敏锐观察，协同作战

护卫人员在执行任务时，要保持高度的警惕，随时观察周围的动态，如有情况听从指挥，分工明确，统一行动，协同作战，确保护卫对象的安全。

（四）有效距离，防止接近

在护卫任务中，护卫人员应与护卫对象保持合理的有效距离，不影响护卫对象的正常活动及保障护卫人员的快速处置。采用各种队形进行护卫与隔离，确保护卫人员的安全。

（五）装备完善，依法使用

合理配置和使用装备及护卫器械能提高护卫人员的战斗力，确保护卫对象及护卫人员自身的安全，但必须合理、合法、有效地使用，确保护卫任务的完成。

（六）快速处置，善后处理

在执行护卫任务中如遇突发事件，指挥员须快速决断，下达指令，快速反应、立即处置，组织人员保护现场、保留证据、救护、报警及处理善后工作。

二、随身护卫重大事件处置

随身护卫重大事件是指护卫过程中因外界的各种因素而造成严重社会危害、社会影响，涉及护卫对象生命财产的安全、护卫人员的伤亡事件及重大的违法犯罪行为。

当护卫过程中出现重大事件时，为提高处理效果，明确各级职能部门的职责和反应动作，应制定随身护卫重大事件处置制度，完善各部门的职责、组织指挥、操作程序、处置原则、处理流程等。

针对重大事件，随身护卫在处置中应注意以下几点：一是护卫人员履行安全保卫职责，立即进行处置；二是护卫人员及时将护卫对象转移到安全地带，并及时报警；三是当护卫对象遇到暴力袭击有生命危险时，护卫人员必须挺身而出，并果断使用器械有效制止犯罪行为及控制住犯罪嫌疑人；四是安排人员保护现场（人证、物证），确保警察现场取证；五是护卫人员、护卫对象受伤时，立即采取紧急救护，报120救护及协助公安部门调查，做好善后工作；六是重大事件处理完毕后，做好记录备案和总结。

三、随身护卫勤务培训

随身护卫是保安业务中的一项新型业务，对协助公安机关预防犯罪、维护社会稳定，确保合法公民的生命及财产的安全发挥着极其重要的作用。随着我国经济的发展和人民生活水平的提高，对随身护卫的数量、质量的要求日趋增高。为确保输送高素质的随身护卫队伍，必须建立完善的教育培训体系。

（一）随身护卫培训目标

1. 职业道德的培养。随身护卫的职业道德是指护卫人员在护卫活动中应遵循的基本道德，是职业品德、职业纪律、专业胜任能力及职业责任的总称，它通过公约、守则等对护卫职业生活中的某些方面加以规范。护卫职业道德既是本行业人员在职业活动中的行为规范，又是行业对社会所负的道德责任和义务。护卫人员的职业道德内容包括：爱岗敬业、忠于职守、乐于奉献、诚实守信、依法行事、自洁自律、严守秘密、钻研业务等，力争提供优质的安全服务。

2. 掌握法律知识。护卫人员掌握必要的法律知识，可以保障工作的开展，为提供优质服务打下坚实的基础。护卫人员应具备的法律知识有《宪法》、《刑法》、《刑事诉讼法》、《民事诉讼法》、《合同法》、《公司法》、《保安服务管理条例》等相关的法律、法规；公安机关、行业主管部门制定的相关规定和地方法规等。

3. 精通业务知识。精通业务知识是护卫人员从事护卫业务的必备条件，通过护卫知识的培训，使护卫人员掌握护卫的勤务准备、勤务实施、安全管理、现场保护、礼仪常识、安全咨询等业务知识。因护卫工作中事件发生的偶然性、突然性、暴力性，必须要求护卫人员精通业务知识，以确保任务的完成。

4. 提高操作技能。护卫人员应当具备的技能包括徒手护卫、器械护卫、制止、掩护、撤离、相互配合、急救、对围观围堵人群的劝说和疏导等技能。通过培训提高护卫队员各项护卫技能及护卫人员的观察能力、判断能力、组织指挥能力、快速处置能力等。确保护卫对象的人身和财产安全。

5. 加强纪律教育。随身护卫的纪律即护卫人员必须遵守的规章制度和守则的总称，是要求护卫人员在护卫活动中遵守秩序、执行命令和履行职责的一种行为规范。护卫人员应遵守以下纪律：

（1）严格遵守国家法律、法规和主管部门的各项规定。

（2）坚守岗位、尽职尽责、服从指挥。

（3）举止文明、仪表端庄、不得言行粗暴和滥用护卫器材。

（4）遵守劳动纪律，严守工作秘密和护卫对象的商业及个人秘密。

（二）随身护卫技能培训

1. 技能培训的基本原则：

（1）系统性原则。随身护卫的培训是为护卫人员提供思路、信息、技能，规范护卫人员操作程序，提高工作效率；通过系统的方法和理论来激发护卫人员的潜力，全面提高理论知识和实战技能，以确保护卫过程中的安全为目的，培训的系统性原则主要表现为培训的全员性、全方位性和全过程性。

（2）理论与实践相结合的原则。应根据护卫工作的实际情况和受训对象的特点制订培训方案，开展培训工作。讲授理论知识、原理和专业技能知识，提高护卫人员的理论水平和实战技能。理论与实践相结合，理论源于实践，理论的价值通过实践来体现，理论指导实践，再从实践中形成新的成果来调整和充实理论。

（3）组织培训与自主学习相结合的原则。良好的组织培训体系，能促进护卫人员的学习积极性，激发护卫人员的学习动力，提高护卫人员的理论水平和操作技能，能够帮助护卫人员解决工作中出现的问题。组织培训一定要正规化，培养自主学习习惯，形成学习型的团队，从而真正达到培训的目的。

（4）因材施教原则。培训教师应从学员的实际出发，使教学的深度、广度、进度适合学员的知识水平和接受能力，同时考虑学员的个性特点和差异，使每个学员的才能品行得以发挥。通过培训了解每个人的特长，挖掘潜能，在护卫过程中找准适合自身的岗位。

2. 技能培训方式。护卫技能的培训以体验性的操练为主，如案例分析法、角色扮演、情景模拟等，让学员在逼真的情景下进行学习训练，通过演练进行总结讲评、纠正错误，提高学员的临战水平和心理素质。

3. 技能培训组织方法。随身护卫勤务培训是指有组织地进行护卫知识、技能、标准、信息、理念、组织管理等培训的行为。随身护卫的培训以护卫技能传递为主，侧重上岗前的培训。为达到操作技能规范化、标准化，通过目标规划设定、知识信息传递、技能演练等，使护卫人员通过一定的教育训练技术手段，提升护卫队员的战斗力、个人操作能力、指挥员的指挥能力等，确保随身护卫任务的完成。高级保安员要能组织新队员或初级、中级保安员的培训工作，并能编写培训教材、培训计划、培训进度和教案等。

【实例】

各国总统身后的“御林军团”

为确保总统的绝对安全，法国总统卫队创立了“分层次保卫”的理论，即卫队成员对总统形成三层包围圈。第一圈位于总统身边，首先由1人提着特殊材料制成的防弹公文箱，紧跟在总统身边，然后由3个人排成“品”字队形，分别行走在总统左右和身后。如果发生不测，1名队员立即趴在地上，其余2名队员迅速将总统推倒在那名队员身上，使总统既免受袭击，又避免倒地时受到伤害。第二圈是在距离总统20米左右的地方，保卫人员时刻注视总统周围的人群，严密监视。发现可疑情况或出现紧急事态时，立即采取防卫措施，确保总统的安全。第三圈位于第二圈外圈，由队员进行现场全方位监视。若干队员根据各自负责的方向，各司其职，严密监视周围有可能发生的异常情况，提前发现可疑苗头，防患于未然。

总统每次外出，总统卫队总是先行，对所去地方进行至少3次安全检查。总统乘飞机外出，扫雷技术人员要提前两天对总统座机进行过筛子般的检查，然后对座机进行试飞检查，将飞机推进到最大功率，然后着陆，又即刻起飞。检查后，将总统座机交宪兵保卫，到了被访问国以后，总统座机则由官方旅行社的警察看守，他们吃住在飞机上，寸步不离。

“要人”随卫的团队将根据护卫任务的级别及威胁程度安排护卫人员的数量，“要人”随卫队形在实际的执行过程当中不是固定不变的，而是根据环境和实际情况的改变随时作出变动和调整，但是始终需要围绕“要人”安全第一的原则进行变动和调整。

第二单元　操作技能

操作项目一　随身护卫项目风险评估

【操作目标】

根据设定的场景和具体情节，分析存在的安全风险点和安全风险的等级，并提出安全风险的控制措施，增强学员的安全风险分析能力，提高随身护卫方案制订的质量。

【操作要求】

要求护卫人员对设定的场景和具体情节充分理解，仔细观察，全面搜集信息，态度端正，正确分析安全风险点，提出的安全风险的控制措施可行，且有针对性。

【操作准备】

1. 场地准备：可设置街道、大型活动等不同的场景，并设置相应具体情节。
2. 器材准备：打印纸和水笔。
3. 人员准备：每人一组。

【操作步骤】

1. 教官介绍设定的场景和具体情节，并向护卫人员进行详细说明。
2. 学员就分析所需要的细节向老师提问，老师根据提问回答细节，提供足够多的信息。
3. 学员提出该模拟场景下存在的安全风险点和安全风险的等级，并提出安全风险的控制措施，并制作分析报告。
4. 教师点评。

【操作考评】

根据学员操作情况进行评分：
1. 分析报告制作是否规范。
2. 安全风险点的分析是否准确。
3. 安全风险等级的划分是否正确。
4. 提出安全风险的控制措施是否有针对性。
5. 若不会进行安全风险分析，学员该操作成绩记为零分。

操作项目二　大型活动随身护卫模拟演练

【操作目标】

通过大型活动随身护卫模拟演练的操作，熟悉大型活动随身护卫方案，检验护卫方案与实际情况的匹配性，为修订大型活动随身护卫方案提供依据。

【操作要求】

要求每个护卫人员熟悉大型活动随身护卫方案，岗位分工明确，能熟练运用劝退、人墙阻隔等技能，严格按预先制订的随身护卫方案沉着应对。

【操作准备】

1. 场地准备：大会堂、体育场馆。

2. 器材准备：无线对讲机 20 台、喊话器 2 只、警戒带（80 米）6 盘，急救箱 2 只，摄像机 2 台。

3. 人员准备：学员着作训服、作训鞋，分成若干训练小组。

【操作步骤】

1. 教官讲解小组站位与人墙阻隔队形的基础知识、操作规范、操作要求、练习步骤和方法。

2. 教学组织：

（1）开始部分：检查人数，并对操作进行分组；讲解操作的安全措施、注意事项等。

（2）准备部分：根据本课内容的需要进行准备活动，预防受伤。

（3）基本部分：一是基本队形演练，包括原地人墙阻隔、行进间队形（左斜线、右斜线）、三角队形（前三角、后三角）、方块队形、圆形和“U”字队形等；二是快速退场演练，包括主动退场和被动撤离练习；三是队形配合演练，根据围观、围堵者的位置，指挥员果断指挥，护卫人员针对现场情况合理、快速变换队形进行阻隔、掩护、护送或撤离，护卫人员配合默契。

（4）结束部分：讲评，布置课后训练任务、收回器材。

【操作考评】

根据学员操作情况进行评分。

1. 操作程序完整性。

2. 操作方法正确性和熟练程度。

3. 实训纪律性和协作性。

4. 应急心理沉稳性。

5. 若学员发生下列情况之一，则应及时终止实训，学员该实训成绩记为零分：

（1）违反安全操作规程。

（2）损坏操作设备、器材等。

思考题：

1. 随身护卫要坚持哪些基本原则？
2. 如何做好随身护卫的风险评估和风险控制？

第十三章 人群控制

【本章知识要点】

了解人群控制方案与应急预案的内容、制定程序；了解常见违法行为及其处罚规定；熟悉人群控制的方法和实施流程；掌握起哄滋事、拥挤事故和看台坍塌等常见问题的处置方法。

【本章技能要求】

正确理解各类突发治安问题发生的原因，能结合具体的场景提出正确的处置措施；正确理解人群控制方案的作用和主要内容，能按人群控制方案的要求，找出各工作岗位的位置、各组人员、工作任务、工作措施和注意事项。

第一单元 理论知识

第一节 人群控制安保方案与应急预案

为维护人群聚集场所的秩序，安保工作指挥部需要根据任务的性质和场所的情况，制订人群控制方案和应急预案，以规定保安员在人群聚集场所中的工作地点、工作任务和完成工作的措施以及履行责任时的领导关系和注意事项等。当发生各类突发情况时，保安员应掌握应急处置程序和处置措施。

一、人群控制工作方案和应急预案的关系

人群控制工作方案和应急预案既有联系又有区别，二者都是通过书面文件的形式对工作进行安排的，但二者的区别是存在的。方案是根据已经存在的客观情况，在总结同类活动组织经验的基础上，结合本次活动的具体情况，对安全保卫工作作出的正式安排；预案是根据以往的工作经验、社会治安形势以及活动可能面临的风险，就安全保卫工作中可能出现的影响活动正常进行的各种突发事件进行的预先假设处置。方案安排的内容是一定要实施的，是一种正常的按部就班的活动；而预案中规定的情况则不一定会出现，往往是一种“备而不用”的状态，是对可能出现的不利情况的假设，提前预设一旦某种情况出现，

通过预案规定的内容，快速行动，快速处置，预案本身是安全保卫工作的重要组成部分。①

二、人群控制工作方案

（一）人群控制工作方案的内容

根据《大型群众性活动安全管理条例》第六条规定，承办者应当制订大型群众性活动安全工作方案，公安机关予以指导和审查。大型群众性活动安全工作方案应包括下列内容：一是活动的时间、地点、人数、内容及组织方式；二是安全工作人员的数量、任务分配和识别标志；三是活动场所消防安全措施；四是活动场所可容纳的人员数量以及活动预计参加的人数；五是治安缓冲区域的设定及其标识；六是入场人员的票证查验和安全检查措施；七是车辆停放、疏导措施；八是现场秩序维护、人员疏导措施；九是应急救援预案。

就一般的人群控制工作而言，要结合各类具体活动的种类、性质和特点，制订有针对性的人群控制工作方案。人群控制方案应包括以下内容：

1. 指导思想和工作目标。包括工作中应遵循的总的原则和达到的总目标或者任务，并应把总目标或者任务加以分解和说明。应将"防挤压、防踩踏、防攀爬、防坍塌、防落水、防破坏"定为人群控制的总目标。

2. 组织领导。制订的方案中必须明确执行此项任务的领导和指挥机构的组成，包括指挥员的姓名、职务、单位等基本情况。有的方案还应注明现场指挥部所设的地理位置。

3. 保卫力量部署和任务分工。方案要根据具体任务的种类、规模、性质等，合理配备参加任务的保卫力量，明确任务分工，即某项勤务工作由哪些单位参加，各自的职责任务是什么。同时，为预防各种突发事件，还要留有一定的机动力量。

4. 安全措施。为了保证现场人群的有序与安全，在方案中一般要根据不同任务的具体情况，提出几项有针对性的工作措施。这部分是人群控制工作方案的重点，这些安全措施应包括以下几个方面：

（1）设定人群流动路线和区域。在人群控制工作方案中，应根据人员密集场所的具体情况和人员流动规律，设定人群的进出场路线和行进路线，控制人群行进方向，尽量保证单向行进，避免异向群集、逆向流动。同时应要求主承办单位分散设置热点活动区域，将易吸引观众聚集的热点活动设置在相对宽阔的区域，避免引发局部人员拥挤。在入口处、通道处等应设立人群流动诱导标志；在容易发生拥挤的部位，设置物力隔离设施进行控制；必要时，应利用保安人员设置成队形进行控制。

（2）设置合理的疏散通道和缓冲区。为防止发生人员拥挤，应预留足够数量的疏散出口和足够宽度的疏散通道，并保证其畅通无阻。同时设立缓冲区，缓冲区的作用如下：一是避免在等候区的人群过分拥挤；二是控制进入行动区的人数；三是遇有意外或紧急情况时缓解人群的情绪；四是可定时更新人群的资料，以便行动区保卫人员评估情况和采取适当措施；五是遇有紧急情况或严重拥挤情况，可禁止人群进入行动区，并劝告他们离开现场。根据国家的有关规定和公安机关的安保经验，每个观众区域疏散通道不低于 2 个，

---

① 武西锋编著：《大型群众性活动安全保卫工作实务指南》，中国人民公安大学出版社 2013 年版，第 30 页。

万人以上的不低于4个；观众左右区域为主通道，后侧为缓冲区，方阵之间为次通道。总人数在15000人以下的，主通道不低于6米，次通道不低于3米，缓冲区面积不少于总面积的四分之一。总人数大于15000人的，按比例增加通道宽度。通道口距离观众区域不少于7米；在广场等空旷地带举行展会，预留通道宽度大于10米的，可在通道两侧设置展位；预留通道宽度在3.5~8米的，只能在通道一侧设置展位；小于或等于3.5米的，禁止设置展位。热点展位应适当增加通道宽度，赠品等发放点必须设置于空旷区域。

（3）进入场所人员的控制措施。对需要查验票证的，保安员会同场所工作人员，在出入口查验入场证件，控制入场对象，防止不符合规定条件的人，包括身份不符合和无票据、假票据持有者混入场内；要控制场所周边环境，预防他人以翻越场所围墙、攀爬场所围墙外临近的树木等方式潜入场所。

（4）重点部位警戒和流动巡查。保安员要通过拉警戒线、设隔离带、保安员站位等方式加强主席台、贵宾席、运动员休息室、演出后台等重点部位的警戒控制，将服务对象与周边隔离而形成一个相对安全的隔离区域，防止无关人员靠近重点部位和目标。同时，加强流动巡查，发现可疑人员、可疑事件和其他不安全因素及时予以处置。

（5）人群分流、引导及疏散措施。应在现场明显位置增加设置引导、指示标志或标识、增设治安志愿者等，诱导人群流向，帮助观众及时找到座位；增加现场广播宣传频率，提示安全注意事项；充分利用手机提示短信和现场广播，动态引导观众有序流动，避开人群密度较大的区域；当因检票引起人员拥挤时，要增加检票设备和人员，防止人员在入口聚集，避免在出入口形成堵塞，造成事故；应设立假票验证点，及时处置因假票引起的纠纷，防止影响正常的检票，从而导致人群集聚。

5. 工作要求。方案中应明确保卫工作应遵守的要求，如所有执勤人员必须服从命令、听从指挥，严格按指令行动，及时汇报和反映情况，保持通信畅通，严禁擅离职守和违法、违纪情况的发生，执勤时注意着装严整，文明执勤。并注明上岗和下岗的时间要求。在特定场合执勤还必须遵守有关宗教、民族等各方面的政策和规定。[①]

为使人群控制工作方案上规定的内容更为明确，容易获取相关工作要点，在工作方案后面还要附上工作现场示意图（见图13-1）和现场保卫力量配备表（见表13-1）。在工作现场示意图中，应标明各相关力量所处的具体位置，在现场保卫力量配备表中，应用表格的形式注明各组力量的工作地点，负责人员与成员、负责人的联系电话、工作任务和工作措施、备注等。

表13-1 现场保卫力量配备表

岗位	工作地点	组长与成员	工作任务	工作措施	备注

① 戴明主编：《保卫师》第2版，中国劳动社会保障出版社2013年版，第10页。

图 13－1　现场示意图

（二）人群控制工作方案编制

1. 搜集场所和人群的相关情况。人群控制工作是保安员在人群密集场所或大型活动期间，为维护现场秩序，预防或处置突发事件，而采取的现场人群限制分流、隔离警戒、紧急疏散等安保活动的总称。

人群控制安保方案的制订者应搜集人群聚集场所的性质、最大容纳人数等情况和人群聚集活动的时间、地点、内容、性质、规格、规模、人数等情况，特别是拟参加活动的领导、嘉宾、明星人物等活动基本情况。

2. 踏勘现场。踏勘人员要熟知人群聚集场所的基本情况，熟悉人群聚集活动内容及相关活动安排，踏勘的内容包括以下几个方面：活动现场及周边地形地貌（物）、功能区块的设定、动静态交通组织、消防安全设施、进出口、引导和应急疏散通道及措施、票证的考虑、硬件配套设施（如隔离护栏、灯光照明、广播系统、视频监控、通信保障等）、临时搭建设施、不稳定因素情况等。对不同类别的活动还应考虑下述踏勘重点：

（1）文艺演出的踏勘重点还包括：拟搭建的舞台方位、高度，拟摆放的观众座位数量、位置及隔离措施，指示标志的考虑，出入口的设置，现场供电、（应急）照明设施情况等。

（2）体育比赛的踏勘重点还包括：场馆硬件设施、观众区域的安排、卡点的设置、（应急）照明设施、出入口数量，停车场情况，确定安检方式和安检口设置地点等。

（3）展览展销和人才招聘活动的踏勘重点还包括：场馆结构、布局及其周边的自然、社会环境、场馆硬件设施、消防设施、安全出入口数量、预留安全疏散通道等。

（4）马拉松、自行车赛等户外线路型体育比赛的踏勘重点还包括：活动的起点、终点周边基础情况，沿线控制范围内的危险物品使用、储存情况，点线面的动态、静态交通状况等。

（5）庙会、灯会等民俗活动的踏勘重点还包括：现场桥梁、涵洞、狭窄路段等重点部位、场地封闭情况，出入口数量，周边社区情况等。

3. 确定风险控制点及其控制措施。踏勘人员在踏勘现场后，要对可能存在的风险进行识别和描述，排查并确定风险控制点。主要包括：可能存在哪些风险（导致风险出现的可能威胁源）；引发风险的因素（可能导致不利事件发生的安全防范薄弱环节）；风险可能导致的后果（可能造成的突发事件，次生、衍生事故灾害以及不良影响等）。

对确定为风险控制点的，应制订相应的风险控制措施，包括消除风险的措施、提高事前控制力的措施、特殊控制措施、重点防护点（场所、区域、人群、服务内容、活动环节等）的具体防护措施、预案、演练和联动机制等应急准备措施、需要相关单位或组织协调解决的问题等。

4. 形成方案，报请审核。在综合分析了风险控制点及其控制措施的基础上，方案编制人员将上述分析以特定的格式记录下来，即人群控制方案的初稿。在反复推演和征求相关部门的意见并经单位负责人批准后，即成为人群控制安保方案。人群控制方案并不要求冗长而复杂，应以基本情况、组织指挥和控制措施为主体，力求明确、具体，有针对性和可操作性。

【实例1】

××市保安服务公司
关于××× 演唱会保安勤务实施方案

由×××公司主办、×××文化有限公司承办的×××演唱会，定于××××年×月×日××：××在×××体育场举行，届时将有×万多名观众观看演出。为确保演出安全、顺利、有序进行，特制订本保安勤务实施方案。

一、组织领导

在市公安局×××演唱会安全保卫工作现场监督指挥部统一领导下，成立××市保安服务公司保安勤务现场指挥部，由公司总经理×××任总指挥，副总经理×××任副总指挥，由×××、×××、×××为指挥员、×××任联络员。指挥部人员分工如下（略）。

二、活动基本情况

（一）演出区

设在体育场草坪靠××方向，舞台后为演员休息室。

（二）观众区

观众座位设置分为看台和内场两部分，按照公安机关核定的人数，总座位为××××××个，其中内场×个，看台×个。看台设置×－×区上下、××－××区上下，共×个小区；内场设置VIP×－×区、A－E1－×区，共×个小区。全场合计×个小区。

（三）入口及通道

正式演出现场总共设置三道防线。体育场外围金属隔离栏为第一道防线，观众入口×个即：×、×、×、×和×，×支路为工作车辆出入通道。第二道防线为看台入口×个即：×、×、×、×号门及贵宾通道；内场入口×个，即×、×、×、×号通道。第三道防线为看区进口×个，即：×区上下、×区上下（每个下区×个进口，每个上区×个进口）；内场观众方阵×个，即：VIP1－×区、A－E1－×区。

（四）票证设置（证件共设置工作和安保两大类）

工作类12种：组委会全场总指挥、全场指挥、看台工作证、内场工作证、外场工作证、看台服务证、内场舞美证、外场检票证、内场记者证、看台记者证、内场施工证、外场施工证。

安保类10种（需着制服）：公安监督总指挥、公安监督副总指挥、公安监督指挥、公安监督、保安总指挥、保安副总指挥、保安指挥（以上为全场）、内场执勤证、看台执勤证、外场执勤证。

证件采取照片、截角和芯片的方法管理，即除执勤证外，其他证件必须贴有本人照片，入场时（全场证除外）截角后此证不得再次使用。提前到岗的人员在发证时就截角。内场所有工作人员只能从工作证件专用通道进场（全场证除外）。

三、力量部署及主要任务

公司参加此次执勤任务的保安人员为×××人，具体分布及任务是：

（一）外围：××人　总责任人：×××

范围：环道、金属栏及各出入口。

1. 外围金属隔离栏：×××人，分六个责任段，负责人：××

2. 外围入口：×××人　负责人：××

任务：隔离守护和秩序维护以及票证的初验，实施对人员及携带物品的安全检查。对违规物品应视情收缴，对携包者原则上要求寄存包裹，如需要开包检查的，请现场民警协助。禁止将管制刀具，易燃易爆、放射性、腐蚀性等危险物品，矿泉水、封口包装饮料、硬质棍棒等可掷物品以及其他可能危及演出安全的物品带入场内。

3. 外围机动：×××人　负责人：××

任务：机动待命处置相应区域突发事件。

（二）内场：×××人　总责任人：×××

范围：内场各出入口、观众方阵、舞台、防暴沟等。

1. 内场出入口：××人　负责人：××

任务：对进入人员进行证件查验，防止无证人员进入内场。

2. 舞台区域（演员休息区）：×人　负责人：××

任务：对舞台四周封闭禁止观众进入舞台区域。

3. 观众方阵：×人　负责人：××

任务：观众入场时引导观众对号入座和秩序维护禁止观众窜区。

4. 中线隔离及一区下入口：×××人　负责人：××

任务：防止观众翻越隔离栏，发现通道有观众滞留应马上清理。

5. 清理通道：××人　负责人：××

任务：负责对通道停留的观众进行清理（包括内场厕所外的秩序维护）。

6. 机动：×××人　负责人：××

任务：机动待命处置内场区域突发事件。

（三）看台：×××人　总责任人：×××

范围：各检票口、验票口、看区等。

1. 检票口：××人　负责人：××

任务：负责入口秩序维护，防止无票人员进入看台。

2. 验票口：××人　负责人：××

任务：负责验票口的秩序维护和协助验票。

3. ××个看台：×××人　负责人：××

任务：负责各看台的秩序维护，禁止观众窜区。特别注意×区上下看台右侧及×区上下看台左侧的警戒，防止观众翻越栏杆进入无人区；如有人员进入无人区域要进行及时的清理。

4. 残疾人通道：××人　负责人：××

任务：负责对×个残疾人旋转通道实施封闭管理，禁止任何人由此上行看台二层环道。

5. 专用疏散通道：××人　负责人：××

任务：负责所有专用疏散通道的警戒、管理，防止无关人员进入，并确保在演出结束前30分钟全面开启。

6. 看台回廊机动：××人　负责人：××

任务：分别在相应区域机动待命处置看台区域突发事件。

四、工作措施

（一）动员布置

在正式演出前提前组织各层次骨干到现场进行安保布置，指定各区域部位负责人明确任务和要求，做到三熟悉，即环境熟悉、方案熟悉、证件熟悉。

（二）即时对接

外围区域、观众区域、内场区域、机动到位后立即与相关单位对接。

（三）机动

外围机动保安人员（××人）配备头盔、T形棍及防暴盾牌。

（四）定岗定责

各区域责任人、负责人，责任到人，并按要求落实各岗位职责。

五、工作要求

（一）集合时间及集合地点（略）

（二）上岗及清场时间（略）

（三）车辆停放：参勤车辆停放于体场。

（四）着装要求（略）

（五）纪律要求（略）

六、注意事项

1. 侧重对各区域的秩序维护。

2. 加强相邻看台间的警戒，防止看台观众窜区。

3. 密切注意观众动态，防止内场后排观众在演出开始瞬间向前涌动。

4. 及时制止观众站立、起哄、阻塞通道等行为。

5. 开演前半小时，加强×、×、×、×号通道隔离栏等候入场观众秩序维护，利用手持喇叭提示观众做好入场准备。

6. 内场执勤人员要严格控制无关人员进入和围观舞台。

三、应急预案

（一）应急预案的内容

1. 指导思想和目的。坚持在公安机关领导下依法、及时和妥善处置突发事件，以保护国家、客户和人民生命、财产安全，保护公民合法权益为目的。

2. 组织指导。由本公司现场负责人任指挥员，在公安机关现场处置指挥部领导下开展处置突发事件工作。

3. 职责分工和力量部署。根据突发事件处置的需要，将所属力量分为以下几组：一是指挥参谋组，负责与公安机关的协调沟通，掌握职责区块的治安动态，并在公安机关的指挥下，调动所属力量参与突发事件的处置；二是现场处置组，负责对现行违法犯罪行为的制止和将违法犯罪嫌疑人员带离现场；三是重点目标守护组，负责保护重点目标、重要人物、要害部位等；四是外围控制组，负责警戒现场，疏散无关人员，防止人员聚集。

4. 通信联络。包括与公安机关的通信联络和与所属保卫力量的通信联络的器材和联络方法等，保证在处置突发事件中有可靠、便捷的信息传递通道，便于接受公安机关下达的处置指令，并将现场处置命令迅速传达到所有参战保卫人员，保证所有处置力量协调一致开展突发事件处置工作。

5. 纪律要求。应急预案应对参加处置人员的组织纪律和作风作出严格的规定，要求服从命令，听从指挥，严格按指令行动，严禁临阵逃脱、擅离职守、违法违纪的现象发生，做到文明执勤、依法执勤。

（二）应急预案编制

1. 收集、研判影响活动安全的因素。应急预案的编制应收集研判以下因素：一是当前社会治安因素，主要考虑治安形势和恐怖袭击活动及刑事犯罪等方面的社会治安动态，危及社会治安秩序和人民生命、财产安全的不安定因素，可能出现的治安灾害事故和自然灾害等因素；二是人员因素，主要指参加处置突发事件的人数和人员类别，如处置力量的业务能力、数量、装备等情况；三是环境因素，主要考虑地形、气候、交通、建筑、通信、网络等方面的情况。

2. 预测可能发生的突发事件与治安问题。应急预案的制订者应有丰富的实践经验，能根据收集的影响活动安全的因素，分析人群聚集场所和活动存在的事故风险，预测可能发生的治安问题和突发性事件。

3. 确定针对性处置措施。针对可能发生的治安问题和突发性事件，提出有针对性的处置措施，包括暂时禁止人员进入、加快人员入场速度、通过广播疏散诱导人流、劝阻场内人员快速离开、人员穿插隔离、人员包围、临时设置隔离区和开辟车辆进入临时通道等措施，避免挤压、踩踏事故及其他治安问题的发生。

4. 形成方案，报请审核。将上述分析过程按一定的格式记录下来，就形成了应急预案的初稿。编制出的初步方案还应征求其他相关部门的意见，最后经领导审查批准后方可执行。

【实例2】

××活动安全保卫工作应急处置预案

某活动保卫将于×年×月×日晚7：45到8：25在×地进行，根据与××公司签订的保安服务合同，本公司将派出××名保安员承担安全保卫工作。为依法、及时和妥善处置突发事件，保护国家、客户和人民生命、财产安全，保护公民合法权益，特制订本预案。

一、组织领导

本公司成立以××（电话：××××）为总指挥，××（电话：××××）、××（电话：××××）为副总指挥的应急处置指挥部。

应急处置指挥部的成员包括：××（电话：××××）、××（电话：××××）、××（电话：××××）、××（电话：××××）。指挥部人员分工如下（略）。

二、任务分工

本次安全保卫工作应急处置分×个工作小组，各小组的工作任务如下：

指挥参谋组：组长××（电话：××××），成员××分公司共××人，主要任务是……

现场处置组：组长××（电话：××××），成员××分公司共××人，主要任务是……

重点目标守护组：组长××（电话：××××），成员××分公司共××人，主要任务是……

外围控制组：组长××（电话：××××），成员××分公司共××人，主要任务是……

三、处置程序

1. 发现发生突发事件苗头时，保卫人员应立即向组长、副组长汇报事件动态，并采取有效措施，防止事态加剧、扩大。

2. 各组长、副组长接到报告后，应及时评估事态的影响范围，迅速向指挥部报告，并调集所属人员按本预案开展处置工作。

3. 指挥部接报告后，迅速将事态和已经采取的应急措施报告公安指挥部（联系人××，电话××），并根据公安指挥部的指令开展应急处置工作。

四、常见治安问题的应急处置措施

（一）火灾（爆炸）事故的处置

1. 发生火灾事故后，应迅速使用灭火器进行扑救。

2. 引导和帮助观众有序疏散，防止发生拥挤，造成伤亡事故。

3. 如有人员受伤，应及时报告上级，迅速联系车辆将伤员送医院救治。

4. 疏导交通，确保消防车、救护车等应急车辆进入现场。

（二）踩踏（人员拥挤）事故的处置

1. 迅速开启出入口，引导现场观众向人员较少的方向疏散。

2. 及时阻止人群向发生拥挤的事故中心现场运动。

3. 对发生的踩踏事故施救时，必须采取层层剥离的方法，按照“先重后轻”的原则及时抢救受伤人员；其他区域的执勤人员应及时疏导群众就近躲蔽或有秩序的疏散，防止因混乱而造成伤亡事故。

4. 如有人员受伤，应及时报告上级，迅速联系车辆将伤员送医院救治。

5. 疏导交通，确保救护车等应急车辆进入现场。

（三）落水事故的处置

1. 利用救生圈、救生绳等器材，迅速组织对落水人员的抢救。

2. 协助专业救生员抢救落水人员，没有经过专业培训的民警不能轻易下水施救。

3. 疏导交通，确保救护车等应急车辆进入现场。

（四）对于其他治安问题的处置

1. 对群众报告的盗窃、打架斗殴、侮辱妇女、物品车辆丢失被盗等问题，要迅速上报指挥部，由指挥部联系地方公安机关处理。对需要收集证据的，及时收集固定证据。

2. 对现场抓获和群众扭送的违法犯罪人员，应迅速上报指挥部，由指挥部联系地方公安机关处理。对违法犯罪人员，应落实看管力量，防止发生逃跑或者其他意外事故。

3. 对于一般纠纷，可先期进行教育和现场调解处理，并劝离现场。如短时间内无法解决的，上报指挥部，由指挥部联系地方公安机关处理。

4. 对于不熟悉环境出现的走失、迷路的情况，要问明情况，告知其所在位置，并详细说明其应走路线和如何乘坐交通工具，对于儿童走失，应耐心询问本人情况和监护人情况、联系方式、家庭住址等有利于帮助其找到监护人的各种信息，也可协调场地部门开通现场广播帮助寻找走失儿童的父母或其他监护人。

五、纪律要求

1. 各类突发事件的处置应在地方公安机关的领导下统一处置，公司的处置工作要在地方公安机关的统一领导下开展。

2. 保安员应有高度的责任心，采取有效措施，积极组织抢险救援，确保事态不加剧、不扩大，将事故的损失降到最低程度。

3. 保安员应树立证据意识、安全意识，在抢险救援过程中，注意对事故现场的保护，做到处置与取证兼顾。

第二节　人群控制的实施

一、人群控制安保方案和应急处置预案的熟悉与演练

人群控制安保方案下发后，保安员应当熟悉方案的内容、要求、执行流程，以便人群控制安保方案能够得到正确、全面的实施，特别重大活动的安保方案应当提前组织演练。演练包括准备阶段、实施阶段和结束后的一系列工作，演练准备阶段包括三个方面：一是

人员准备，包括公安机关的处突人员、医疗抢险救护人员、消防队员等；二是物资准备，包括所需要的设施、装备的布置安排等；三是演练方案的准备，包括组织领导、各种模拟场景的设置等。各参与演练的部门和人员，要按演练方案的要求，到达指定地点参与演练活动。演练结束后，要对应急处置中暴露的问题进行分析，并修正、完善和优化应急处置预案。

二、巡视检查

在人群控制工作实施前，现场保安管理人员应对现场进行巡视检查，重点是要检查各项安全保卫工作措施的落实情况和保卫力量的到岗情况。特别是对通道是否畅通、物品摆放有无异常、有没有无主物品（包裹、纸袋等）等情况，对护栏、安检设施等临时硬件设施及引导指示标志等是否到位、对保卫力量有没有按时上岗等情况进行检查。

三、加强联络与协作

（一）与公安机关的联络与协作

现场保安管理人员应与现场执勤的公安人员，特别是承担应急处置的公安应急指挥部、代表公安机关在现场监督检查的治安民警和现场维护交通秩序的交通民警等保持联络，了解公安机关相关警种的工作要求，并按公安机关的要求做好相关的配合工作，实现公安机关的管理与保安人员工作的有效配合。当现场发生违法犯罪行为或者出现突发事件的苗头时，通过与公安机关的联络与协作，及时沟通信息，依靠公安机关来实现对违法犯罪行为的控制和对突发事件的应急处置。

（二）与承办方的联络与协作

现场保安管理人员应与活动承办方加强联络，掌握活动的最新动态，并根据现场活动的变化，及时对人群控制方案进行微调。当现场人群控制工作出现拥挤、秩序混乱等问题时，应向活动承办方提出调整现场活动方案的要求，以确保人群的安全；当出现突发因素，导致人群安全没有保障的情况时，应及时与承办方联系，要求中止活动或者取消局部活动项目。

四、检查重点部位

1. 重要人员所在区域的安全检查。对党政领导人、国外境外贵宾、各界嘉宾所在区域的警戒工作进行检查，要求安排专门人员进行控制，防止跨越警戒线作出危及贵宾人身安全的危险行为。

2. 重要部位的安全检查。对动力部位、配电房等重要部位进行检查，要求安排专门力量值守，防止违法犯罪人员搞破坏，致使活动因动力、电力停止而受到影响，导致人群聚集场所秩序混乱，造成人员伤亡。

3. 重点部位的安全检查。对演员休息室、运动员休息室及后台等重点部位的检查，要求安排专门力量值守，防止观众进入休息室、后台等重点部位要求拍照、索要签名而引起秩序混乱和人员拥挤。

五、适时调整保安人员配置

现场保安管理人员要以人群控制安保方案为基础，根据不同阶段现场人群控制工作的重点，对现场执勤保安人员的配置作出适当的调整。

1. 活动初期的人员调配。在活动初期，要以人员入场秩序管理为重点，将主要保安力量配置在出入口，协助工作人员检票入场，劝离在进出口滞留的人员，处置因进场检票引起的纠纷，加快进场的速度。

2. 活动中期的人员调配。在活动中期，要以维护场内秩序为重点，将出入口的保安力量适当转移到场内，协助管理看台秩序，制止观众的不文明行为，协助公安机关处置违法犯罪和其他突发情况。

3. 活动后期的人员调配。在活动后期，要以人群疏散为重点，将场内保安员适当转移到疏散出口和通道，协助其他保安人员做好人群疏散工作。

第三节　常见治安问题的处置

一、常见违法行为的判定

除打架斗殴、扒窃等常见的违法犯罪行为外，《治安管理处罚法》对人群聚集场所易出现的违法犯罪行为有一些特别的规定，主要涉及两个方面：

（一）扰乱文化、体育等大型群众性活动秩序行为

据《治安管理处罚法》第二十四条规定，有下列行为之一，扰乱文化、体育等大型群众性活动秩序的，处警告或者二百元以下罚款；情节严重的，处五日以上十日以下拘留，可以并处五百元以下罚款：

1. 强行进入场内的；
2. 违反规定，在场内燃放烟花爆竹或者其他物品的；
3. 展示侮辱性标语、条幅等物品的；
4. 围攻裁判员、运动员或者其他工作人员的；
5. 向场内投掷杂物，不听制止的；
6. 扰乱大型群众性活动秩序的其他行为。

（二）伪造、变造、倒卖入场票券行为

据《治安管理处罚法》第五十二条第三款规定，对伪造、变造、倒卖车票、船票、航空客票、文艺演出票、体育比赛入场券或者其他有价票证、凭证的，处十日以上十五日以下拘留，可以并处一千元以下罚款；情节较轻的，处五日以上十日以下拘留，可以并处五百元以下罚款。

二、常见治安问题的处置方法

（一）扰乱大型群众性活动秩序行为的处置

保安员发现或接到报告称有向场内投掷物品、展示侮辱性标语、起哄叫骂等哄闹滋事的行为后，应以违反活动现场规则为由，立即上前教育、引导、告诫。

1. 对行为人服从管理的，可在进行批评教育后，纳入重点关注对象，暂不带离现场。

2. 对警告无效不服从管理、继续扰乱秩序的，或者一个看台内出现多名观众有违规行为时，应立即报告上级和公安机关，由公安民警及时出面劝告和制止，防止其他观众效

仿，引发其他问题。

3. 对于多次劝阻无效的，要配合公安民警及时控制，将违法人员带离现场至治安处置点审查处理。

在整个处置过程中，要明确保安人员身份，用语礼貌，慎用肢体动作。在不影响活动现场秩序的情况下，注意及时、全面收集证据。

（二）倒卖入场票券行为的处置

1. 在售票处或者临时售票处应设置便衣保安员，秘密观察在现场倒卖入场票券的人员。当发现违法人员向群众兜售入场票券时，应出示证件并立即上前抓获违法犯罪嫌疑人获取其持有的入场票券，并请求购买其入场票券的人员配合，将倒卖入场票券人员扭送公安机关现场处置点处理。

2. 当遇到现场倒卖入场票券人员反抗、逃跑时，应注意文明执勤，不能采取殴打、责骂等方式，行使正当防卫权以制服违法人员时应注意限度。

（三）拥挤事故的处置

1. 当发生拥挤事故时，应立即封闭现场，对入场口应暂停入场，禁止人员进入，并迅速开启出入口，做到只出不进，及时阻止人群向发生拥挤的事故中心现场运动，避免拥挤情况进一步恶化。

2. 对现场以外的其他区域人员，应要求其立即在原地待命或引导现场群众向人员较少方向有序疏散，停止盲目运动，防止因混乱而发生二次伤亡事故。

3. 对造成人员伤亡的，应及时报告上级并联系车辆，按照“先重后轻”的原则及时抢救受伤人员，疏导交通，确保救护车等应急车辆进入现场。

（四）看台坍塌等治安灾害事故的处置

1. 保安员发现看台坍塌等治安灾害事故时，应迅速报告上级和公安机关带班民警，讲清事件发生区域人员伤亡等基本情况，请求支援。

2. 汇报完毕后立即组织疏散群众，维持现场秩序，避免因为观众的自身混乱导致更大伤亡事件。

3. 对造成人员伤亡的治安灾害事故，应按照“先重后轻”的原则及时抢救受伤人员，并疏导交通，确保救护车等应急车辆进入现场。

第二单元　操作技能

操作项目一　人群控制方案认知

【操作目标】

能正确理解人群控制方案的作用和主要内容，能按人群控制方案的要求，找出各工作岗位的位置、各组人员组成、工作任务、工作措施和注意事项。巩固大型群众性活动安全管理知识，培养学生读懂大型群众性活动安保方案的能力，初步掌握对现场违法行为的处置方法和程序，增强学生的现场处置能力。

【操作要求】

服从老师安排，遵守操作秩序，保持安静。

【操作准备】

准备各类人群控制方案，应有至少三个不同的人群控制方案，包括文艺演出活动、体育比赛、庆典活动等。

【操作步骤】

1. 教师讲解人群控制方案的作用和主要内容，讲解各岗位的任务、工作措施和注意事项；讲解如何解读人群控制方案中的现场示意图和现场保卫力量配备表。

2. 按下发的人群控制安保方案，由受训人员讨论，按方案的安排，找出各工作岗位的位置、各组人员组成、工作任务、工作措施和注意事项。

3. 按人群控制安保方案的设定，由老师指定某一工作岗位，由受训人员陈述该工作岗位的位置、各组人员组成、工作任务、工作措施和注意事项。

【操作考核】

对指定的工作岗位的位置、各组人员组成、工作任务、工作措施和注意事项理解正确，陈述清楚，得满分；如有遗漏，适当扣分。

否定项说明：不能正确使用人群控制方案找到指定内容的，以零分计。

操作项目二　常见治安问题的处置

【操作目标】

能正确理解各类常见治安问题发生的原因，能结合具体的场景提出正确的处置措施。

【操作要求】

遵守实训秩序，保持安静。

【操作准备】

设定人群控制中的相关场景，分别为群众起哄滋事、因拥挤引起人员受伤和看台坍塌引起人员受伤等。

【操作步骤】

1. 教师讲解在人群控制中容易出现的各种治安问题及其引起的原因，并提出处置要点和处置程序。

2. 按设定场景，由受训人员集体讨论，分析该场景下治安问题发生的原因，提出处置的要点和处置程序。

3. 按设定的场景，由受训人员个人陈述该场景下治安问题发生的原因、处置的要点和处置程序。

【操作考核】

对人群控制中出现的问题分析得当，提出的处置措施得当，陈述条理性强，得满分；对问题分析不够准确，提出的处置措施不够全面，陈述流利程度较差的，酌情扣分。

否定项说明：提出的措施没有针对性，不能解决该治安问题的，以零分计。

思考题：

1. 人群控制方案和应急预案的主要内容包括哪些？
2. 应如何制订人群控制方案？
3. 现场保安管理人员应如何做好人群控制服务工作？
4. 人群控制服务中保安员如何做好常见治安问题的处置？

第十四章　安全技术防范

【本章知识要点】

了解安全技术防范的发展概况、安全技术防范子系统主要设备的安装方法及规范要求；熟悉安全技术防范系统设备常见故障处置基本方法和要求；掌握安全技术防范系统主要设备更换的基本方法和规范；熟知安全技术防范系统管理日志、用户数据、视音频和报警数据维护基本方法和要求。

【本章技能要求】

会安装安全技术防范系统主要设备；能对安全技术防范系统设备常见故障进行处置；会重启、重装安全技术防范系统软件；能更换安全技术防范系统主要设备；会维护系统管理日志、用户数据、视音频和报警数据。

第一单元　理论知识

第一节　安全技术防范的发展概况

我国的安全技术防范工作，起始于20世纪70年代后期，在80年代初成立全国社会公共安全行业管理委员会之后，我国安全防范行业得到了蓬勃的发展。80年代中期，公安部科技司成立了安全技术防范处，之后，正式成立了公安部安全技术防范工作领导小组，下设公安部技术防范管理办公室（设在科技局），统一领导全国的技防工作。1987年，国家技术监督局和公安部技术监督委员会联合组建了全国安全防范报警系统标准化技术委员会（TC100），主持制定安全防范报警领域的国家标准和行业标准。同年和次年，公安部又先后组建了北京、上海两个检测中心，负责对全国范围的（进口、国产）安全技术防范产品进行质量检测，对安防系统工程质量进行检验。1992年，经国家民政部批准，成立了中国安全防范产品行业协会，协助政府主管部门对安防行业进行管理。

安防行业走过30多年的历程，经历了从传统的模拟时代到数字安防的升级阶段，已发展为一个独立的社会经济产业，安防技术不断渗透到各个行业，在不同行业形成了特色应用。为了解决传统模拟系统设备繁多复杂，布线、安装工作量大，调试、维护、扩充难度较大以及图像的远程传输与门禁、报警等系统的联动、联合作业等需求，视频监控系统在经历了开始的以矩阵控制为核心的模拟控制系统，到后来的以硬盘录像机为核心的半数字系统，以及现在的以网络摄像机、视频服务器为核心的全数字网络传输系统，其技术可以说是进行了一次又一次革命性的飞跃，也引领了安防市场的发展方向。安防行业近年来的发展表明，现代安全防范技术发展的总体趋势是数字化、网络化、集成化、智能化。

截至2013年年底，我国安防企业已达3万家左右，当年新增企业在5%左右；全行业从业人员约为150万人；安防行业总产值达到3650亿元，其中，安防产品产值约为1650亿元，安防工程和服务业约为2000亿元。①

近年来，“大数据”、“云计算”、“物联网”这几个词已经成为各界最具热度的关键词条。特别是最近两年，伴随着大数据技术、物联网技术等新兴技术的快速发展，在国家、政府的大力推行下“智慧城市”、“平安城市”也由概念化的规划蓝图演变成一个个建设完成或在建的具体项目，安防行业的发展已经呈现出了一个崭新的格局。

安防行业是一个涵盖计算机、网络、通信、视频图像、门禁报警等综合学科的高科技领域，海量的数据信息，特别是监控图像信息的管理和应用是安防行业重要的特点。要做到将这些数据快速、便利地进行存储、调用、检索等应用管理，以往那些常规的设备和技术根本无法解决，只能借助云计算和大数据技术来实现对这些数据的管理。而智能视频分析与识别技术指的是利用计算机对监控摄像机传回的视频图像按照特定的计算方法进行分析计算，提取视频图像中的有用信息，并把这些有用的信息做特殊的应用处理。智能视频分析的要点就是要解决怎么把人员从枯燥的观看监控图像中解放出来，依靠数据分析技术从海量的图像中自动识别出需要的信息，从而进行目标识别和行为分析。建立在云计算平台上的大数据技术是智能视频分析得以广泛应用的基础，它可以完成海量视频数据的图像模糊查询、快速检索、精准定位，让图像检索和回放变得简单便捷。

随着相关技术的不断发展，将来智能视频分析技术能更快更广泛地应用于金融、交通等各个领域中，普及到人们的日常生活当中，真正发挥安全防范的预见作用，将危险因素扼杀在摇篮里，给人们的工作和生活带来安全保障。

第二节　常用安防设备安装

一、对安全防范系统通用图形符号的认识

根据《GAT74—2000安全防范系统通用图形符号》的相关规定，安全技术防范系统常用图形符号如表14－1所示。

表14－1　安全防范系统通用图形符号

序号	图形符号	名称	说明
1	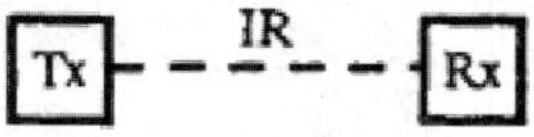	主动红外探测器	发射、接收分别为 T_X、R_X

① 中国安全防范产品行业协会编：《中国安全防范行业年鉴》（2013版），中国人民公安出版社，2014年版，第4页。

续表

序号	图形符号	名称	说明
2	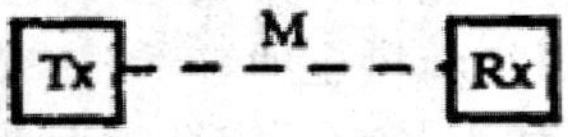	遮挡式微波探测器	
3	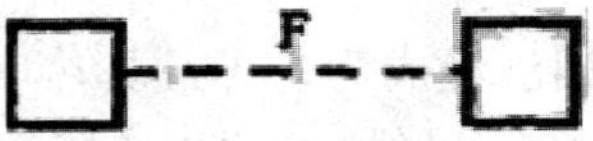	光缆探测器	
4	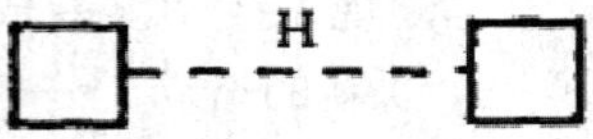	高压脉冲探测器	
5	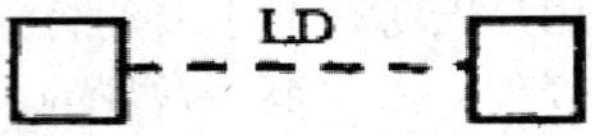	激光探测器	
6	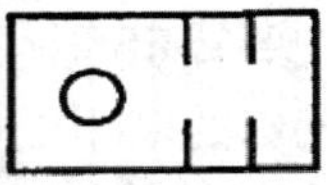	楼宇对讲系统主机	
7	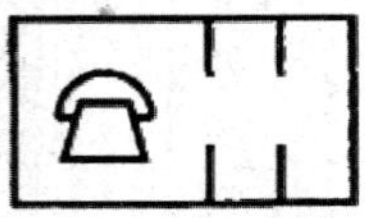	对讲电话分机	
8	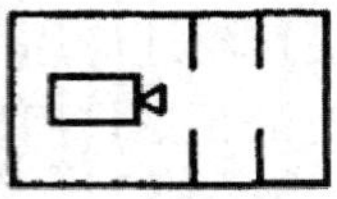	可视对讲摄像机	
9	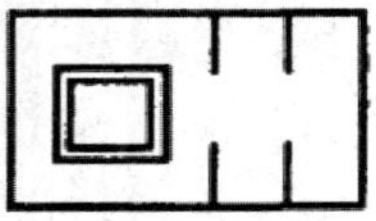	可视对讲机	
10		电控锁	
11	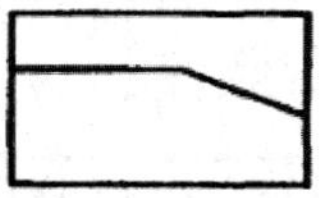	读卡器	
12	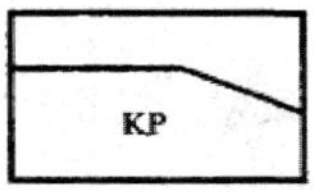	键盘读卡器	
13		指纹识别器	

续表

序号	图形符号	名称	说明
14		掌纹识别器	
15	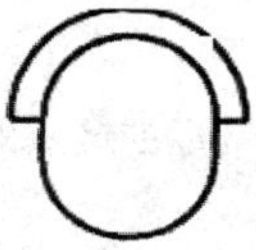	人像识别器	
16	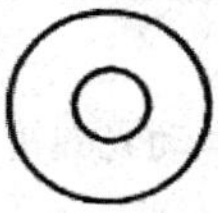	紧急按钮开关	
17		门磁开关	
18	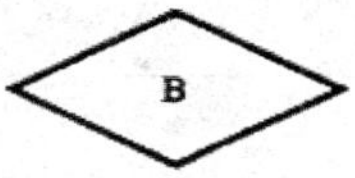	玻璃破碎探测器	
19		振动探测器	
20	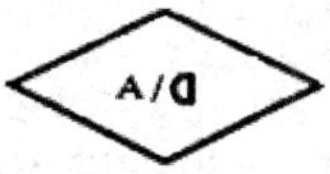	振动声波复合探测器	
21	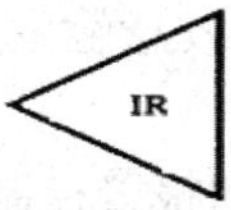	被动红外入侵探测器	
22	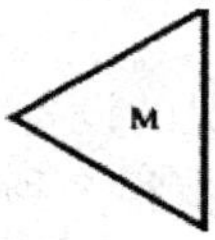	微波入侵探测器	
23	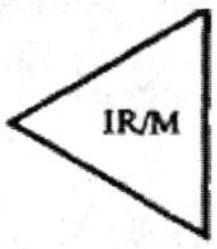	被动红外/微波双技术探测器	
24	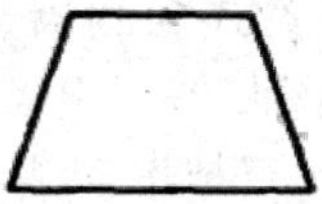	声光报警器	

续表

序号	图形符号	名称	说明
25	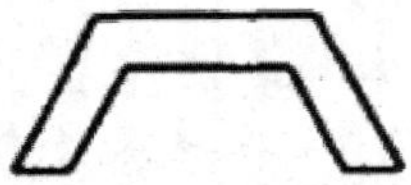	安防系统控制台	
26		黑白摄像机	带标准镜头的黑白摄像机
27	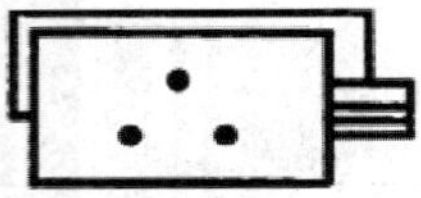	彩色摄像机	带自动光圈镜头的彩色摄像机
28	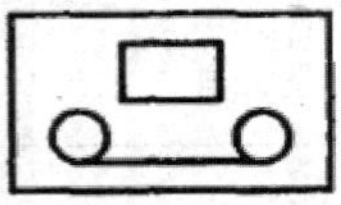	录像机	
29	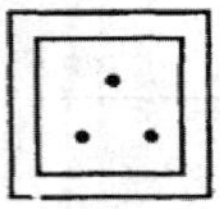	彩色监视器	

二、入侵报警系统的设备安装

入侵报警系统是指利用传感器技术和电子信息技术探测并指示非法进入或试图进入设防区域（包括主观判断面临被劫持、遭抢劫或其他危险情况时，故意触发紧急报警装置）的行为，处理报警信息并发出报警信号的电子系统或网络。

入侵报警系统通常由入侵探测器（简称探测器）、传输部分和报警控制器等组成。

（一）前端探测器的安装方法及规范要求

前端探测器是指在需要防范的场所安装的能探测出非正常情况的设备。

1. 前端探测器的分类。入侵探测器的种类繁多，分类方式也有很多种。

（1）按用途或使用的场所不同来分。可分为户内型入侵探测器（如双技术探测器）、户外型入侵探测器（如墙式微波探测器）、周界入侵探测器（如主动红外探测器）、重点物体防盗探测器（如微动开关探测器）等。

（2）按探测器的探测原理不同或应用的传感器不同来分，可分为雷达式微波探测器、微波墙式探测器、主动式红外探测器、被动式红外探测器、开关式探测器、超声波探测器、声控探测器、振动探测器、玻璃破碎探测器、电场感应式探测器、电容变化探测器、视频探测器、微波—被动红外双技术探测器、超声波—被动红外双技术探测器等。

（3）按探测器的警戒范围来分，可分为点控制型探测器、线控制型探测器、面控制型探测器及空间控制型探测器。

（4）按探测器的工作方式来分，可分为主动式探测器与被动式探测器。

2. 前端探测器的安装。前端探测器的安装方法有很多，主要取决于探测器的防范要求及安装的现场环境。常见的有：壁挂式、吸顶式、柱装式、表面安装式、暗埋式等。安装过程应根据设计文件及探测器的产品说明书要求牢固安装在指定位置。

3. 前端探测器的规范要求。根据《GB50348－2004 安全防范工程技术规范》、《GB 50394－2007 入侵报警系统工程设计规范》的要求，前端探测器的选型设置应符合以下要求：

（1）周界用入侵探测器的选型应符合下列规定：

①规则的外周界可选用主动式红外入侵探测器、遮挡式微波入侵探测器、振动入侵探测器、激光式探测器、光纤式周界探测器、振动电缆探测器、泄漏电缆探测器、电场感应式探测器、高压电子脉冲式探测器等。

②不规则的外周界可选用振动入侵探测器、室外用被动红外探测器、室外用双技术探测器、光纤式周界探测器、振动电缆探测器、泄漏电缆探测器、电场感应式探测器、高压电子脉冲式探测器等。

③无围墙/栏的外周界可选用主动式红外入侵探测器、遮挡式微波入侵探测器、激光式探测器、泄漏电缆探测器、电场感应式探测器、高压电子脉冲式探测器等。

④内周界可选用室内用超声波多普勒探测器、被动红外探测器、振动入侵探测器、室内用被动式玻璃破碎探测器、声控振动双技术玻璃破碎探测器等。

（2）出入口部位用入侵探测器的选型应符合下列规定：

①外周界出入口可选用主动式红外入侵探测器、遮挡式微波入侵探测器、激光式探测器、泄漏电缆探测器等。

②建筑物内对人员、车辆等有通行时间界定的正常出入口（如大厅、车库出入口等）可选用室内用多普勒微波探测器、室内用被动红外探测器、微波和被动红外复合入侵探测器、磁开关入侵探测器等。

③建筑物内非正常出入口（如窗户、天窗等）可选用室内用多普勒微波探测器、室内用被动红外探测器、室内用超声波多普勒探测器、微波和被动红外复合入侵探测器、磁开关入侵探测器、室内用被动式玻璃破碎探测器、振动入侵探测器等。

（3）室内用入侵探测器的选型应符合下列规定：

①室内通道可选用室内用多普勒微波探测器、室内用被动红外探测器、室内用超声波多普勒探测器、微波和被动红外复合入侵探测器等。

②室内公共区域可选用室内用多普勒微波探测器、室内用被动红外探测器、室内用超声波多普勒探测器、微波和被动红外复合入侵探测器、室内用被动式玻璃破碎探测器、振动入侵探测器、紧急报警装置等。宜设置两种以上不同探测原理的探测器。

③室内重要部位可选用室内用多普勒微波探测器、室内用被动红外探测器、室内用超声波多普勒探测器、微波和被动红外复合入侵探测器、磁开关入侵探测器、室内用被动式玻璃破碎探测器、振动入侵探测器、紧急报警装置等。宜设置两种以上不同探测原理的探测器。

（4）探测器的设置应符合下列规定：

①每个/对探测器应设为一个独立防区。

②周界的每一个独立防区长度不宜大于200米。

③需设置紧急报警装置的部位宜不少于2 个独立防区，每一个独立防区的紧急报警装置数量不应大于4 个，且不同单元空间不得作为一个独立防区。

④防护对象应在入侵探测器的有效探测范围内，入侵探测器覆盖范围内应无盲区，覆盖范围边缘与防护对象间的距离宜大于5 米。

⑤当多个探测器的探测范围有交叉覆盖时，应避免相互干扰。

（二）报警控制设备的安装方法及规范要求

报警控制设备是在入侵报警系统中，实施设防、撤防、测试、判断、传送报警信息，并对探测器的信号进行处理以断定是否应该产生报警状态以及完成某些显示、控制、记录和通信功能的装置。

1. 报警控制设备的安装

（1）报警控制设备安装位置、高度应符合设计要求，在无设计要求时，宜安装于较隐蔽或安全的地方。

（2）暗装报警控制设备时，箱体框架应紧贴建筑物表面。严禁采用电焊或气焊将箱体与预埋管焊在一起。

（3）明装报警控制设备时，应找准标高，进行钻孔，埋入金属膨胀螺栓进行固定。箱体背板与墙面平齐。

（4）报警控制设备的交流电源应单独敷设，严禁与信号线或低压直流电源线穿在同一管内。

2. 报警控制设备的规范要求

（1）控制设备的选型应符合下列规定：

①应根据系统规模、系统功能、信号传输方式及安全管理要求等选择报警控制设备的类型。

②宜具有可编程和联网功能。

③接入公共网络的报警控制设备应满足相应网络的入网接口要求。

④应具有与其他系统联动或集成的输入、输出接口。

（2）控制设备的设置应符合下列规定：

①现场报警控制设备和传输设备应采取防拆、防破坏措施，并应设置在安全可靠的场所。

②不需要人员操作的现场报警控制设备和传输设备宜采取电子/实体防护措施。

③壁挂式报警控制设备在墙上的安装位置，其底边距地面的高度不应小于1.5 米，如靠门安装时，宜安装在门轴的另一侧；如靠近门轴安装时，靠近其门轴的侧面距离不应小于0.5 米。

④台式报警控制设备的操作、显示面板和管理计算机的显示器屏幕应避开阳光直射。

三、视频安防监控系统的设备安装

视频安防监控系统是指利用视频探测技术，监视设防区域并实时显示、记录现场图像的电子系统或网络。

视频安防监控系统通常由前端设备、传输设备、处理/控制设备和显示/记录设备四部分组成。

（一）前端设备的安装方法与规范要求

前端设备包括摄像机、镜头、云台、防护罩和支架等。

1. 前端摄像机的分类

（1）按图像种类分类。按图像种类可分为黑白摄像机、彩色摄像机、彩色/黑白转换（日夜型）摄像机等。

（2）按适用照度分类。按照度大小可分为普通摄像机、低照度摄像机、微光摄像机、红外摄像机等。

（3）按结构组成分类。按结构不同可分为固定式摄像机、可旋转式摄像机、半球形摄像机、球形摄像机等。

2. 镜头的分类

（1）按镜头的安装方式分类。CCD 摄像机的镜头安装接口有两种标准，即 C 型接口和 CS 型接口。

（2）按光圈的调整方式分类。镜头的光圈有手动和自动光圈之分。

（3）按镜头视场大小分类。按镜头视场大小可分为标准镜头、广角镜头、远摄镜头等。

（4）按镜头焦距长短分类。按镜头焦距长短可分为短焦距镜头、中焦距镜头、长焦距镜头、变焦镜头等。

3. 摄像机的安装。摄像机按照其结构不同，可分为枪式、半球形、球形摄像机，它们的安装方法也各不相同。如固定安装，一般多选用普通枪式摄像机或半球形摄像机；如采用云台安装方式，现多选用一体化球形摄像机。

枪式摄像机的安装既可采用壁装也可采用吊装方式，室内室外都可应用，比较灵活。

半球形摄像机一般只能吸顶安装，所以多用于室内且安装高度有一定限制。但和枪式摄像机比，不需另配镜头、防护罩、支架，安装方便，美观隐蔽。

球形一体化摄像机的安装方式有：壁挂安装、抱柱安装、悬吊安装等。

4. 摄像机的规范要求。根据《GB－50348 安全防范工程技术规范》及《GB－50395 视频安防监控系统设计规范》的要求，摄像机的选型与设置应符合以下规定：

（1）为确保系统总体功能和总体技术指标，摄像机选型要充分满足监视目标的环境照度、安装条件、传输、控制和安全管理需求等因素的要求。

（2）监视目标的最低环境照度不应低于摄像机靶面最低照度的 50 倍。

（3）监视目标的环境照度不高，而要求图像清晰度较高时，宜选用黑白摄像机；监视目标的环境照度不高，且须安装彩色摄像机时，须设置附加照明装置。附加照明装置的光源光线宜避免直射摄像机镜头，以免产生晕光，并力求环境照度分布均匀，附加照明装置可由监控中心控制。

（4）在监视目标的环境中可见光照明不足或摄像机隐蔽安装监视时，宜选用红外灯作光源。

（5）应根据现场环境照度变化情况，选择适合的宽动态范围的摄像机；监视目标的照度变化范围大或必须逆光摄像时，宜选用具有自动电子快门的摄像机。

（6）摄像机镜头安装宜顺光源方向对准监视目标，并宜避免逆光安装；当必须逆光安装时，宜降低监视区域的光照对比度或选用具有帘栅作用等具有逆光补偿的摄像机。

(7) 摄像机的工作温度、湿度应适应现场气候条件的变化，必要时可采用适应环境条件的防护罩。

(8) 摄像机应有稳定牢固的支架：摄像机应设置在监视目标区域附近不易受外界损伤的位置，设置位置不应影响现场设备运行和人员正常活动，同时保证摄像机的视野范围满足监视的要求。设置的高度，室内距地面不宜低于 2.5 米，室外距地面不宜低于 3.5 米。室外如采用立杆安装，立杆的强度和稳定度应满足摄像机的使用要求。

(9) 电梯轿厢内的摄像机应设置在电梯轿厢门侧顶部左或右上角，并能有效监视乘员的体貌特征。

(二) 数字硬盘录像机的安装方法及规范要求

数字硬盘录像机集成了多画面分割显示、视频移动检测、图像压缩编码/解码、数字录像/回放、影像资料管理、资料备份/还原、视音频服务等多种功能，是监控系统中功能高度集成的数字化监控设备之一。

1. 硬盘录像机的各功能接口。硬盘录像机后面板为各种输入、输出接口。其后面板示意图如图 14－1 所示。

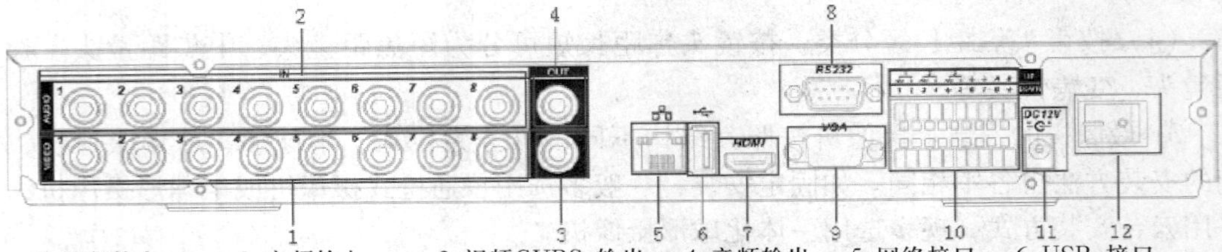

1.视频输入　2.音频输入　3.视频CVBS 输出　4.音频输出　5.网络接口　6.USB 接口
7.HDMI 接口　8.RS-232 接口　9.视频VGA 输出　10.报警输入、报警输出、RS-485 接口
11. 电源输入孔　12.电源开关

图 14－1　硬盘录像机后面板接口示意图

2. 视频输入、输出的连接

(1) 视频输入的连接。硬盘录像机的视频输入口为 BNC 头。采用高质量、屏蔽好的视频同轴线，并依据传输距离的远近选择合适的型号。如果距离过远，应依据具体情况，采用双绞线传输、添加视频补偿设备、光纤传输等方式以保证信号质量。视频信号线应避开有强电磁干扰的其他设备和线路，特别应避免高压电流的串入。保证接线头的接触良好，信号线和屏蔽线都应牢固、良好地连接，避免虚焊、搭焊，避免氧化。

(2) 视频输出的连接。视频输出分为 BNC 输出和 VGA 输出，其中，BNC 主输出请勿与 VGA 输出同时使用，辅助输出可与 VGA 输出同时使用。

3. 硬盘录像机与解码器的连接。硬盘录像机与解码器之间一般采用 485 总线连接。必须做好解码器与硬盘录像机的共地，否则可能存在的共模电压将导致无法控制云台。建议使用屏蔽双绞线，其屏蔽层用于共地连接。需在远端并入 120 欧姆电阻减小反射，保证信号质量。硬盘录像机的 485 的 AB 线不能与其他 485 输出设备并接。

四、出入口控制系统的设备安装

出入口控制系统是指利用自定义符识别或/和模式识别技术对出入目标进行识别，并控制出入口执行机构启闭的电子系统或网络。

（一）出入口控制系统识读设备的安装方法及规范要求

出入口控制系统的识别方式主要有编码识别和生物特征，其中编码识别又包括密码识别方式以及各种卡片识别方式。对应的识读设备分别为密码输入键盘、读卡器、生物特征识别装置。

1. 识读设备的安装。识读设备安装应牢固，与安装面贴紧并保持平直。在墙面安装时底边距地面高度宜为1.4米。

2. 出入口控制系统识读设备的规范要求。根据《GB－50348 安全防范工程技术规范》及《GB－50396 出入口控制系统设计规范》的要求，识读设备应符合以下规定：

（1）识读部分应能通过识读现场装置获取操作及钥匙信息并对目标进行识别，应能将信息传递给管理与控制部分处理，宜能接受管理与控制部分的指令。

（2）“误识率”、“识读响应时间”等指标，应满足管理要求。

（3）对识读装置的各种操作和接受管理/控制部分的指令等，识读装置应有相应的声和/或光提示。

（4）识读装置应操作简便，识读信息可靠。

（二）出入口控制系统控制设备的安装方法及规范要求

出入口控制系统的控制设备是指接收前端识读设备读取的信息，对信息进行判别、处理，并驱动执行机构动作，从而对识别目标在出入口的出入行为进行放行、拒绝、记录、报警等操作的设备。

1. 出入口控制设备的安装。控制设备必须安装在与出入口控制系统的同级别或更高级别的受控区域内，并防止人为破坏。出口控制设备墙面安装时，机箱底边距地面高度宜为1.4米。控制设备应配置锁具，安装完成后应锁好。出口控制设备在室外安装时，应在控制设备机箱外加装防水保护箱。

2. 出入口控制设备的规范要求。根据《GB－50348 安全防范工程技术规范》及《GB－50396 出入口控制系统设计规范》的要求，出口控制设备应符合以下规定：

（1）系统应具有对钥匙的授权功能，使不同级别的目标对各个出入口有不同的出人权限。

（2）应能对系统操作（管理）员的授权、登录、交接进行管理，并设定操作权限，使不同级别的操作（管理）员对系统有不同的操作能力。

（3）事件记录：

①系统能将出入事件、操作事件、报警事件等记录存储于系统的相关载体中，并能形成报表以备查看。

②事件记录应包括时间、目标、位置、行为。其中时间信息应包含：年、月、日、时、分、秒，年应采用千年记法。

③现场控制设备中的每个出入口记录总数：A级不小于32条，B、C级不小于1000条。

④中央管理主机的事件存储载体，应至少能存储不少于180D的事件记录，存储的记录应保持最新的记录值。

⑤经授权的操作（管理）员可对授权范围内的事件记录、存储于系统相关事件信息的载体中，进行检索、显示和/或打印，并可生成报表。

（4）与视频安防监控系统联动的出入口控制系统，应在事件查询的同时，能回放与该出入口相关联的视频图像。

（三）出入口控制系统执行机构的安装方法及规范要求

1. 出入口控制系统执行机构的安装。出入口控制系统的执行机构即锁具的种类很多，常见的有磁力锁、电控锁、电插锁等。其安装一般由施工单位随门安装。

2. 出入口控制系统执行机构的规范要求。根据《GB－50348 安全防范工程技术规范》及《GB－50396 出入口控制系统设计规范》的要求，执行机构应符合以下规定：

（1）闭锁部件或阻挡部件在出入口关闭状态和拒绝放行时，其闭锁力、阻挡范围等性能指标应满足使用、管理要求。

（2）出入准许指示装置可采用声、光、文字、图形、物体位移等多种指示。其准许和拒绝两种状态应易于区分。

（3）出入口开启时出入目标通过的时限应满足使用、管理要求。

五、楼宇对讲系统的设备安装

楼宇对讲系统是指安装在住宅小区、单元楼、写字楼等建筑或建筑群，用图像和声音来识别来访客人，控制门锁及遇到紧急情况向管理中心发送求助、求援信号，管理中心亦可向住户发布信息的设备集成，主要由门口机（住户门口机）、室内机、管理员机等组成。楼宇对讲系统设备的安装及规范要求也应遵循《GB－50348 安全防范工程技术规范》及《GB－50396 出入口控制系统设计规范》的规定。

（一）可视对讲室内机的安装方法及规范要求

可视对讲室内机应安装于干燥、无化学物质腐蚀、少灰尘的地方，应避开高温等影响。安装应牢固，与安装面贴紧并保持平直。

（二）可视对讲门口机的安装方法及规范要求

可视对讲门口机应安装在干燥、无腐蚀物质、少灰尘的地方，应避免阳光直射。安装应牢固，与安装面贴紧并保持平直。其摄像机镜头中线距地面高度宜为1.5米。室外露天安装时，安装面与支架之间的胶圈应完整且紧压，必要时应在门口机四周打密封胶，防止漏水损坏设备。

六、电子巡查系统的设备安装

电子巡查系统是一种检查和记录保安巡查人员是否按规定时间和规定的巡查路线对所管辖区域进行巡查的监督管理系统，是对保安巡查人员进行监督管理的科学、有效的工具。

电子巡查系统一般分为离线式巡查系统和在线式巡查系统两种。

（一）离线式电子巡查设备的安装方法及规范要求

离线式电子巡查系统由管理计算机、数据读取器、传输器、信息钮、管理软件、连接线等组成。

离线式电子巡查系统可方便地设置巡查点，且巡查点可随时变动或增减而无须布线；但巡查信息不能及时传送到管理中心。

信息钮应尽可能均匀分布在巡查路线上，并确保不留巡查死角，安装位置应方便巡查人员识读。信息钮安装应牢固，安装高度宜为1.4米。

（二）在线式电子巡查设备的安装方法及规范要求

在线式电子巡查系统由巡查点、控制器、管理计算机、管理软件等组成。

在线式电子巡查系统可对巡查人员、巡查时间及巡查路线进行事先设置，还可实时监管巡查人员是否正常执行巡查任务，并能及时发现不正常的巡查行为和异常情况。

现在联网控制型出入口系统大多具有电子巡查管理模块，因此，通常情况下在线式电子巡查系统可与出入口控制系统联合设置，节省工程投资。在线式电子巡查系统的巡查点既可采用出入口控制系统的识读装置，也可根据需要在某些非出入口设置巡查点。

在线式电子巡查系统的巡查点可使用读卡器或钥匙开关，其安装方法见出入口控制系统读卡器的安装。

第三节　系统故障排查

一、安全技术防范系统设备常见故障的主要表现特征及危害

安全技术防范系统主要包括视频安防监控系统、入侵报警系统、出入口控制系统、楼宇对讲系统、电子巡查系统等子系统。

安全技术防范系统组成设备种类繁多，产生故障的原因也很多。其常见故障主要有以下几类。

（一）电源导致的故障

电源导致的故障一般有以下几种可能：供电线路或供电电压不正确，功率不够，供电线路的线径不够、压降过大，或者供电系统的传输线路出现短路、断路、瞬时过压等情况。特别是因供电错误或电涌而导致设备损坏的情况偶有发生。

（二）设备连线引起的故障

系统各设备间的连线如果出现短路、断路、误接线等问题也会导致设备损坏、性能下降等问题。此时，应根据故障现象仔细分析判断故障原因。

（三）设备调整不当产生的问题

设备调整不当是最常见的问题。例如，解码器拨码开关的设置是否正确会直接影响前端设备是否受控。

（四）设备或部件本身的质量问题

各种设备和部件都有可能发生质量问题。或许某些设备从整体上讲质量上可能没有出现不能使用的问题，但从某些技术指标上却达不到要求。因此，必须对部件进行必要的检测。当确属产品质量问题时，最好的方法是更换该产品，如摄像机、光端机、硬盘录像机等。

（五）设备与设备之间的连接不正确产生的问题

这类问题主要包括阻抗不匹配或者通信接口、通信方式不对应。

二、安全技术防范系统设备常见故障处置的基本方法和要求

（一）入侵报警系统常见故障与排除方法

1. 触发报警探测器无警示信号。触发前端探测器报警时无警示信号，首先看是触发所有报警探测器都无警示信号，还是触发某一个或几个探测器无警示信号。若触发所有探测器时均无警示信号，则可从以下几方面排除：

（1）报警系统电源是否正常。

（2）警示设备是否完好。

（3）报警主机的设置是否正确。

（4）报警主机与警示设备之间的线路有无短路、断路或接触不良等。

若只是触发某一路或几个探测器时无警示信号，则重点检查报警探测器的输出至报警主机的连接线路，在排除报警线路故障的情况下，再检查报警主机的相关设置，看是否将该路探测器设置为旁路，否则故障应该在报警探测器上。

2. 报警探测器有时不报警。报警探测器有时不报警，其原因主要有以下几方面：

（1）探测器的探测方位是否被移动，报警探测器是否被有意遮挡。

（2）是否由于调节不当造成探测器灵敏度太低，这时需对探测器进行必要的调整。

（3）探测器不报警也常常由于灰尘积累太多使灵敏度下降。

（4）探测器老化或探测器自身故障引起。可更换同一规格、型号的探测器测试。

3. 误报警。入侵报警系统中探测器的误报警是它的主要故障。误报警产生的原因主要有以下几种：

（1）探测器选用、安装位置不当引起的误报警。探测器都有其各自的适用范围和局限性，若选用不当或安装位置、安装角度等不合适，就可能引起误报警。例如，振动探测器靠近震源就容易引起误报警，红外探测器安装在某些热源的附近也会产生误报警，电铃声和金属撞击声等高频声响有可能引起玻璃破碎探测器的误报警。

（2）环境噪声、干扰引起的误报警。这种误报警是指报警系统在正常工作状态下产生的，由于环境噪声、干扰引起的误报警。例如，警戒区内电风扇叶片的转动可能会引起被动红外探测器的误报警。

（3）施工不当引起的误报警。由于工程技术人员在设备安装调试过程中没有严格按照要求施工也可能导致系统使用过程中出现误报警现象。例如，设备安装不牢固或倾角不合适，设备的灵敏度调整不佳（如主动红外探测器灵敏度调整过高，小鸟飞过等引起误报警）。

（4）用户操作不当引起的误报警。用户使用不当也可能引起报警系统的误报警。例如，装有磁控开关的窗户未插好被风吹开、工作人员误入警戒区、系统工作人员误操作等都有可能导致系统误报警。

4. 用键盘不能设防。检查键盘内部连线是否连接牢固，按照正确的步骤重新设防，若仍无法设防，则更换同型号键盘并重试。

5. 某一路探测器不能设防。可按以下几方面排除故障：

（1）检查探测器防拆开关是否压紧，防拆开关是否损坏。

（2）检查探测器线尾电阻是否松脱。

（3）检查探测器供电是否正常。

（4）检查探测器的电源线路、报警线路及其与报警主机的连线连接是否良好。

（二）视频安防监控系统常见故障与排除方法

1. 摄像机无图像。监视器上无图像显示，首先保证供电电源部分正常，检查供电线路，保证电源线与摄像机的接触良好。排除中间环节（如硬盘录像机），摄像机直接连接显示设备，检测是否正常。检查视频线是否接触良好，并确定显示设备工作正常。

2. 某台监视器上无监控图像。某台监视器上无监控图像，而将信号切换到其他监视器上完全正常，说明图像信号正常，故障应在控制器与该监视器之间的线路和设备上，如控制器接该监视器的输出接口信号是否正常，BNC 插头、插座是否断路、短路，工作状态设置是否正确等。

3. 监控图像满屏模糊不清。造成监控图像满屏模糊不清的主要原因有：防护罩外面积尘或有手印等；监视器或摄像机聚焦不良；输入到监视器的视频信号幅度过小；视频信号通路频带过窄，信号损耗过大；视频信号传输距离过长等。

监控图像模糊不清有几种情况：一是所有的监视器上所有的监控图像均不清，在排除监视器质量问题的前提下，这种故障多数是由传输系统引起的，可能是设计方案的问题，也可能是传输线缆线径过小，传送距离远导致信号衰减过大；二是某一台监视器上的所有监控图像不清，而其他监视器上的图像质量清晰，这种故障可能在这台监视器或接入监视器的视频线缆上；三是所有的监视器上均是某一路监控图像不清，说明该路视频信号有问题，应从前端开始检查，分清是前端设备问题还是传输系统问题。

4. 监控图像时有时无。图像有时有，说明摄像机有视频信号输出，线路的连接应该没有错误；而有时无，说明连接的线路中有接触不良的问题，当线路的接点受到振动或拉伸时，就会出现图像信号丢失的现象。这种图像时有时无的故障点多数在前端摄像设备及其连线上，主要有以下几种原因：摄像机的视频输出电缆或插头焊接不良；云台内的电缆线没捆扎好，云台长期转动后电缆插头芯线焊接处脱落；线缆敷设过程中曾过分拉扯电缆，一段时间后被拉伸的电缆绝缘层自然缩回，致使电缆芯线与外屏蔽层短路等。

5. 某路前端设备不受控。某路前端设备不受控，而其他路的前端设备受控，说明线路故障只是在从解码器到该路前端设备之间的线缆上。若镜头受控，而云台不受控，说明与镜头控制相关的线路和设备中有关镜头控制部分没问题，故障应该只局限在与云台控制相关的线路和设备中有关云台控制的部分。可能的原因有：云台控制线缆与控制器或云台转接板，尤其是公共端的连接有接触不良现象；云台控制线缆有短路或断路情况，云台本身有质量问题，不受控制。

（三）出入口控制系统常见故障与排除方法

1. 持有效卡不能开锁出入。造成这种现象的原因可能有以下几方面：一是门禁控制器设置错误或内部出现故障，使门禁系统不能正常工作；二是门禁系统读卡器出现问题，造成卡片无法识别；三是卡片问题。

解决的方法是首先重新启动系统，检查开锁是否正常。若不正常，观察各读卡器、门禁控制器的电源指示灯是否正常。如果所有设备指示灯都不亮，则重点检查交流适配器及供电电源。如果只是个别读卡器电源不正常，则只须检查由门禁控制器电压输出端和读卡器的电源线路。确保电源正常后，在门禁控制器上将一张好的卡片设置为对所有门均有出入权限，然后用这张卡片在各读卡器上读卡，以判断问题的具体位置。如果在所有读卡器上均能正确读卡，则说明原来手中的卡本身或设置出现问题。如果在所有读卡器上仍不能读卡，甚至无法设置权限或门禁控制器上显示出错的提示信息，则说明门禁控制器的内部线路或设置出现问题，可以先将门禁控制器复位后再重新设置。重新设置后仍不正常的，应检查锁具是否完好，输出线路有无短路、断路或接触不良的现象，甚至更换门禁控制器。如果只是部分读卡器不能读卡，则说明读卡器与门禁控制器之间的通信出现了问题，应检查由该读卡器和门禁控制器的线路有无短路、断路或接触不良的现象。

2. 在联网门禁系统中，无法开门；刷卡或紧急开门后，锁打不开。发生这种现象，应按以下步骤检查各设备：首先应检查门禁电源的好坏；其次检查门禁控制器主板保险管的好坏；再次检查门禁控制器里的信息是否丢失，若丢失，重新下载信息；最后再检查锁的电源。如以上几点逐个排查后还不能够开门，可判断为控制器主板损坏。

3. 数据丢失。数据丢失时应先检查系统工作情况，刷卡显示状况，系统记录状况，并询问有无断电情况（有时断电后，控制器里的数据没能及时传输到微机里造成数据丢失）。再检查线路上使用的电缆是否是厂家所规定的线材，如线材不符合规定，可能会被其他线路干扰造成数据丢失，此时须更换为规定的线材，重新设置系统，观察更换后的情况。

4. 出入口控制系统使用一直正常，某一天突然出现所有的有效卡均不能开门的情况。这种情况主要是软件设置的问题。一种可能是操作人员将门禁控制器设置了休息日（在休息日所有的卡都不能开门）；另有可能是操作人员将门禁控制器进行了初始化操作或其他原因导致控制器执行了初始化命令。

三、系统的日常数据管理

在安防系统的管理平台中，一般都具有操作日志保持功能，可将对管理服务器和系统其他设备以及前端设备的设置、修改，资料的删除等进行完整记录。对所有事件（包括传送到监控中心的各类报警、对讲呼叫、门禁刷卡、电动门的启闭等）记录保存，同时保存这些事件相关联的视音频信息。

第二单元　操作技能

操作项目一　入侵报警系统设备安装

【操作目标】

会安装入侵报警系统主要设备，能对安装好的系统进行验证操作。

【操作要求】

1. 设备安装时注意断电操作。
2. 注意探测器端线尾电阻的接法。

3. 注意主动红外探测器的对准调整。

【操作准备】

紧急报警按钮，主动红外探测器，微波—被动红外探测器，小型报警控制器，警灯，电阻若干（阻值根据报警控制器定），螺丝刀、四芯线及六芯线等。

【操作步骤】

（一）领取实训器材

（二）前端设备的安装

分别将紧急报警按钮、主动红外探测器、微波—被动红外双技术探测器安装在指定的位置。

1. 紧急报警按钮。拆开紧急报警按钮外壳，辨认常开端、常闭端和公共端。按照产品说明书要求将紧急报警按钮安装在指定位置。

2. 主动红外探测器

（1）辨别主动红外探测器发射机和接收机。

（2）拆开主动红外发射机外壳，辨认发射机防拆接线端子、电源端、工作指示灯。

（3）拆开主动红外接收机外壳，辨认常开接线端子、常闭接线端子、防拆端、电源端、光轴测试端子、遮挡时间调节钮、工作指示灯等。

（4）将探测器安装在指定位置，并调整为最佳状态。

3. 微波—被动红外双技术探测器

（1）打开探测器前盖，辨认电源端、常开端、常闭端、公共端、防拆端等。

（2）将探测器安装在指定位置，并调整至最佳状态。

（三）连接线缆

将前端探测器与报警控制器各防区连接（注意报警控制器对线尾电阻的要求），并接上警灯，构成一个小型报警系统。

1. 将紧急报警按钮的常闭触点接入小型报警控制器的防区一。

2. 将主动红外探测器的常闭触点接入小型报警控制器的防区二。

3. 将微波—被动红外双技术探测器的常闭触点接入小型报警控制器的防区三。

4. 将警灯接入报警控制器输出端。

（四）对系统进行布撤防操作检验

【操作考评】

1. 考核要点：

（1）紧急报警按钮的安装。

（2）主动红外探测器的安装。

（3）微波—被动红外双技术探测器的安装。

（4）前端探测器与报警控制器的连接。

（5）系统布撤防验证。

2. 注意：如损坏仪器、违反安全操作规程以零分计。

操作项目二　视频安防监控系统主要设备安装

【操作目标】

会安装视频安防监控系统的主要设备，能对安装好的系统进行验证操作。

【操作要求】

1. 设备安装时注意断电操作。
2. 注意球形一体化摄像机通信协议、波特率、地址的设置。
3. 注意硬盘录像机中控制参数的设置。

【操作准备】

枪式摄像机（配定焦镜头）、半球形摄像机、球形一体化摄像机、硬盘录像机、监视器、BNC 接头视频连接线若干、两芯屏蔽线、螺丝刀等。

【操作步骤】

（一）领取实训器材

（二）前端设备的安装

分别将枪式摄像机、半球形摄像机、球形一体化摄像机安装在指定位置。球形一体化摄像机注意拨码开关（通信协议、波特率、地址）的设置。

（三）连接线缆

将枪式摄像机、半球形摄像机、球形一体化摄像机与硬盘录像机、监视器构成一小型视频安防监控系统，并能实现硬盘录像机对球形一体化摄像机的云台、镜头控制。

1. 三台摄像机输出端接硬盘录像机视频输入端。
2. 硬盘录像机视频输出端接监视器。
3. 用两芯屏蔽线作为 485 通信总线连接球形一体化摄像机与硬盘录像机。

（四）系统功能验证

1. 将三台摄像机的图像在监视器上实时显示。
2. 能对球形一体化摄像机的云台、镜头进行控制。

【操作考评】

1. 考核要点：

（1）枪式摄像机的安装。

（2）半球形摄像机的安装。

（3）球形一体化摄像机的安装。

（4）摄像机与硬盘录像机的连接。

（5）系统功能验证。

2. 注意：如损坏仪器、违反安全操作规程以零分计。

操作项目三　出入口控制系统设备安装

【操作目标】

会安装出入口控制系统的主要设备，能对安装好的系统进行验证操作。

【操作要求】

1. 设备安装时注意断电操作。
2. 注意有的控制器对锁具的供电提供内部电源和外部电源两种方式，安装时须进行选择。

【操作准备】

读卡器、单门控制器、电磁锁、多芯电缆、螺丝刀、电脑、交换机等。

【操作步骤】

（一）领取实训器材

（二）设备的安装

将读卡器、单门控制器安装在指定位置。

（三）连接线缆

完成控制器与读卡器及电磁锁的连接，连接时注意根据引线颜色分别引线功能。

（四）功能测试

在管理主机上安装门禁管理软件，并使用软件进行注册发卡，验证是否开门。

【操作考评】

1. 考核要点：

（1）读卡器的安装。

（2）单门控制器的安装。

（3）门禁管理软件的安装。

（4）控制器与读卡器、锁具的连接。

（5）系统功能验证。

2. 注意：如损坏仪器、违反安全操作规程以零分计。

操作项目四　入侵报警系统常见故障处置

【操作目标】

会分析入侵报警系统常见故障原因，能对入侵报警系统设备常见故障进行处置。

【操作要求】

注意用电安全。

【操作准备】

（一）小型入侵报警系统一套、螺丝刀、万用表等

（二）事先设置故障现象

1. 触发所有探测器均无警示信号的故障，可将报警主机电源切断，或者将警灯与报警主机的连线断开。

2. 触发某一个探测器无警示信号的故障，可事先设置该探测器处于旁路状态。

3. 某一路探测器无法设防，可设置终端线尾电阻断开，或者探测器与主机连线断开。

【操作步骤】

（一）触发所有探测器均无警示信号的故障处置

1. 检查报警主机、操作键盘的电源指示灯是否亮。如没有指示灯或指示灯不亮，则应从交流电源输入端检查。

2. 用万用表测量交流电源输入端是否为220V。

3. 触发某路探测器，检查其指示灯是否亮。如没有指示灯或指示灯不亮，则检查探测器的电源。

4. 检查报警主机的设置，如旁路防区、布防状态等是否正确。

5. 触发某路探测器，检查键盘上相应防区指示灯是否亮。

6. 检查报警主机与警示设备间的连线有无短路、断路或接触不良现象。

7. 检查警示设备是否完好。

（二）触发某一个探测器无警示信号的故障处置

1. 检查该路探测器被触发时，其指示灯是否亮。如果没有指示灯或指示灯不亮，则应检查电源线有无短路、断路或接触不良现象。

2. 触发该路探测器，检查操作键盘上相应防区指示灯是否亮，如不亮，则检查探测器与报警主机间的信号线有无短路、断路或接触不良现象。

3. 检查报警主机的设置，有无将该防区设置为旁路等。

4. 更换好的探测器重试。

（三）某一路探测器无法设防的故障处置

1. 检查探测器防拆开关是否压紧，防拆开关是否损坏。

2. 检查探测器线尾电阻是否松脱。

3. 检查探测器供电是否正常。

4. 检查探测器的电源线路、报警线路及其与报警主机的连线连接是否良好。

【操作考评】

1. 考核要点：

（1）确定故障现象。

（2）检查故障原因。

（3）排除故障。

2. 注意：如损坏仪器、违反安全操作规程以零分计。

操作项目五 视频安防监控系统常见故障处置

【操作目标】

会分析视频安防监控系统常见故障原因，能对视频安防监控系统设备常见故障进行处置。

【操作要求】

注意用电安全。

【操作准备】

（一）小型视频安防监控系统一套、螺丝刀、万用表等

（二）事先设置故障现象

1. 两台监视器上均缺少某一路监控图像的故障，可将该路摄像机电源切断，或者将摄像机输出的视频信号线短路、断路等。

2. 某一路监控图像模糊不清的故障，可事先将该路摄像机防护罩玻璃搞脏或调整其聚焦不良。

3. 某一路前端镜头受控、云台不受控，可设置云台控制线接线断开。

【操作步骤】

（一）两台监视器上均缺少某一路监控图像的故障处置

1. 检查该路摄像机电源指示灯是否亮。若没有指示灯或指示灯不亮，则检查电源输入端。

2. 将该路摄像机视频输出端用好的视频线缆直接接至监视器上，检查图像。如果图像不正常，检查摄像机后背板上的视频输出插座、云台的视频转接插头以及线缆有无短路、断路等现象。

3. 如果图像正常，将该路摄像机的视频输出线与其他路图像正常的视频输出线调换接入视频分配器，检查图像。若此时图像正常，说明故障在线缆上；若此时图像不正常，说明故障在视频分配器的该通道视频输入、输出上。

（二）某一路监控图像模糊不清的故障处置

1. 检查该路摄像机防护罩外是否有积尘、手纹或水渍等。

2. 将该路摄像机的视频输出直接接至监视器上，调整控制器上的聚焦开关，使镜头对某个景物聚焦，检查图像。如果图像正常，说明只是镜头没有调整好。

3. 如果图像不正常，更换一台好的控制器操作。若此时图像正常，说明控制器聚焦功能损坏。

（三）某一路前端镜头受控、云台不受控的故障处置

1. 用好的云台控制线替代原控制线接入线路中。如果云台受控，则检查原云台控制线有无短路、断路现象。

2. 检查云台控制线各接线插头有无接触不良现象，否则更换云台检查云台本身有无问题。

【操作考评】

1. 考核要点：

（1）确定故障现象。

（2）检查故障原因。

（3）排除故障。

2. 注意：如损坏仪器、违反安全操作规程以零分计。

操作项目六　出入口控制系统常见故障处置

【操作目标】

会分析出入口控制系统常见故障原因，能对出入口控制系统设备常见故障进行处置。

【操作要求】

注意用电安全。

【操作准备】

（一）卡片式门禁系统一套、螺丝刀、万用表等

（二）事先设置故障现象

刷卡后不能开锁出入的故障，可设置实训时段为休息时段（不能进入）或断开系统某线路。

【操作步骤】

刷卡后不能开锁出入的故障处置：

1. 首先确定卡的有效性，是否将该时段设置为休息时间。

2. 重新启动系统，检查开锁是否正常。

3. 检查线路连接是否牢固。

4. 检查软件系统工作是否正常，刷卡数据是否显示正常，数据有无丢失现象。

5. 检查控制器供电和它们的连线状况。

6. 控制主机检查完毕并正常后，再检查锁具有无卡锁情况，其供电是否正常。

7. 检查线路是否有断开或屏蔽层被破坏的情况。

对以上情况逐步进行检查，直至故障排除。

【操作考评】

1. 考核要点：
（1）确定故障现象。
（2）检查故障原因。
（3）排除故障。
2. 注意：如损坏仪器、违反安全操作规程以零分计。

操作项目七　系统管理日志、用户数据、视音频和报警数据的维护

【操作目标】

会查看系统管理日志、用户数据、视音频和报警数据，能维护系统管理日志、用户数据、视音频和报警数据。

【操作要求】

注意用电安全。

【操作准备】

安防系统集成管理平台，U 盘。

【操作步骤】

1. 查看系统管理日志、用户数据、视音频和报警数据。
2. 对系统管理日志、用户数据、视音频和报警数据进行备份。

【操作考评】

1. 考核要点：
（1）系统管理日志、用户数据、视音频和报警数据的查看。
（2）系统管理日志、用户数据、视音频和报警数据的维护。
2. 注意：如损坏仪器、违反安全操作规程以零分计。

思考题：

1. 按探测器的警戒范围来分，入侵探测器有哪几种？
2. 视频安防监控系统中摄像机的选型、设置有哪些规定？
3. 电子巡查系统分为哪两种？
4. 入侵报警系统引起误报警的原因有哪些？
5. 监视器上无监控图像的原因有哪些？

参考文献

1. 李晓明著:《中国保安学》，警官教育出版社 1998 版。

2. 石兴源、房彦慧主编:《新编保安培训教程》，中国人民公安大学出版社 2008 版。

3. 徐振雷主编:《保安服务概述》，高等教育出版社 2009 版。

4. 张弘主编:《保安培训教程》，中国人民公安大学出版社 2008 版。

5. 邵小云等编:《物业保安培训手册》，化学工业出版社 2011 版。

6. 李建主编:《保安服务管理条例释义与适用指导》，中国市场出版社 2009 版。

7. 郭太生主编:《灾难性事故与事件应急处置》，中国人民公安大学出版社 2006 版。

8. 张绪梁、郭锦艳著:《现场处置》，中国政法大学出版社 2009 版。

9. 唐钧著:《紧急救助》，中国人民大学出版社 2009 版。

10. 陈建武、周海赟主编:《保安员国家职业资格培训系列教材》，中国人民公安大学出版社 2010 版。

11. 李仲男主编:《国家职业资格培训教程：安全防范系统安装维护员（高级)》，中国劳动社会保障出版社 2011 版。

12. 人力资源和社会保障部教材办公室编:《助理保卫师（第 2 版)》，中国劳动社会保障出版社 2012 版。

13. 公安部治安管理局编:《国家保安员资格考试培训教材》，中国劳动出版社 2010 版。

14. 汪海燕著:《安防设备安装与系统调试》，清华大学出版社 2012 版。

15. 程双主编:《安全防范技术基础》，电子工业出版社 2006 版。

16. 杜心全主编:《交通安全基础》，高等教育出版社 2008 版。

17. 郦树龙、邹国建主编:《浙江省金融押运培训教材》，浙江大学出版社 2009 版。

18. 雷卫龙主编:《军品押运培训教程》，陕西师范大学出版社 2013 版。

19. 中国红十字总会编:《救护员指南》，社会科学文献出版社 2005 版。

20. 导向工作室著:《电脑快速入门与上网培训教程》，人民邮电出版社 2014 版。

21. 李彦著:《计算机应用培训教程》，电子科技大学出版社 2005 版。

22. 孟昭兰主编:《普通心理学》，北京大学出版社 2003 版。

后　记

《高级保安员职业技能培训教程》是保安员职业技能培训系列教材之一。本书严格按照《保安员国家职业技能标准（2014 年修订）》对高级保安员的基本要求、技能要求、相关知识要求和考核细目进行编写，是针对高级保安员职业技能培训和高级保安员国家职业资格鉴定考核的教学用书。

本教程由张绪梁任主编，付萍、夏丽萍、杜心全任副主编。各章节的具体撰写分工为：浙江警察学院的肖海英负责撰写第一章，浙江警官职业学院夏丽萍负责撰写第二章，浙江警察学院金璐晓负责撰写第三章，浙江警官职业学院张俊芳负责撰写第四章，浙江警察学院杜心全负责撰写第五章，浙江警官职业学院张绪梁负责撰写第六章，浙江警官职业学院郭锦艳负责撰写第七章，浙江警察学院傅为民负责撰写第八章，浙江警察学院祝隽仁负责撰写第九章，浙江警察学院倪峰负责撰写第十章，浙江警察学院钟华明负责撰写第十一章，浙江警察学院周伟昂负责撰写第十二章，浙江警察学院邱煜负责撰写第十三章，浙江警官职业学院付萍负责撰写第十四章。

在编写本书过程中，得到了浙江杭州安邦护卫有限公司、杭州市保安职业专修学校、杭州市保安服务总公司、杭州余杭保安服务有限公司、金华市金盾保安服务有限公司等单位的大力支持和热情帮助。徐景、朱共明、王一军、吴云龙、徐国伟、徐涯立、汤国华、于晓研等同志参与部分章节的修改工作。同时，我们还参阅和借鉴了许多相关的教材和文献资料。在此，我们表示诚挚的谢意！

由于编者水平和经验有限，书中难免存在纰漏和不足之处，欢迎读者批评指正！

编　者
2015 年 1 月